D0843424

George Michael

La biografía

George Michael

La biografía

Rob Jovanovic

Rocaeditorial

Título original: *George Michael. The Biography*

Primera edición: mayo de 2017

Av. Marquès de l'Argentera 17, pral.
08003 Barcelona
info@rocaeditorial.com
www.rocaeditorial.com

Impreso por Liberdúplex, s.l.u.
Crta. BV-2249, km 7,4, Pol. Ind. Torrentfondo
Sant Llorenç d'Hortons (Barcelona)

ISBN: 978-84-16867-54-7
Depósito legal: B. 8055-2017
Código IBIC: BG; BGF

RE67547

Índice

Prólogo

fi-nal

1. perteneciente a o que llega al final; último en un lugar, orden o momento: *la reunión final del año;*
2. último: *el objetivo final es la paz mundial;*
3. concluyente o decisivo: *una decisión final;*
4. que constituye el fin o el propósito: *un resultado final;*
5. que pertenece a o expresa el fin o el propósito: *una cláusula final.*

«Siempre estoy leyendo las opiniones que tiene la gente sobre mí, y, por lo general, no son buenas. Nunca he sido realmente capaz de trabajar desde una posición en la que la gente muestre mucha simpatía hacia mí simplemente porque, como siempre he tenido éxito en este país, constantemente me he tenido que estar defendiendo. Y cuando te estás defendiendo te das cuenta de que estás analizando los motivos de esto y tus razones para aquello. Debo tener cuidado y no absorber demasiadas de las agresiones que la prensa me lanza. A pesar de todo, siempre me he analizado bastante a mí mismo y mis canciones han sido así. Pero también es cierto que probablemente sea muchas cosas que no habría sido de no haberme hecho famoso.»

GEORGE MICHAEL

«Cuando Wham! se separó, todo el mundo esperaba mejores cosas de mí. Pero no lamento la ruptura. Me había preparado para el hecho de que Wham! iba a terminar. De todas maneras, durante los dos últimos años, Wham! había sido en gran medida mi proyecto, por lo que no resultaba tan aterrador. La presión está ahora sobre Andrew. Está trabajando en un álbum y yo le he asesorado. Pero les va a sorprender, ya que su música es mucho mejor de lo que la gente cree.»

GEORGE MICHAEL

El 28 de abril de 1923, el estadio de Wembley acogió el primero de sus grandes acontecimientos. La final de la Copa de Inglaterra entre el West Ham United y el Bolton Wanderers era un partido que todo el mundo quería ver. Aunque la cifra oficial de asistentes fue de 126.947, se suele aceptar que, en realidad, se superaron con mucho las 200.000 personas en aquel estadio aquella tarde.

Casi cincuenta años más tarde, en 1972, Wembley acogió su primer concierto. Pero fue en los años ochenta cuando se celebraron los acontecimientos musicales más importantes. Queen grabó un álbum en directo allí, y Genesis, U2, Madonna, Bruce Springsteen y Michael Jackson vendieron la totalidad de las 72.000 entradas de su aforo, a veces durante muchas noches consecutivas. En una década en la que lo más grande era mejor y el dinero era el rey, alcanzar el éxito significaba actuar ante el mayor y más rentable público. Y, para los músicos, tocar en Wembley implicaba haberlo conseguido.

Creciendo en Bushey, a unas pocas millas de la sombra proyectada por las torres gemelas del estadio, se encontraba un niño que, en los días buenos, casi podía oír los coros futbolísticos de «Wem-bley, Wem-bley» que se deslizaban flotando sobre el norte de Londres. Ya de adulto, él mismo interpretaría su música en el estadio de Wembley en muchas ocasiones. Tocó allí para las instituciones benéficas contra el sida y participó en el que tal vez fuera el concierto más famoso de todos en el viejo y gran estadio: *Live Aid*; fue la sensación en el concierto de homenaje a Freddie Mercury; e interpretó para Nelson Mandela. También fue allí donde tocó en lo que sería el canto del cisne de su grupo Wham! Obviamente, aquel chico era George Michael.

Al igual que Wham!, tanto George como su amigo Andrew Ridgeley se iban a convertir en el dúo pop de mayor éxito de los años ochenta. Ambos chicos, hijos de padres inmigrantes, saltaron a escena en 1982. Proyectando una imagen de cuerpos saludables y bronceados, con largos cabellos y dentaduras increíblemente blancas, ellos representaron los años ochenta para muchos. Grabaron numerosos discos y se convirtieron en el primer grupo desde los Beatles en conseguir números uno con cada uno de los temas de sus álbumes, tanto en Estados Unidos como en el Reino Unido. Provocaron una histeria que no se había visto desde los Bay City Soller, diez años antes, al conectar sus temas con una gran carga hormonal que la mayoría creía que había desaparecido con el punk y la música disco. Junto a Duran Duran, extendieron una nueva ola de histeria capitaneada por grupos musicales formados por chicos: sin que apenas nos diéramos cuenta, Bros, New Kids on the Block y sus colegas estaban volviendo locas a las chicas de todo el planeta, y sus apariciones en las tiendas de discos conseguían paralizar los centros de las ciudades.

Pero, ya en 1986, Wham! había hecho todo lo que podía

hacer como grupo. Los ídolos del pop de la década decidieron darlo por terminado. Habían vendido millones de discos, recorrido todo el mundo, incluyendo China, y tenían más dinero del que podían gastar. Así que, ¿qué mejor lugar que el estadio de Wembley para interpretar su último concierto? Y, al tratarse de un escenario famoso por acoger las finales deportivas de los últimos 63 años, ¿qué mejor nombre para su último concierto que *The Final*?

Un año antes, Wham! también había tocado en un estadio de Wembley lleno hasta la bandera, con su participación, como un grupo más, en la cartelera de grandes estrellas conseguida por Bob Geldof y Midge Ure bajo la organización del *Live Aid*. George Michael había anunciado en privado sus planes para proseguir su carrera en solitario a finales de 1985, y los acontecimientos que llevaron a la última aparición pública de Wham! se habían estado planificando con mucho detenimiento desde entonces. Seis meses más tarde, Michael cumplía 23 años, el grupo ocupaba los primeros puestos de las listas con «The Edge of Heaven» y estaba a punto de lanzar un álbum de éxitos. La prensa llevaba semanas publicando historias sobre Wham! que contrastaban con los aterradores relatos del desastre nuclear de Chernóbil. El último concierto de la historia de Wham! vendió todas las localidades en un par de horas. Se había hablado de un concierto «semifinal» la noche del viernes, aunque eso no habría sido suficiente. Podrían haber vendido con facilidad todas las entradas para una semana de espectáculos. Pero el dinero no era la cuestión: después de pagar las dos gigantescas pantallas de vídeo, montar el concierto costó alrededor de 750.000 dólares (la misma cantidad que el coste original de construir el estadio) y, al final, tan solo consiguieron recuperar la inversión. Lo más importante era que el grupo quería un único concierto para dar un enfático punto final a su carrera.

Siendo niño, Andrew Ridgeley había soñado con convertirse en jugador de fútbol profesional; ahora iba a actuar en Wembley. No era exactamente lo que había tenido en mente, pero no era un mal segundo plato. Aquella tórrida tarde de sábado veraniego de junio de 1986, la escena fuera del estadio parecía un montaje para una final de copa. Había banderas ondeando en la suave brisa, y Wembley Way, la vía de acceso a las torres, estaba abarrotada de aficionados, muchos de ellos ataviados con camisetas, pañuelos y gorros de Wham! Los organizadores habían retenido miles de entradas para venderlas aquel día y aguarles el negocio a los revendedores. Durante horas se habían ido formando enormes colas ante las puertas giratorias y, en cuanto se abrieron, una marea humana fluyó hacia el interior del estadio buscando las mejores localidades para disfrutar del espectáculo.

Ninguna persona situada en las primeras filas se iría a ningún otro lugar durante unas horas, y los de seguridad pronto empezaron a distribuir botellas de agua entre el público, botellas que serían reemplazadas por mangueras al avanzar la noche. Mientras tanto, en todo el mundo, millones de seguidores que no habían conseguido hacerse con entradas mantenían vigilias o escuchaban los singles de Wham! una y otra vez durante todo el día. Muchas fueron las lágrimas adolescentes que se vertieron aquella noche. Era como si alguien o algo hubiese muerto. Para muchos, el final de Wham! indicaba el final de la juventud. Había llegado la hora de hacerse mayor, una perspectiva que atemorizaba a más de uno. ¿Por qué no podían seguir las cosas como hasta entonces?

Entre bastidores había una mezcla de emoción y tristeza, pero, para los actores principales de aquel drama, todo pasó de forma borrosa. Los miembros de la élite del pop del Reino Unido se mezclaron con sus amigos y su familia. Elton John montó una piscina hinchable bajo el calor de aquellos 32 grados y sirvió champán desde su caravana. Se instalaron máquinas de videojuegos para mantener a la gente ocupada mientras esperaban hora tras hora.

Cuando, a poco de llegar, se le preguntó a George Michael si lamentaba algo en relación con la disolución del grupo, respondió tajantemente que no, a la vez que Andrew Ridgeley bromeaba fingiendo estrangular a su compañero. Había un cierto toque de veracidad detrás de aquel gesto, aunque Ridgeley no le transmitió sus verdaderos sentimientos a su compañero hasta que se rodó un documental en 2004. «No disfruté de aquel concierto tanto como con otros», comentó el guitarrista. «Todo el período que culminó con aquel concierto me resultó difícil. Me centré en pensar que, una vez se acabara el espectáculo aquella noche, sería el final de todo. Me resultaba una idea dura de asimilar, pero no sabíamos cómo llevar el concepto de Wham! hasta su madurez.»

Un distante Gary Glitter inició el concierto a las cuatro de la tarde, mientras el sol todavía golpeaba con fuerza. Le siguió Nick Heyward, antiguo miembro de Haircut 100, que terminó con una favorita del público, «Fantastic Day», aunque en todo lo demás resultaba un ejemplo que George Michael debía evitar si no quería que su carrera en solitario fracasara. Otra de las delicias dirigidas a mantener a la muchedumbre entretenida incluyó la primera proyección de *Foreign skies*, la versión reeditada de una película sobre el viaje de Wham! a China en 1985. El filme se proyectó en las dos pantallas de vídeo gigantes que jalonaban el escenario y que estaban cubiertas con una descomunal cortina que decía: «THE FINAL».

El verdadero drama comenzó a las 7:30 de la tarde. Se escucharon las primeras notas de «Everything She Wants» sobre las 72.000 cabezas, que fueron recibidas con un grito en masa. Momentos más tarde, acompañado de chillidos aún más agudos, George Michael apareció en el escenario escoltado por dos bailarines. Vestido con unos ceñidos vaqueros negros, botas y cazadora de cuero y las inevitables gafas de sol, él y los miembros de la coreografía interpretaron sus pasos y Michael caminó en solitario por las largas pasarelas que se adentraban en la muchedumbre desde los laterales del escenario. Cuando Michael volvió al centro, unos tres minutos después, apareció Andrew Ridgeley acompañado por las cantantes/bailarinas Pepsi y Shirlie. También él realizó una extensa y pausada caminata antes de quitarse el largo abrigo negro con teatralidad. Una vez terminada esa introducción, de casi siete minutos, comenzaron las verdaderas canciones con todo el público coreando cada palabra. Cada movimiento de caderas, cada mirada al público, cada gesto, eran recibidos con una aprobación atronadora. Iba a ser una larga noche.

Un emocionado George Michael pronunció varios discursos durante el espectáculo, diciendo que tenía «cuatro años de gracias que dar». Se interpretaron todos los temas superventas, los éxitos que habían definido el mundo del pop de mitad de los años ochenta. «Wake Me Up Before You Go Go», «I'm Your Man», «Last Christmas», «Club Tropicana»..., la lista seguía y seguía. Pepsi y Shirlie se cambiaron de vestuario varias veces durante el espectáculo, luciendo unas gigantescas pelucas para «Bad Boys». «Todo el día fue reluciente», recuerda Shirlie Holliman. «Lo dejé en un buen momento, con el subidón. Todos estaban de un humor excelente y Pepsi y yo teníamos unas enormes pelucas tipo panal de abejas que nos pusimos en la cabeza, que pesaban un montón y resultaban muy graciosas.»

Ronald McDonald, que en realidad era Elton John disfrazado, apareció al piano de cola, mientras George Michael dirigía al público que coreaba «yeah, yeah, yeah» para «The Edge of Heaven». El «payaso» se quedó para interpretar «Candle in the Wind» con George Michael, sin que ninguno de los dos fuera consciente de la conexión que tendría la canción con la futura amiga de Michael, la princesa Diana.

Cuando el sol se ocultó y el estadio se vistió de oscuridad, el grupo subió todavía un tono más la emoción con «Wham Rap!» y una emotiva «A Different Corner», dedicada a un «amigo especial» misterioso. Una energética «Freedom» terminó la parte principal del concierto. Los bises incluyeron «Careless Whisper», «Young Guns (Go For It)» y «I'm Your Man», con Simon Le Bon, un final con el que los artistas asaltaron el escenario. George y Andrew dieron una vuelta de honor por las pasarelas antes de que Ridgeley se hiciera con el micrófono para decir: «Gracias, George».

Y entonces se marcharon. Un final espectacular para una vida pop espectacular aunque breve. Después del espectáculo, el equipo se fue al hipódromo, donde la fiesta duró hasta altas horas de la madrugada. Pero, mientras millones de fans lloraban la desaparición de Wham!, aquello era el principio de George Michael.

Tras el final de Wham! en 1986, George Michael comenzó una carrera en solitario todavía más deslumbrante. Después de hacer una pausa tras su primera gira mundial en solitario, apareció de nuevo en Wembley como parte del concierto de homenaje a Nelson Mandela en su 70.° cumpleaños. Y, después de actuar en actos benéficos en el adyacente Wembley Arena, Michael volvió al estadio en 1992. Después del fallecimiento del enigmático líder de Queen, Freddie Mercury, en noviembre de 1991, el resto de su grupo organizó un concierto para la lucha contra el sida en el que varios vocalistas invitados ocuparon el escenario para interpretar el catálogo de éxitos de la banda. Y fue Michael quien acaparó todas las miradas, ofreciendo una de las interpretaciones vocales más impresionantes y apasionadas de su carrera. No fue hasta años después que el público descubrió por qué.

A finales de los años noventa se dio a conocer que Wembley sería derribado y sustituido por un nuevo estadio nacional en el mismo emplazamiento. El debate sobre si el nuevo diseño debería incorporar las famosas torres gemelas fue muy controvertido hasta que, finalmente, en 2002, cayó la primera bola de derribo. El Chelsea ganó la última final de la Copa de la Asociación de Fútbol (Football Association) de Inglaterra en el «viejo» Wembley en 2000, Inglaterra perdió su último partido ante Alemania y los roqueros norteamericanos Bon Jovi interpretaron el último concierto allí.

Durante la decadencia de Wembley en los años noventa, también decayó la vida privada de George Michael. Tras sufrir la pérdida de sus dos seres más queridos, se vio invadido por una pena que solo consiguió superar finalmente a principios del siglo XXI. Se vio envuelto en una serie de escándalos públicos, aunque muchos fueron exagerados por la prensa. Profesionalmente, se vio implicado en un extenso caso ante los tribunales contra su compañía discográfica y perdió gran parte de su público norteamericano. Pero después de una interrupción de 18 años, durante su 25 aniversario en la industria de la música, consideró que le había llegado la hora de volver a salir de gira. Entre nuevas historias de la prensa sensacionalista, Michael partió de gira en 2006, recorriendo un puñado de ciudades europeas.

La Asociación de Fútbol (FA) de Inglaterra recibió las llaves del nuevo y mejorado estadio de Wembley en marzo de 2007. El estadio terminado era maravilloso, con un arco de 300 metros de altura que resultaba visible a kilómetros de distancia y con un aforo de 90.000 personas sentadas. El grupo de rock Muse anunció su próxima actuación en el nuevo y renovado estadio el 16 de junio de 2007, pero después se informó de que quien tendría el honor de dar el primer concierto sería George Michael, el 9 de junio. Vendió todas las localidades con tanta rapidez que se comunicó un segundo concierto para el día siguiente. Alex Horne, director general del estadio de Wembley, consideró el anuncio una «noticia fantástica» y añadió: «[George Michael] no es un extraño en este gran escenario, ya que actuó en el antiguo estadio tanto con Wham!, durante el *Live Aid*, como en solitario. Es un concierto adecuado para el nuevo estadio. Estamos deseando volver a poner el estadio en el mapa mundial como uno de los principales destinos musicales».

Cuando entró triunfante en Wembley, George Michael también se volvió a colocar en el escenario musical. Al igual que el viejo y famoso estadio, era un ídolo inglés que había resucitado y que dirigía su ilusionada mirada hacia una carrera que le llevaría hacia un brillante futuro.

George Michael era un hombre con una misión. Era trabajador y orgulloso, preocupado por el dinero y se mostraba inseguro a pesar de ser increíblemente rico y famoso. Aunque era muy introvertido, recientemente habló de forma abierta sobre su vida personal. Michael dijo con frecuencia durante sus entrevistas que las celebridades que había conocido casi siempre tenían una cosa en común, algo que les había permitido alcanzar las cimas de sus respectivas profesiones. No se trata de una cualidad especial, ni de un don que les hayan otorgado; es que carecen de algo. Todas han tenido que superar algo o taponar un agujero en sus vidas, y eso les ha dado una sensación de misión que les ha permitido alcanzar sus metas.

Exactamente lo que le ocurrió a George Michael. Preguntemos a quien preguntemos, siempre obtendremos respuestas diferentes. Pero si consideramos suficientes ángulos e imágenes, tendremos mucho más que un montón de fragmentos, un millón de hechos desconectados entre sí y podremos ver la imagen completa de George Michael. He aquí su historia.

PRIMERA PARTE

1963-1986

1

Inmigrante (1963-1975)

in-mi-gran-te

1. una persona que migra a otro país, por lo general para residir allí de manera permanente;
2. un organismo encontrado en un nuevo hábitat.

«Me llamo Georgios Kyriacos Panayiotou. Para el mundo exterior soy, y siempre seré conocido por otro nombre. Pero no es el mío.»

George Michael

George Michael es un ídolo del pop inglés. No podría haber nacido en ningún lugar mejor ni en ningún momento mejor para alcanzar las metas que le planteó el futuro, aunque probablemente no fuera consciente de ello durante gran parte de su infancia y juventud. Diez años más tarde y Wham! no habría tenido la oportunidad de desarrollarse y alcanzar el éxito que alcanzó; diez años antes y se habría visto aplastado por el rock progresivo o por el punk. Tal y como ocurrieron las cosas, el monótono negativismo de finales de los años setenta significó que un grupo joven, brillante y con una actitud positiva tuviera la posibilidad de contar con un número ingente de seguidores, en particular si disponían de la imagen y de la música que encajaran con ello.

Ya se ha dicho antes que el pasado es un país extranjero. Cuando miramos hacia atrás, a la Inglaterra de 1963, vemos un lugar casi del todo irreconocible frente a la Inglaterra de hoy. La constitución étnica, las causas sociales y políticas y las relaciones internacionales eran muy distintas y, sin embargo, nos resultan familiares en un extraño sentido. Liverpool dominaba las listas de éxitos musicales. A mitades de junio, los Beatles eran el número uno con «From Me To You», seguidos de cerca por Gerry and the Pacemakers («I Like It») en el segundo

puesto, Billy J. Kramer and the Dakotas («Do You Want To Know A Secret») en tercer lugar y Billy Fury («When Will You Say I Love You») en cuarto. El presidente estadounidense John F. Kennedy estaba en Berlín occidental cuando, el 26 de junio, pronunció su famoso discurso: «Ich bin ein Berliner».[1] En el Reino Unido, el gobierno de Harold Macmillan estaba intentando contener el escándalo Profumo.

Fue en el norte de Londres, en ese mundo «extranjero», en el que Georgios Kyriacos nació el 25 de junio de 1963, el tercer vástago pero primer niño de la familia Panayiotou. El cabeza de aquella joven familia era Kyriacos Panayiotou, un inmigrante grecochipriota que había llegado a Inglaterra una

1. «Yo soy un berlinés»; frase histórica por su sentido político debido a que, dos años antes (1961), la República Democrática Alemana (auspiciada por la Unión Soviética) había levantado el Muro de Berlín para frenar la continua fuga de alemanes orientales a la República Federal de Alemania.

década antes, en 1953. Kyriacos nació en 1935 en un hogar griego tradicional en la isla de Chipre. La familia llevaba decenios viviendo en la isla de Patriki, a unos 35 kilómetros al noreste de la ciudad de Famagusta, en la «cola» de tierra que se proyecta desde la bahía de Famagusta hacia el Mediterráneo. Hogar, desde hacía muchos siglos, de una población griega formada por unos pocos centenares de habitantes, la aldea se ubicaba en una región en la que, al dividirse los territorios en los años setenta para terminar con un conflicto perenne, se convirtió en la parte turca de Chipre.

Kyriacos era uno de siete hijos, tenía tres hermanos y tres hermanas. Al igual que la mayoría de la población de la isla, la familia Panayiotou estaba formada por granjeros. En el norte de la isla, las pequeñas y polvorientas granjas cultivaban olivas y cítricos, mientras que las del sur favorecían las uvas y las hortalizas. En muchos sentidos, la vida se vivía aún como hacía muchos siglos, y el trabajo se realizaba en conjunto por bien de la unidad familiar. Varias generaciones de una misma familia solían compartir el mismo techo en las aldeas rurales y los Panayiotou, al igual que la mayoría de las familias mediterráneas, estaban extremadamente unidos.

Pero acechaban problemas en el horizonte. Durante cientos de años Chipre había resultado estratégicamente importante para diversos regímenes e ideologías. En los años cincuenta, la isla estaba habitada en gran medida por griegos, junto a una minoría de turcos, mientras que las fuerzas de ocupación inglesas añadían una tercera dimensión. A principios de la década, los grecochipriotas comenzaron un movimiento a favor de una unión permanente con su tierra patria. Al avanzar el decenio, esa campaña aumentó de intensidad, con disturbios ante la embajada británica en Atenas, hasta que, en 1959, la disputa quedó resuelta y Gran Bretaña cedió la isla a Grecia. Antes de que aquello ocurriera, mientras los turcos y griegos de Chipre se preparaban para la batalla interna, Kyriacos Panayiotou estaba terminando la escuela y buscaba trabajo de camarero. Entonces, al alcanzar los 18 años, llegó la llamada de Gran Bretaña a favor de una mancomunidad de naciones para los trabajadores inmigrantes. En 1953, dos años antes de que los disturbios llegaran a Chipre, decidió probar fortuna y se dirigió a Inglaterra.

Para el propio Kyriacos, el momento fue el idóneo, aunque también tenía que tener en cuenta a su familia, de modo que su marcha estuvo teñida de remordimientos. Un trabajador menos significaba un sueldo menos que añadir al bolsillo familiar. Con una guerra civil acechando, un conflicto al que sin duda se verían arrastrados los jóvenes de la isla, era un buen momento para marcharse, pero, por otro lado, sería el primero de su familia en hacerlo. Sin embargo, tuvo un compañero de viaje, su primo Dimitrios. La pareja acordó trabajar para pagarse el pasaje en un barco que se dirigía a Inglaterra y, en el verano de

1953, zarparon de puerto. La leyenda cuenta que llegaron con menos de una libra entre los dos.

En 1953, Londres seguía en plena ebullición por la coronación de Isabel II el 2 de junio, después de que Edmund Hillary llevara la gloria a la Commonwealth por haber conquistado el monte Everest por primera vez el 29 de mayo. Panayiotou fue recibido en Inglaterra con los sonidos de Frankie Laine y Mantovani ronroneando desde las radios colocadas sobre el muelle mientras se abría camino entre mercancías traídas de todos los rincones del planeta. Al llegar, él y Dimitrios buscaron de inmediato a los grecochipriotas, que sabían que vivían en el norte de Londres y, por medio de sus conexiones familiares, pudieron conseguir una habitación y alojamiento mientras buscaban trabajo. Como adolescente en una tierra extranjera, una tierra cuyo idioma apenas conocía, Kyriacos decidió simplificar las cosas y cambiarse el nombre de pila por uno más fácil de pronunciar, Jack, y recortar su apellido a Panos. Pronto encontró trabajo como camarero, mientras Dimitrios comenzaba como sastre.

El recién rebautizado «Jack Panos», al igual que otros de su generación, con su trasfondo social y sus antecedentes, consideraba que el trabajo duro era la clave del futuro éxito. Dándose cuenta de que se encontraba en el primer peldaño de la escalera, comenzó la ardua y larga tarea de escalarla. Con una pequeña habitación y la manutención como gastos a cargo de su sueldo, descubrió que aún le quedaba suficiente dinero para mantener una próspera vida social a la vez que enviaba algo a su familia en Chipre.

Panos trabajó duro, aceptando largos turnos en el restaurante, pero era un joven ágil y sano que siempre encontraba la energía necesaria para salir a bailar cuando no estaba trabajando. Visitaba las salas de baile del norte de Londres con Dimitrios y era capaz de bailar unos buenos números al son de Tommy Steele y Elvis Presley mientras se enamoraba del rock and roll tanto inglés como norteamericano. También asistía a diversos acontecimientos griegos, bailando durante toda la no- che en más de una boda mientras conseguía mantener en equilibrio una copa llena sobre la cabeza. Pero lo que realmente adoraba era el rock and roll (y, como era bastante bien parecido, también gozaba de la atención que recibía de las mujeres). Sin duda estaba disfrutando de su vida en Inglaterra.

En un baile al que asistió en 1957, Jack conoció a una joven llamada Lesley Angold Harrison. (Lo de «Angold» se remontaba a sus antepasados, que habían huido de París en la época de la Revolución francesa.) Lesley disfrutaba bailando el rock and roll tanto como Jack, y la pareja pronto se volvió inseparable, desplegando enérgicos números de baile los viernes por la noche en los clubes y salas. Hacían una fantástica pareja, con los antecedentes de clase trabajadora de Lesley en perfecta armonía con los propios valores trabajadores de Jack. Ella vivía con sus padres y su hermano en una de las casas de estilo victoriano de la calle Lulot, cerca de Highgate Hill. Fue más o menos en aquella época cuando los periódicos comenzaron a publicar una sección titulada «Buscando una estrella» y Lesley envió una fotografía de Jack. Se publicó sobre un pie de foto que decía, con cierta exageración: «Jack Panos es perseguido por las chicas allá donde va». Antes de que transcurriera mucho tiempo, Jack pidió a Lesley en matrimonio y ella aceptó. A pesar de algunas reservas por parte del padre de la novia, se casaron poco después.

Jack y Lesley no tuvieron el comienzo de vida matrimonial más alegre del mundo. Su primer hogar fue un pequeño apartamento sobre una lavandería en Finchley, donde la meticulosa Lesley libraba una constante guerra por mantener sus exigentes niveles de limpieza y orden. También tenía que enfrentarse a la desaprobación de su padre por su matrimonio. Como explicó George Michael: «La mayoría de la gente no se daría cuenta, pero es como si los chipriotas, uno de los países de la Commonwealth, hubiesen sido invitados a venir a la madre patria para reconstruir el lugar después de la Segunda Guerra Mundial. Había lugares que decían: "No negros, no irlandeses, no griegos". Así que mi padre formó parte de aquello. El padre de mi madre no asistió a su boda porque era griego. En aquella época, a él le parecía exactamente lo mismo que casarse con alguien de un color del todo distinto. Y por eso yo estoy tan alejado de todo esto».

En 1959 la joven pareja se vio bendecida con una hija, Yioda. Pero los niños cuestan dinero, por lo que Jack amplió su horario laboral y pronto pasaba las siete noches semanales de camarero, también comiendo en el trabajo, para llevar más dinero a casa. Dos años más tarde, nació una segunda hija, Melanie. Para entonces, el duro trabajo de Jack comenzaba a dar sus frutos y había sido ascendido al puesto de ayudante de dirección en el restaurante. Un año más tarde, les llegó el último hijo, un niño, a quien llamaron Georgios Kyriacos.

El día de su nacimiento tendría un eco todavía mayor en la familia, pero por motivos contrapuestos: su alegría por el nacimiento de un hijo se vio trágicamente mezclada con la noticia del suicidio del hermano de Lesley. Tras algunos rumores según los cuales se había descubierto, o por lo menos sospechado, que era homosexual, fue encontrado muerto con la cabeza dentro de un horno de gas. En Gran Bretaña, los derechos gays eran algo desconocido en los años cincuenta; de hecho, los homosexuales no tenían derechos. Después de que varios casos de personajes notoriamente públicos llegaran a los tribunales, no sería sino en 1957 cuando lord Wolfenden[2] publicó un informe recomendando que «el comportamiento homosexual entre adultos que acceden a ello en privado deje de ser un delito criminal».

«No supe de la existencia del hermano más cercano a mi madre hasta cumplir los 16 o 17 años, porque se había suicidado», explicó más adelante George Michael. «La idea de querer dejar este mundo con tanta ansia a la vez que no se quiere hacerlo para no afectar el embarazo de tu hermana es simplemente horrible, peor que horrible. Y mi madre me dijo que ella creía que él era gay. Tuvieron una infancia muy difícil y, por algún motivo, ella no creía que fuera adecuado hablarnos de ello hasta llegar a cierta edad. Era una historia trágica sobre lo mucho más duro que tuvo que resultar ser un hombre homosexual en los años cincuenta. Si hubiese aguantado y domeñado su depresión durante suficiente tiempo, habría visto cambios en la vida que le habrían convertido por lo menos en un hombre maduro y feliz.»

Resultó que las tendencias depresivas y suicidas formaban parte de la familia. Lesley se sintió de nuevo devastada al encontrar el cuerpo sin vida de su padre, suicidado en circunstancias similares. Una vez más, al joven Georgios no se

2. Lord Wolfenden fue el portavoz del comité encargado de estudiar la legislación referida a la homosexualidad y la prostitución en el Reino Unido.

le habló de esa tragedia hasta mucho más tarde en su vida. George Michael escribiría sobre esos acontecimientos en su canción «My Mother Had A Brother», que apareció en el álbum *Patience.*

Aunque habían sido una pareja con la conciencia cultural que se respiraba a finales de los años cincuenta, los locos sesenta pasaron bastante desapercibidos para Lesley y Jack. Su piso siempre se quedaba pequeño para dos adultos y tres niños, por lo que la familia se trasladó a su primera casa. Como ejemplo de inmigrante que se abría camino en una sociedad capitalista a través del trabajo duro, antes de finales de los años sesenta, Jack Panos se arriesgó y abrió su propio restaurante, el Angus Pride en Edgware.

Aunque ese cambio significaba que su familia podía llegar a tener una situación financiera mucho mejor, también implicaba una carga de trabajo aún mayor para Panos. Todavía no se podía permitir contar con un gran número de empleados ni confiar algunos aspectos del negocio a terceros, por lo que cada vez pasaba más tiempo en el trabajo. Eso también provocaba que Lesley soportara una mayor carga. Siempre tuvo un trabajo diurno; volvía a casa a cuidar de los chicos después de la escuela y, por las noches, iba a echar una mano al restaurante. Durante un tiempo, Lesley trabajó en Hyde House, un rascacielos de oficinas; en otro momento, fue empleada de un puesto de venta de pescado y patatas durante el turno de comidas. Eso resultó terrible para la prístina ama de casa: detestaba el olor a pescado y a grasa de cocinar que impregnaba su ropa y sus cabellos. Sin embargo, cumplía con su turno, se iba a casa, se lavaba y se preparaba para recibir a los niños a la llegada del colegio. Pero el constante trabajo comenzó a cobrarse su precio. Aunque la casa estaba inmaculada, Lesley a menudo se mostraba irascible y completamente agotada.

George Michael recordaría más tarde a esa cansada mujer

porque pasaba la mayor parte de su tiempo en casa con ella. Recordaba que, siendo muy pequeños, con frecuencia se les pedía a él y a sus hermanas que permanecieran callados cuando su padre estaba en casa porque estaba durmiendo entre turno y turno del restaurante. Georgios, por lo tanto, desarrolló un lazo mucho más sólido con su madre que con su padre. Jack no era un padre totalmente ausente —sí que conseguía pasar algo de tiempo con su hijo—, pero, para el más joven, ese tiempo nunca duraba lo suficiente. Al pasar la mayor parte de sus horas con su madre y sus hermanas, el joven Georgios pronto se acostumbró a tener a mujeres como compañeras habituales. La influencia masculina de sus primeros años fue mínima, a la vez que se le permitía desarrollar su lado femenino.

Georgios recibió de su madre una temprana sensación de estabilidad y de su padre el gusto por el trabajo bien hecho, aunque George Michael más tarde admitiría que jamás habría podido trabajar tan duro como lo hizo su padre. La educación de Jack en Chipre había sido estricta, incluyendo el castigo corporal, pero él estaba decidido a no tratar a sus propios hijos de la misma manera. En su autobiografía de 1990, *George Michael desnudo*, el artista dice que su padre solo le castigó físicamente dos veces durante la infancia y, en ambas ocasiones, lo merecía. Pero el duro trabajo dejó cicatrices en Georgios. Recuerda no haber recibido nunca ninguna alabanza en casa; sus padres siempre parecían estar demasiado ocupados para cosas así.

Quince años después de llegar a Inglaterra con las manos vacías, Panos era el dueño de un restaurante y su familia estaba inmersa en un traslado de domicilio y en el ascenso desde la clase social trabajadora a la clase media. Mientras Jack le ofrecía a Georgios cada vez más comodidades materiales, Lesley influía más en su desarrollo. Su madre inglesa era casi una «desclasada» en el sentido de que resultaba difícil saber a qué clase pertenecía. Su propia madre se había preocupado por que se pudiera convertir en un chicazo, por lo que la envió a un colegio de monjas, lo que la alejó de por vida de la religión y la disuadió de imponer creencias religiosas a sus propios hijos. A pesar de sus orígenes de clase trabajadora, hablaba con el acento de la clase media. Su visión del dinero era diferente a la de su marido. Mientras Jack se esforzaba constantemente por mejorar la posición de su familia ganando todo lo que podía, Lesley casi tenía miedo del dinero. Este sentimiento se filtró hasta contagiar a su hijo, que mostraría la misma actitud hasta mucho después de haberse convertido en multimillonario.

George Michael dijo después que pensaba que su madre siempre había sabido que era homosexual. «¿Cómo podía no haberse preocupado por mi sexualidad si la de su hermano le había matado?», se preguntaba. «Cuando estudias tu árbol genealógico comprendes mucho más sobre quién eres. A veces sentí que mi madre me hacía pensar que no era lo suficientemente hombre, lo suficientemente masculino, cuando estaba creciendo, lo cual no encajaba con ella, que era una madre tan maravillosa y tan liberal en sus actitudes.»

En 1968, Georgios comenzó a asistir a la escuela primaria Roe Green en la avenida Princes. Uno de sus primeros amigos fue David Mortimer, que vivía en la misma calle. El otro compañero de Georgios fue su primo Andros, hijo de Dimitrios. Mientras Jack se había asentado al norte de Londres, su compañero de viaje acabó en el sur, pero, una vez ambos tuvieron familias propias, se alternaban los domingos para cruzar la ciudad y pasar el día juntos.

En 1968, Jack llevó a su familia de vacaciones a Chipre por primera vez. Los acompañaron Dimitrios y su familia. No mucho después de que Jack dejara Chipre, su padre murió, por lo que Georgios nunca tuvo la oportunidad de conocer a su abuelo chipriota. Otras cosas habían cambiado drásticamente en la isla desde su partida. La familia Panayiotou se había visto obligada a trasladarse de casa tras la división de las comunidades griega y turca, y uno de los primeros recuerdos que tiene Georgios de Chipre es que se le pidió que no cruzara ciertas verjas. Se le explicó con mucho cuidado a aquel niño de cinco años que los turcos patrullaban al otro lado y que allí le podían disparar un tiro solo por ser griego.

Georgios era por lo habitual un niño callado que no destacaba sobre los demás, aunque, en aquel viaje a Chipre, desveló su primer amago de rebeldía. Un día, durante su estancia en Chipre, Georgios y su primo Andros decidieron robar unos dulces de una tienda local. Lo consiguieron con facilidad y se atiborraron con el botín del delito. Al día siguiente, volvieron y repitieron la hazaña. Día tras día lo hicieron de nuevo, volviéndose cada vez más osados, hasta conseguir hacerse con una caja entera de automóviles de juguete. A Georgios, realmente, no le interesaban aquellos juguetes, pero le emocionaba el hecho de poder salirse con la suya. Cuando Jack Panos descubrió los robos se enfureció y golpeó a su hijo en las piernas como castigo.

La familia Panos pasaría varias vacaciones en Chipre mientras Georgios crecía. Otros años, dedicaban sus vacaciones familiares a visitar a los miembros de la familia de Lesley, en la costa de Kent —y, con el tiempo, Jack ayudó a cinco de sus seis hermanos a seguir sus pasos hasta Inglaterra.

La familia se trasladó en 1969 a una casa vecinal semiadosada en Burnt Oak, Edgware, cerca del restaurante. Allí, la familia Panos tenía varios vecinos, incluyendo a una anciana, a un lado, y a una gran familia católica irlandesa, al otro. Por primera vez, Georgios, de seis años, tenía un jardín propio. Le fascinaba. Pasaba muchas horas entretenido entre las plantas, cazando insectos como muchos niños hicieran antes que él. También se iba a explorar los campos próximos, lo que a veces alarmaba a su madre. Con frecuencia se despertaba temprano y se sentaba en la ventana de su habitación a esperar a que saliera el sol para poder salir a jugar.

Antes de cumplir los siete años, Georgios dio sus primeros pasos musicales cuando comenzó a recibir clases de violín. Las recibiría durante seis años, más por interés de sus padres que porque tuviera un imperioso deseo propio de ser músico. Pero, en su séptimo cumpleaños, en 1970, le regalaron un casete portátil y su imaginación se disparó. Ayudado por cualquiera a quien pudiera convencer, bien sus hermanas o David Mortimer, se grabaría cantando tonadas populares del día, utilizando las canciones originales como pistas de apoyo, así como cancioncillas rudimentarias que él mismo soñaba. Él y sus cómplices también escribieron parodias de programas de radio, jingles y anuncios.

Georgios no se mostraba muy entusiasmado por las lecciones de violín y pronto comenzó a percibir que quería ser cantante, aunque no sabía si era capaz de cantar o no. A pesar del amor que Jack sintiera por el rock and roll desde hacía años, cualquier música que se escuchaba en aquella casa a principios de los años setenta era invariablemente griega, y Georgios llegó a odiarla. Pero, un día, el muchacho encontró en el garaje un viejo tocadiscos de cuerda que su madre había desechado. Con él desenterró un trío de sencillos de siete pulgadas, dos de las Supremes y uno de Tom Jones. Fue una combinación que más tarde teñiría su propia producción musical. En cuanto llegaba a casa desde el colegio, Georgios se dirigía a su habitación a grabar la última melodía que había soñado o corría al garaje a escuchar esos tres discos una y otra vez.

Además de dar a Georgios sus primeros sencillos (en 1973, a la edad de diez años, él se compró su primer single, «The Right Thing To Do», de Carly Simon, que rozó los 30 Principales), Lesley vigilaba muy de cerca qué programas de televisión veía su hijo. Un espacio televisivo para el que se le permitía quedarse levantado pasada su hora normal de acostarse era el de entrevistas de Michael Parkinson, que a Lesley le parecía un buen programa familiar. Poco se podía imaginar que, algunos años más tarde, aquel programa dedicaría a su hijo una hora completa.

Jack mantenía la disciplina de la casa con mano de hierro. A Mel y a Yioda no se les permitía tener novio y, cuando salían, a menudo debía acompañarlas Georgios en el papel de carabina. Cuando las chicas comenzaron a efectuar viajes regulares para patinar sobre hielo, Georgios también las debía acompañar. En aquellas tardes de sábado se sintió atraído por una niña llamada Jane, pero ella era bonita y él era regordete y llevaba gafas. Entonces pensó que no tenía ninguna oportunidad, aunque más adelante se volvió a encontrar con ella.

Georgios también cantaba en espectáculos de los boy scouts, aunque su padre no le apoyaba demasiado y siempre le decía que no sabía cantar y no tenía ningún talento musical. Siendo un niño callado, Georgios se tragó las palabras de su padre, aunque no creyera ninguna de ellas.

Georgios era demasiado joven para sumergirse completamente en la imagen maquillada y travestida de la explosión de rock glam, pero la observó desde la distancia. Los artistas a los que realmente siguió fueron Elton John (un fragmento de su grabación casera de «Crocodile Rock» de John fue utilizado en un documental sobre el cantante años más tarde). En 1974, Georgios vio a su mayor ídolo musical en directo por primera vez, cuando Elton interpretó en Vicarage Road, hogar del equipo de fútbol Watford, a fin de obtener fondos.

En otoño de 1974, Georgios continuó sus estudios en el Instituto Kingsbury, en la avenida Princes. Aquel centro tenía fama de producir músicos y cantantes de talento y de éxito: el batería Charlie Watts (de los Rolling Stones), el saxofonista de jazz Courtney Pine y las Sugarbabes Keisha y Mutya fueron algunos de los alumnos de Kingsbury en un momento u otro. Pero la breve estancia de Georgios en Kinsgbury no le dejó demasiado tiempo para dar forma a su futuro musical. Sus amigos recuerdan que con frecuencia se le echaba de clase por ser un «bocazas» con los maestros. También consiguió que lo expulsaran del coro del centro por hablar demasiado. Y, al final del año académico, su padre, que estaba a punto de abrir un segundo restaurante, decidió que la familia debía trasladarse de casa una vez más.

Georgios debía apuntarse a otro colegio antes de que comenzara el año académico 1975-1976. Tal vez consciente de las pequeñas faltas de su hijo en Kingsbury, Jack quiso enviarlo a un colegio privado. Pero Georgios se negó en redondo. Preocupado por que sus amigos pudieran llamarlo mariquita y que los demás alumnos le intimidaran, se negó incluso a presentarse al examen de admisión. Jack intentó que su hijo cambiara de opinión pero era una batalla perdida.

Sin embargo, sí que consiguió convencer a su hijo e hijas para que estudiaran griego. Un pequeño y destartalado autobús los recogía siguiendo una intrincada ruta y los conducía a unas clases matutinas que tenían lugar los sábados. En el hogar de los Panos no se hablaba griego, por lo que Georgios y sus hermanas estaban en situación de desventaja al comenzar las lecciones. La mayoría de los demás estudiantes tenían ya una base lingüística en ese idioma, pero los niños Panos se sintieron muy desconcertados; el profesor se negó a hablar inglés, por lo que permanecieron allí sentados, rascándose la cabeza durante la mayor parte de la mañana. Una vez más, Georgios no pudo abrazar exactamente la cultura paterna; en todo caso se mostró indiferente a ella. Tras dos años de lecciones de griego, Jack por fin se rindió, eliminando el tedio de los sábados para Georgios y sus hermanas.

Habiendo evitado la amenaza de la escuela privada, Georgios tenía seis semanas de vacaciones estivales antes de comenzar el nuevo curso estatal. La familia también se trasladó a Radlett —por lo menos, compraron allí una casa—. La gran propiedad independiente necesitaba un lavado completo, por lo que durante un breve tiempo se mudaron al apartamento situado sobre el restaurante de Jack, mientras las obras continuaban. Durante esa época, principalmente se alimentaron de lo que se servía en el restaurante y Georgios pronto se encontró acumulando kilos con una dieta a base de filetes y patatas. No tardaría en mostrarse preocupado por su peso, una preocupación que ocuparía toda su adolescencia y lo acompañaría hasta la edad adulta. Pero la transformación de Kyriacos Panayiotou en Jack Panos ya era completa; el paupérrimo inmigrante urbanita era ahora un ciudadano bastante bien asentado de los barrios medios residenciales de Hertfordshire en Inglaterra. El restaurante Mr. Jacks, tal y como se llama ahora, en Station Road, Edgware, iba a convertirse en una institución local.

El 9 de septiembre de 1975, Georgios Panos se puso su americana verde y partió hacia su primer día en la escuela Bushey Meads en Bushey, Hertfordshire. Como alumno de segundo año, llegó al jardín delantero flanqueado por árboles en su bello vecindario sin conocer a nadie. Paseando por los pasillos con un pedazo de papel en la mano que le decía a dónde debía dirigirse, acabó encontrando la clase que le correspondía. Su nueva profesora preguntó al grupo de preadolescentes indiferentes que se extendía ante ella si alguien se presentaba voluntario para hacerse cargo del chico nuevo hasta que se sintiera familiarizado con el entorno. La mayoría de los alumnos evitaron establecer contacto visual con la maestra. Pero el rostro de uno de los chicos se iluminó y su mano se alzó sobre las de los demás. «Yo lo haré, señorita», dijo el animado estudiante. Su nombre era Andrew Ridgeley.

Georgios se sentó junto a Ridgeley, siguiendo después a su nuevo amigo religiosamente de clase a clase. En el primer descanso, la pareja se dirigió a una esquina del patio donde se estaba desarrollando una partida de Desbancar al Rey. El juego consistía en que un niño se sentara sobre el muro de ladrillo y los demás intentaran hacer caer al «rey» para ocupar su lugar. Ridgeley corrió con entusiasmo al centro de la melé y pronto se encontró ocupando el puesto de «rey». Georgios, que nunca había mostrado gran interés por los deportes o juegos físicos, se mantuvo a un lado mientras Ridgeley incitaba a los que se encontraban al pie del muro, incluyendo a su nuevo compañero. Finalmente, el novato padeció suficientes burlas y se unió a los demás. Era grande para su edad y consiguió abrirse camino entre la gente y hacer caer a su nuevo amigo. Fue el nacimiento de una duradera amistad.

Desde el primer día en que se conocieron, Ridgeley dejó claro que tenía dos objetivos en la vida. Estaba decidido a ser jugador de fútbol profesional y, si no alcanzaba el éxito, sería cantante de pop. Con la vaga ambición de Georgios de ser cantante, encajaron perfectamente el uno con el otro. Ridgeley era el amigo perfecto en el momento idóneo. Georgios empezaba a sentirse un poco inhibido por su imagen y su tamaño, mientras que Ridgeley tenía una confianza suprema en sí mismo y era muy lanzado. «Le vi y, por la manera que tenía de hablar de las cosas, me hizo sentir que era alguien a quien quería conocer y con quien quería trabar amistad», comenta George Michael. «Desde el momento en el que nos conocimos, realmente encajamos, y parecía que lo único de lo que podíamos hablar era de música.» Poco se podían imaginar que esa reunión sería un punto de inflexión en sus vidas. El efecto que tenían el uno sobre el otro, de formas totalmente diferentes, les marcaría de por vida.

2

Ambición (1975-1981)

am-bi-ción

1. un profundo deseo por alcanzar algún tipo de logro o distinción en forma de poder, honor, fama o riqueza y la voluntad de avanzar para su consecución: *no caía bien a sus compañeros debido a su exceso de ambición;*
2. el objeto, estado o resultado deseado o buscado: *la Corona era su ambición;*
3. deseo de trabajo o actividad; energía: *me desperté cansado y totalmente vacío de ambición.*

«Siendo niño, mi mayor temor era que mis enormes ambiciones se quedaran fuera del alcance del niño que veía reflejado en el espejo.»

George Michael

Georgios Panos nunca quiso ser rico y famoso. Solo quería ser famoso. El aspecto monetario de la fama no era lo que le atraía, solo era algo secundario en su objetivo principal. La fama lo iba a convertir en el centro de atención, lo que no siempre ocurría en casa, en particular en lo que concernía a su padre. La fama haría desaparecer su falta de autoestima y su creciente preocupación por su imagen. La fama le daría todo lo que deseaba y resolvería sus problemas de adolescente. Lo único que tenía que hacer era ser famoso y sería feliz. O eso creía. Seguía siendo un estudiante medio y con frecuencia pasaba desapercibido entre la multitud, por lo que conseguir la fama no le iba a resultar sencillo. Pero sí fue más fácil al invitar a Andrew Ridgeley a participar en el plan. Ridgeley era abierto y confiaba tanto en sí mismo que resultaba engreído. No había situación nueva que pareciera desconcertarle y parecía estar muy en la onda al compararlo con el tímido Georgios.

Aunque a la familia Panos le iba bien en el terreno económico, a Georgios nunca se le dio la paga sin más, sino que tenía que ganársela haciendo pequeños trabajos en su casa. Jack Panos se seguía mostrando cauto, aunque su negocio prosperaba y nunca olvidó sus humildes orígenes. También se mostraba igual de precavido con respecto a la educación de su hijo. Tras haber aceptado la derrota en la lucha por enviarlo a una escuela privada, no perdió detalle de cómo se iba adaptando Georgios a su nuevo colegio en Bushey. Jack y Lesley se sintieron especialmente preocupados cuando Georgios les presentó a su nuevo amigo, Andrew Ridgeley.

Las familias Ridgeley y Panos tenían bastante en común. Albert Mario Ridgeley, padre de Andrew, se crio en El Cairo, hijo de padre egipcio y madre italiana. Cuando su madre murió en 1953, durante la crisis de Suez, Albert saltó a un barco que se dirigía a Inglaterra, al igual que estaba haciendo Jack Panos en el otro extremo del Mediterráneo. También como hiciera Jack, Albert llegó al país sin dinero. Lo que sí poseía era el don para los idiomas. Cuando dejó

Egipto ya hablaba con fluidez egipcio, inglés, francés e italiano, y consiguió hacerse un hueco en la Universidad de Saint Andrews, donde estudió alemán y ruso. Al graduarse, se enroló en el Ejército del Aire y sirvió algún tiempo en Berlín antes de retornar a un puesto de trabajo en la empresa de cámaras fotográficas Canon en el Reino Unido, donde conoció a la madre de Andrew, Jennifer. Se casaron y tuvieron su primer hijo, Andrew, en Windlesham (condado de Surrey), el 26 de enero de 1963, seis meses antes de que naciera Georgios Panos. Pronto llegó un segundo hijo, Paul. Cuando Andrew tenía cinco años, la familia se trasladó a Egham, en Surrey, no lejos del aeropuerto de Heathrow, y, más tarde, a unos treinta kilómetros más de distancia, hasta Bushey, donde Jennifer trabajaba como maestra en la escuela Bushey Meads.

El exótico atractivo de Andrew le venía de su padre. Parecía estar siempre bronceado, hasta el punto de que, algunas veces, otros chicos se metían con él y le llamaban «paki». «Andy no pasaba demasiado tiempo mirándose en los espejos porque estaba totalmente convencido de que era despampanante», comentó George Michael años más tarde. Y era cierto. Ridgeley caminaba como si fuera un regalo de Dios. El impresionable Georgios lo seguía como un perrito faldero. Aunque solo se llevaban seis meses, esa diferencia parecía con frecuencia mucho mayor. La pronunciación correcta de Georgios en inglés es «Your-gos», por lo que Ridgeley llamaba a su amigo «Yog». Para horror de Georgios, el apodo pronto mutó hasta convertirse en «Yogurt» en el patio escolar. Georgios también se sentía horrorizado por los intentos de sus maestros por pronunciar su nombre, lo que no solía ir mucho más allá de «Gueoryios».

A pesar de haber tenido (o quizá por ello) una madre maestra, a Andrew nunca le interesó demasiado la escuela. Era un alumno relajado que podía resultar molesto en el aula. Cuando se dio cuenta de que no conseguiría ser jugador profesional de fútbol, se puso como objetivo convertirse en estrella del pop y, ¿para qué le iban a servir los estudios a una estrella del pop? Además de las ocasionales bromas por lo moreno de su piel, su famosa elegancia y carácter abierto lo hacían muy popular entre sus compañeros y desplegaba un sentido del humor juvenil que encajaba perfectamente con el de Georgios. «A ninguno de los dos nos interesaba el colegio más allá de su aspecto social, como lugar de encuentro», dijo Ridgeley. «Un foro, eso es lo que era la escuela. En eso era realmente buena.» Esta actitud no lo convertía en alguien querido ni por sus profesores ni por Jack y Lesley Panos. A los padres de Georgios, Ridgeley les cayó mal de inmediato, apenas entrar en su casa exudando aquel aura tan confiada. Lesley prohibió a Georgios que estuviera en casa con Ridgeley si ella no estaba presente.

La pareja pasaba gran parte de su tiempo libre en el parque. «Sé que uno de los lugares al que siempre iba era al parque», dice Ridgeley. «Era una especie de punto de encuentro central para mí y mis amigos, y todas las chicas también iban allí. Yo jugaba en el parque al fútbol en cuanto se me presentaba la ocasión. Es tan gracioso pasear ahora por allí y disfrutar de esos recuerdos. También me gustaba la gente del pueblo porque no eran —ni lo son todavía hoy— pretenciosos en absoluto. En cierto sentido, me complace haber crecido allí y no en una gran ciudad.»

Para su decimosegundo cumpleaños en junio de 1975, sus padres regalaron a Georgios una batería. Al final de su primer año en Bushey Meads, pasó sus vacaciones estivales con Ridgeley en su habitación o en la de él, golpeando la batería, componiendo sencillas melodías y grabándolas con su pequeño casete. Aunque al principio solo estaban divirtiéndose, Georgios enseguida hizo suya la idea de Ridgeley de ser *de verdad* estrellas del pop. David Mortimer estaba aprendiendo a tocar la guitarra y a veces se les unía. Compartían el amor por la música de Elton John y Queen. Georgios había sido fan de Queen desde hacía tiempo y el grupo empezaba a ser su favorito. Estaba especialmente enganchado al dramático sentido teatral del vocalista de Queen, Freddie Mercury. En 1974, Queen había lanzado su álbum clásico *Sheer Heart Attack*, que incluía «Killer Queen» y «Stone Cold Crazy». Al año siguiente, hicieron una gira mundial vestidos por Zandra Rhodes, elevando así a nuevas alturas el espectáculo de los conciertos de rock. La técnica vocal de «Bohemian Rhapsody» cimentó la posición del grupo como uno de los más innovadores y emocionantes de los años setenta y afianzó que Georgios Panos se convirtiera en su seguidor para toda la vida. Ridgeley y Panos se iban los sábados a Watford y pasaban el tiempo visitando las tiendas de discos a la búsqueda de las últimas adquisiciones para sus colecciones.

Si se compara con algunos de los colegios de los barrios entre el norte de Londres y Watford, Bushey Meads era bastante liberal. Aunque algunos de sus compañeros de clase más tarde se unieron al Ejército, Andrew Ridgeley lo describió como un «colegio un poco mariquita», lo que explica por qué su sentido del vestuario, un tanto estrambótico a veces (años antes de que los Nuevos Románticos hicieran del disfraz algo moderno) lo llevara a recibir palizas de vez en cuando. En una ocasión, Ridgeley apareció vistiendo una camisa azul, una corbata rosa y pantalones de satén de color cereza, lo que provocó bastante agitación entre sus compañeros. En otra, llegó sin anunciar a una fiesta familiar de Año Nuevo en casa de los Panos vistiendo un kilt. Pero Jack y Lesley habían acabado por aceptar a Ridgeley. Sabían que tenían que permitir a su hijo elegir sus propios amigos.

Ridgeley había crecido con un hermano y le encantaba salir con chicas. Las fiestas del instituto eran su fuerte. Georgios, por el contrario, se sentía intimidado por ellas. Con su madre y sus hermanas constantemente a su alrededor, había crecido cómodo rodeado de mujeres de una manera muy poco sexual. La idea de encontrarse con ellas en otro escenario le asustaba de muerte. Para cuando cumplió los trece o catorce años, Georgios veía a todos sus amigos ligando en las fiestas que se celebraban en las casas y desapareciendo en los dormitorios y cuartos de baño, mientras él se quedaba solo y se sentía deprimido y feo.

Después del casi insoportablemente tórrido y seco verano de 1976, los chicos volvieron al colegio en septiembre con la idea de ser estrellas del pop firmemente grabada en sus cerebros. Como ya era habitual, la escuela ofrecía un escenario en el que se podían divertir; en su mayoría, las lecciones les pasaban desapercibidas. Con ayuda de sus hermanas, Georgios estaba pasando por una especie de transformación física. El cabello le estaba creciendo en una especie de poblada permanente y sus hermanas le depilaron la uniceja a fin de darle por primera vez dos cejas independientes, tras lo cual consiguió convencer a sus padres para que le permitieran ponerse lentes de contacto en lugar de sus anticuadas gafas. Sus sueños de convertirse en piloto de aerolíneas habían quedado frustrados cuando descubrieron que era daltónico. «Estaba gordo, era feo y llevaba gafas», confesó al *Daily Mail* en 1990. «También tenía una gran ceja peluda. Ahora me han hecho un tratamiento para tener dos. Durante años me dejaba crecer el cabello para intentar ocultarla.»

Tras haber sido algo básico en la moda masculina de la década, el cabello largo estaba perdiendo fuerza. El año del jubileo de la Reina, en 1976, trajo consigo el punk. Pero Georgios y Andrew no tenían mucho contra lo que rebelarse, así que el movimiento les pasó de largo, aunque a Ridgeley le gustara bastante The Jam. Sin embargo, la otra explosión musical de 1977 fue la música disco. Era algo a lo que se aferraron con fuerza los dos, en particular al fenómeno de *Fiebre del sábado noche*. Después de su estreno en Nueva York a finales de 1977, la película dominaría la música durante algo más de un año. Su banda sonora incluía 17 canciones, 11 de las cuales se lanzaron como discos sencillos y siete de ellos se convirtieron en superventas. Las ventas del álbum acabaron ocupando los primeros puestos de los 40 principales de todo el mundo, manteniéndose allí durante 18 semanas a la vez que John Travolta alcanzaba el súper estrellato. La mayoría de los chicos querían ser capaces de bailar como el personaje de Tony Manero, y Ridgeley y Panos no eran la excepción. También vieron reflejadas en la película otras preocupaciones a las que se enfrentaban en su vida cotidiana: padres que no les apoyaban (por lo menos en cuestión de música), tensión racial y desempleo. No resulta sorprendente que el filme y su banda sonora encontraran una acogida tan fantástica en Inglaterra.

Además de grabar versiones de canciones y *jingles* en sus habitaciones, trabajaban en rutinas de baile más avanzadas que más adelante intentaban utilizar en las discotecas escolares. Aunque Georgios era un bailarín mucho menos natural que Andrew, este se tomó el tiempo para enseñarle los movimientos de Travolta, paso a paso, hasta que los dominó completamente. A veces, Georgios hacía de canguro para una familia de la misma calle: inevitablemente, Ridgeley aparecía, y entonces trabajaban en sus pasos de baile. Además de escuchar a los Bee Gees, ponían discos como «Stuff Like That», de Quincy Jones; más tarde, Georgios admitió que caminaban «de manera bastante tonta por la habitación». Georgios también había comenzado a expresar su aprendizaje musical en la escuela, donde, a finales de 1978, interpretó una «composición propia de solo de batería» ante sus compañeros.

A la vez que Georgios sentía más confianza en sí mismo, la pareja comenzó a ampliar sus horizontes. Además de asistir a las discotecas escolares, comenzaron a frecuentar lugares tan distantes como el Club Bogart en Harrow, donde el que llegaría a ser primer pinchadiscos de BBC Radio 1, Gary Crowley, organizaba noches de música disco. Más o menos en aquella época, Georgios conoció a su primera novia, Lesley Rywaters. Ella le dijo que le gustaban sus ojos. Pero Georgios todavía padecía de una inseguridad latente y creyó que ella se estaba riendo de él, ya que acababa de deshacerse de sus gafas. Se mantuvo distante hasta que se dio cuenta de que era sincera y ambos fueron pareja durante un tiempo. Georgios le compraba discos de música disco, incluyendo «Dance, Dance, Dance», de Chic.

En el año 1978-1979, Georgios se presentó a los exámenes correspondientes a su edad. Ya se estaba fraguando una verdadera batalla de voluntades: su padre quería que se presentara a los niveles superiores y asistiera a la universidad. Él sabía lo duro que tenía que trabajar para todo y creía que, si su hijo se hacía con un título universitario, ya habría ascendido varios peldaños de la escalera. Georgios era lo suficientemente listo para seguir esa vía, pero no le parecía que fuera el camino idóneo para convertirse en estrella de la industria musical. De hecho, encontró otra manera de dar un primer paso tentativo en su escalera personal hacia el éxito. Comenzó a cantar en las calles.

En lo que llegó a convertirse en un ritual regular, Georgios y David Mortimer comenzaron a faltar a sus clases los viernes para dirigirse a Londres cargados con su guitarra y un pequeño arsenal de canciones. Ya habían escrito un par de temas y estaban trabajando en sus propias versiones de canciones de Elton John, David Bowie y los Beatles. Aunque los mejores lugares ya estaban cogidos desde primeras horas de la mañana, se pasaban casi todo el día en el metro, con frecuencia en la estación de Green Park, en la ajetreada intersección entre las líneas Victoria, Jubilee y Piccadilly. Según cuentan ellos mismos, la pareja era bastante buena, e incluso consiguió ganar algo de dinero. A veces les robaban lo que tanto les había costado ganar antes de que acabara el día, pero, de todas maneras, disfrutaban tocando. Georgios se sentía especialmente emocionado por la manera en la que su voz y la guitarra acústica reverberaban en la estación.

Al pasar días completos en una estación del metro, conocieron a algunos personajes interesantes. Una tarde, tras oír algo parecido a una fuerte disputa, se acercaron a echar un vistazo por las escaleras mecánicas, donde se toparon con un enorme *skinhead* que vestía un jersey rojo y corría hacia ellos. Al llegar a la parte de abajo, el tipo corrió hacia Georgios gritando: «¡Danos tu maldito jersey!». A pesar de oponerse tímidamente («pero este es mi mejor jersey»), Georgios cambió de ropa con el *skinhead,* quien salió corriendo, supuestamente para evitar que lo identificara la policía. El divertido músico callejero se quedó con un jersey Fred Perry que le quedaba demasiado grande con el que volver a casa.

La rutina de los viernes continuaba hasta que Georgios y David corrían a casa con las ganancias del día, se cambiaban de ropa y salían a gastarse lo que habían ganado en cuanto podían. Los clubes nocturnos le mostraron a Georgios todo un mundo nuevo. La música disco se estaba difundiendo cada vez más en las emisoras de radio, mientras que en los clubes se empezó a escuchar tipos de música que le resultaban totalmente nuevos.

Las escapadas de los viernes no afectaron demasiado los resultados académicos de Georgios. Superó el nivel sin demasiado esfuerzo. Andrew Ridgeley, que no participaba en las escapadas de los músicos callejeros, realizó un esfuerzo todavía menor y superó menos exámenes. Según los deseos de su padre, Georgios permaneció en Bushey Meads para presentarse a las evaluaciones superiores de Teoría de la Música y Arte y Literatura Ingleses. «Cuando los jóvenes rondan la treintena es cuando las familias realmente se enfrentan a lo que son», dijo George Michael. «Sales al mundo, probablemente tienes tu propia familia y, finalmente, te encuentras en situación de mirar atrás y comprobar si tu propia familia era normal. Supongo que gran parte del daño que te han producido tus padres se ha desvanecido ya para entonces. Fue a esa edad cuando me di cuenta de lo disfuncional que había sido mi infancia.» A pesar de la presión de sus padres, Georgios fue lo suficientemente feliz para seguirles la corriente a la vez que se abría camino en la industria musical.

Tras decidir que necesitaba un entorno «adulto» para sus estudios superiores, Andrew Ridgeley se matriculó en septiembre de 1979 en la escuela universitaria Cassio Sixth Form, situada en Langley Road, en Watford. La Spice Girl Geri Halliwell también asistió al mismo centro unos años más tarde. Consiguió permanecer allí durante los dos años necesarios, pero admitió que tal vez solo realizara el trabajo equivalente a una semana completa. Ridgeley se divirtió como nunca, bebiendo y probando algunos pocos vicios más serios. George Michael, más tarde, contó a la revista *Q* que Ridgeley había probado el LSD. «[Andrew] probó el ácido y pasó un rato muy, muy malo. Tuvo un subidón malísimo. No lo volvió a probar durante años y años. Solo con oír su descripción de lo que le había ocurrido se me quitaron las ganas. Me gusta demasiado el control y no sería capaz de soportar que se me vinieran cosas encima y no poder detenerlas. Todavía oigo historias terribles que les ocurren a las personas que toman cosas como el ácido. Es demasiado extremo para mí.»

En otoño de 1979, Ridgeley dijo que quería montar su propio grupo de inmediato, pero Georgios le dijo que tendría que esperar a que pasara sus exámenes, todavía lejanos en el tiempo, en julio de 1981. Ridgeley no podía esperar tanto tiempo y siguió insistiéndole a su amigo hasta que se rindió y estuvo de acuerdo en ensayar con el grupo aquella noche, en casa de sus padres. Lesley y Jack no se sintieron impresionados por el ruido que hacían en su salón aquel puñado de ruidosos adolescentes. Se decidió que en el futuro alternarían las casas para los ensayos a fin de reducir así al mínimo las molestias que les ocasionaban a sus padres.

Para entonces, el punk continuaba su recorrido por el Reino Unido y estaba comenzando la ola de los grupos ska. Al principio, Ridgeley y Panos quisieron unirse a ellos. En su primer ensayo, el improvisado grupo montó una canción que sería la que usarían como tema de presentación, titulada «Rude Boy». También lo intentaron con su propia versión ska del tema de Beethoven «Para Elisa». El «grupo» tenía una especie de miembros itinerantes. En su inicio contaba con cinco: el hermano de Andrew, Paul Ridgeley, tocaba la batería, David Mortimer (quien se cambió el nombre por el de David Austin) y el amigo de la escuela Andrew Leaver a las guitarras, mientras Georgios y Andrew cantaban. No contaron con bajista hasta que Tony Bywaters (hermano de la exnovia Lesley) llegó. Tenía una melena de color jengibre hasta los hombros y pronto le apodaron «Dill el Perro» por un personaje de un programa televisivo infantil, *The Herbs*. Georgios recordaba que, aunque Bywaters era un buen tipo y contaba con un equipo bastante bueno, realmente no encajaba con ellos; así que su colaboración fue breve. Otro amigo, Jamie Gould, también formó parte del grupo durante un corto tiempo.

Tras haber decidido llamarse The Executive —perfecto en un país que había votado mayoritariamente a Margaret Thatcher y a un Gobierno conservador en ascenso que llegó al poder en mayo de 1979—, el grupo comenzó a ensayar de forma regular. Sin embargo, Georgios estuvo a punto de estrenarse en directo en otro lugar. «Casi me estreno en un escenario con The Quiffs», comentó al *Daily Mail* en 1990. «Eran algunos de los conocidos de Andrew de la universidad. Y, una noche, su batería los dejó. Yo sabía tocar y ellos lo sabían, pero me echaron un vistazo y dijeron que no podía ser, que no daba la imagen, que simplemente mi aspecto era demasiado malo. Recuerdo que aquello me destrozó.»

Georgios respondió a la decepción concentrándose en su propio grupo. The Executive tomó mucho prestado de las principales bandas ska. Madness había alcanzado los 20 principales con «The Prince» en septiembre y con «One Step Beyond» en noviembre, mientras que The Specials también se había abierto camino en la escena con «Gangsters» y «A Message To You Rudy», entre los diez primeros aquel año. Aunque basada en los duros ritmos jamaicanos que se remontan a los años cincuenta, la música ska interpretada por aquellos grupos era una versión inglesa. Conocida como «bitonal», fusionaba elementos punk en su ecuación, a la vez que llevaba la armonía racial hasta sus límites ante las tensiones que culminarían con los disturbios sucedidos en 1981 en barrios de las principales ciudades de todo el país, como Toxteth (Liverpool), Handsworth (Birmingham) y, más cerca de casa, Brixton (en el sur de Londres).

The Executive consiguió apalabrar su primera actuación pública para la Noche de las Hogueras en 1979 en el Bushey Methodist Hall como parte del espectáculo de fuegos artificiales de los Boy Scout locales. Con su siguiente concierto, acordado para diciembre, el grupo se hizo una serie de fotografías promocionales que debían acompañar a la cinta de una maqueta que estaban preparando. Georgios aparece en las imágenes como un joven de cabellos alborotados, barba a lo amish y vestido con un traje de algodón de color crema y zapatos sin cordones. Andrew está tumbado sobre una silla con una camiseta a rayas y un chaleco blanco.

La cinta de la maqueta de ocho pistas de The Executive incluía «Rude Boy» y su versión rápida de la melodía de Doc Pomus y Mort Shuman, «Can't Get Used To Losing You», llevada a la fama por Andy Williams en 1963. Intentaron colocarla en unas pocas discográficas, pero no tuvieron suerte. La cinta no era tan mala como George Michael y David Austin dicen hoy: las discográficas consideraron que carecía de originalidad, pero por lo menos iban por el buen camino. Se rechazó «Rude Boy» porque sonaba demasiado a «Special Brew», de Bad Manners; aunque, cuatro años más tarde, The Beat lanzó su propia versión ska de «Can't Get Used To Losing You», alcanzando con ella el tercer puesto en las listas.

Una vez más surgierono tensiones entre Jack Panos y su hijo. Georgios había abandonado el curso sobre Teoría de la Música y solo asistía a dos asignaturas. Tal y como lo veía Jack, Georgios tenía poco talento para la música y opinaba que estaba perdiendo el tiempo. Un día, Georgios puso la cinta con la maqueta de The Executive en el coche de su padre. Jack comenzó a darle otro sermón sobre cómo eso no le iba a llevar a ningún sitio, y, al final, el normalmente tranquilo Georgios saltó. En términos que no dejaban lugar a dudas, le dijo a su padre que iba a desarrollar una carrera musical, que estaba harto de escuchar que no era tan bueno como hacía falta y que lo menos que podía hacer su padre era ofrecerle apoyo moral. En otra ocasión, su madre intentó que abandonara el grupo: Georgios respondió amenazando con abandonar el colegio si le obligaba a ello.

Andrew Ridgeley creyó haber encontrado una salida para el grupo cuando escuchó a su vecino del final de la calle, Mark Dean, hablando de que trabajaba en la industria discográfica. Dean, un par de años mayor que Ridgeley, había firmado con Secret Affair, que alcanzó un pequeño éxito con «Time For Action». Pero no le interesaba el grupo de aquellos chavales de su barrio. Se negó incluso a escuchar la cinta. Ridgeley insistió y le pasó una copia a la madre de Dean. Ella se aseguró de que el hijo la escuchara, pero su opinión fue que eran una basura.

En verano de 1980, entre el primer y el segundo año de sus estudios superiores, Georgios y Andrew estuvieron a punto de distanciarse. Ridgeley pasaba cada vez más tiempo con sus compañeros universitarios en Cassio, y los únicos ratos que él y Georgios pasaban juntos eran en los ensayos del grupo. Incluso eso se estaba haciendo pedazos. Durante el otoño, cada vez más miembros abandonaron hasta que solo quedaron Panos y Ridgeley. Tras una cinta de demostración fracasada y unos diez conciertos en directo, incluyendo por lo menos uno en la escuela universitaria Cassio, The Executive dejó de existir.

El dúo superviviente se enfrentó a una industria musical que iba alejándose de un punk en desaparición y de la escena de la música disco, a la vez que se mostraba cada vez más interesada por la llamada «nueva ola» y los nuevos grupos de pop. Se estaba abriendo la escena para los «nuevos románticos», Adam and the Ants y similares, artistas que abrazaban una moda en la que disfrazarse para divertirse no se recibía ya con el ceño fruncido. Querían crear su propio público en lugar de intentar encajar en los existentes, y acabarían teniendo éxito. Pero ¿podrían Panos y Ridgeley encontrar su propio nicho en ese clima musical tan cambiante?

En enero de 1981, Andrew Ridgeley conoció a Shirlie Holliman en un pub local. Al igual que Ridgeley y Panos, Holliman había asistido a la escuela Bushey Mead, pero nunca habían hablado. Comenzaron a salir y pronto se convirtió en una buena amiga de Georgios y Andrew. Aunque ahora tenían ya 18 años, seguían preparando números de baile en sus dormitorios y Holliman se mostró entusiasmada por unirse a ellos. Pensaba que los chicos hacían buena pareja porque Ridgeley era muy llamativo y Panos muy sensible: «Andrew era el encantador y gracioso, y George era el que decía "tú primero, yo te sigo"».

En el verano de 1981 el país se vio cautivado por la boda real entre el príncipe Carlos y lady Diana Spencer, la derrota de Björn Borg por parte de John McEnroe en Wimbledon, después de cinco títulos consecutivos, y el coraje de Bob Champion, que superó un cáncer y ganó el Grand National en Aintree. En Estados Unidos, el presidente Ronald Reagan nombró a la primera mujer miembro del Tribunal Superior de Justicia, Sandra Day O'Connor, y la temporada de béisbol continuó el 9 de agosto, tras la huelga de los jugadores. Las noticias, sin embargo, no eran del todo positivas. Más tarde, justo en la calle perpendicular a la del piso de Peckham al que se acababan de trasladar Ridgeley y Holliman, los disturbios dejaron Brixton en llamas. El desempleo aumentaba y la juventud del país estaba empezando a sentirse insatisfecha. Un joven fue tan lejos como para disparar salvas de fogueo con una pistola a la reina cuando paseaba por el Mall a caballo durante el Desfile de la Bandera.

Aquel verano, a pesar de haber admitido que solo había asistido a aproximadamente una lección de cada siete, Georgios superó los exámenes superiores. Pero no tenía intención de ir a la universidad, y mantuvo una «cumbre» con sus padres. Ellos insistían en que encontrara un trabajo y le dieron seis meses para conseguir un contrato con una discográfica; si no lo conseguía, debería abandonar la música para siempre o tendría que buscarse la vida solo. Así que aceptó una serie de trabajos mal pagados para tener contentos a sus padres. Lavó platos y sirvió bebidas en el restaurante de su padre, pero preparaba mal una bebida tras otra, por lo que se buscó otro trabajo. Hizo de peón en la construcción, pero no estaba hecho para el trabajo manual, por lo que no duró ni una semana. Trabajó en un almacén de una sección de British Home Stores, pero lo despidieron cuando su jefe le pilló trabajando sin vestir la camisa y la corbata de la empresa. Otros trabajos que le duraron más incluyen un puesto como acomodador en la sala de cine hoy desaparecida del Empire en Merton Road, Watford. El trabajo estaba bien, a pesar del tedio que suponía ver las películas una y otra vez.

David Austin trabajó durante el verano como ayudante en una piscina local y el trío Panos, Ridgeley y Holliman lo visitaban, nadaban y luego salían en grupo a tomarse un helado y unas copas. Shirlie tenía un automóvil, por lo que podían desplazarse de un lugar a otro. Ridgeley había trabajado brevemente como limpiador y, luego, en un almacén, pero había preferido apuntarse al paro. «Estaba bien para Andrew cobrar el paro porque seguía viviendo en casa y era un maldito vago que simplemente no quería ir a trabajar», dijo Georgios. «Yo trabajé en una constructora, fui pinchadiscos en un restaurante y acomodador en un cine.»

Finalmente, consiguió un puesto como DJ en el restaurante y discoteca Bel Air de Bushey. Para alguien que había formado parte de un grupo de ska y era un empecinado aficionado a la música disco, era un trabajo desalentador. Los clientes llegaban y disfrutaban de su comida con un fondo de música ambiente adecuadamente relajadora, tras lo cual, una vez retirados los platos, Georgios, que estaba colocado detrás de una columna para que no le vieran, anunciaba que esperaba que los clientes quisieran participar en algunos bailes. Ese solía ser el momento en el que descubrían que había un pinchadiscos en la sala. Le solían sudar las palmas de las manos solo de pensar que tenía que anunciarse, porque de inmediato todo el mundo se giraba para mirar quién les estaba hablando desde el micrófono. Pero ganaba 70 libras esterlinas semanales. Aunque le daba parte del dinero a su madre a modo de pago por su alojamiento, le seguía quedando bastante para gastar.

Georgios iba al trabajo cada noche al Bel Air en autobús. En aquellos desplazamientos, su mente podía vagar alejándose del tedio y comenzó a soñar con melodías. Ese fue el principio de un rasgo que le duraría toda la vida, el de ser capaz de componer canciones mentalmente mientras viajaba, primero en el transporte público, después en automóviles y finalmente en avión. Una noche le embargó la inspiración mientras subía a un autobús. Para cuando llegó al restaurante había creado la base de una canción titulada «Careless Whisper».

Mientras tanto, Ridgeley y Holliman estaban viviendo en un destartalado piso en Peckham, en el sur de Londres. Aquel piso se encontraba a demasiada distancia como para que Panos pudiera visitar a sus amigos o trabajar juntos en las canciones, pero, en una de las reuniones que tuvieron, le habló a Ridgeley de su nueva canción. Ridgeley añadió algunos acordes de guitarra a la melodía de Panos y eso acabó de ponerla en marcha. Las palabras se le habían ocurrido al pensar en Jane, aquella chica a la que había conocido unos años antes en la pista de patinaje. La había vuelto a ver y habían salido un tiempo, pero también había estado viendo a otra chica llamada Helen a la vez. Aunque ninguna de ellas sabía nada sobre la otra, imaginó qué situación se le presentaría si alguna vez lo hicieran y escribió la letra basándose en eso.

Aunque se hizo famoso el hecho de que la hermana de Georgios, Melanie, llamara a la canción «Tuneless Whisper» (susurro desafinado), él sabía que tenía una buena canción entre manos. Panos y Ridgeley grabaron una maqueta, y Georgios siempre llevaba la cinta en el bolsillo. Tras terminar su trabajo en Bel Air, trabajó brevemente como pinchadiscos en un club deportivo. Su última noche puso la cinta de «Careless Whisper» sin importarle si se metía en problemas. Para su sorpresa, la pista de baile se llenó, aunque nadie había oído la canción antes. Ese éxito le dio una enorme confianza como compositor de canciones. No sabía si era lo suficientemente sólido ni si se pasaría la vida componiendo canciones que otros cantarían, pero, animado por ese pequeño éxito, se puso a trabajar en nuevas composiciones.

No duraron mucho tiempo en el espacio que utilizaban para sus ensayos en el apartamento del sur de Londres. Hartos de la mala calefacción y de tener que utilizar un cuarto de baño externo, Ridgeley y Holliman decidieron que el romance de vivir juntos no superaba las necesidades básicas y volvieron a las casas de sus respectivos padres, aunque siguieron siendo pareja. Panos y Ridgeley sabían que se estaban quedando sin tiempo. Si iban a intentarlo deberían conseguir interesar a alguna compañía discográfica. Para hacerlo tendrían que contar con más melodías de la calidad de «Careless Whisper». Así que Georgios Panos se puso a trabajar.

3

Fantástico (1982-1983)

fan-tás-ti-co

1. concebido o que parece haberse concebido con una imaginación sin restricciones; extraño y sorprendente; raro; grotesco: *formaciones rocosas fantásticas; diseños fantásticos;*
2. imaginario o sin base al no apoyarse en la realidad; loco o irracional: *temores fantásticos;*
3. extravagantemente caprichoso; maravilloso;
4. increíblemente genial o extremo; exorbitante: *gastar unas sumas fantásticas de dinero;*
5. muy irreal o poco práctico; extravagante: *un fantástico esquema para ganar millones de dólares con apuestas en las carreras de caballos.*

«Así que creé un hombre que el mundo pudiera querer si así decidía hacerlo, alguien que pudiera realizar mis sueños y convertirme en estrella.»

GEORGE MICHAEL

«Cuando tenía 19 o 20 años, hubo bastantes personas, desde normales hasta bastante atractivas, a quienes me podía llevar a casa. Ahora, si decidiera hacerlo, podría entrar en una sala y salir con gente mucho más guapa o que se cree mucho mejor. Realmente es una ironía que, ahora que no quiero hacerlo, tenga mucha gente a mi disposición. La idea de tener un atractivo tan importante para alguien me parece una posición muy masculina y muy castradora. No hay persecución, tú no tienes que hacer nada.»

GEORGE MICHAEL

Cuando comenzó 1982, el desempleo seguía ocupando la agenda social y política, alcanzando el nivel de los tres millones por primera vez desde los años treinta. Sheffield's Human League había alcanzado los primeros puestos del año con «Don't You Want Me», manteniéndose allí durante cinco semanas. El pop con sintetizadores y guitarras puras estaba provocando olas en el Reino Unido. Haircut 100 había comenzado el cambio hacia el pop con guitarras con su éxito en sencillo «Favourite Shirts (Boy Meets Girl)», que no se encontraba a kilómetros de distancia de lo que se estaba cociendo en Bushey.

Así que, para Georgios Panos y Andrew Ridgeley, el año había comenzado con una sensación de optimismo y emoción. Estaban trabajando en canciones nuevas y disfrutando de la vida nocturna de un panorama de clubes en expansión en Londres. Esos nuevos movimientos eran la antítesis del punk: aunque en los años sesenta uno resultaba creíble si hacía música seria, en los ochenta ya parecían medir el éxito por el número de discos vendidos y la cantidad de dinero obtenida. Andrew y Georgios se convirtieron en un reflejo de la época en la que estaban viviendo. Los chicos de clase media cobraban el paro por primera vez, pero, en lugar de preocuparse por ello, seguían queriendo divertirse.

En 1982, la escena de los clubes londinenses estaba comenzando a despegar cuando gente como Grandmaster Flash empezó a traer el hip-hop a los jóvenes del Reino Unido. En el club Le Beat Rouge de la calle Greek, Ridgeley y Panos se mezclarían con Steve Strange y los miembros de Spandau Ballet, a la vez que desplegaban pasos de baile con un toque a veces sexy, a veces afeminado sobre la pista. Comenzaron a jugar con raps sencillos y frases pegadizas que pronunciaban al ritmo de sus movimientos. Una frase de aquellas era: «¡Wham, bam! ¡Soy el hombre!». Al principio se trataba de poco más que el último de sus chistes, pero pareció afianzarse. Tras cambiarlo a: «¡Wham, bam! ¡Soy un hombre!», contaron con la base para un rap. Añadieron una letra sobre lo que sabían divertirse y estar en paro, temas que se expresan en la frase «I'm a soul boy / I'm a dole boy» («soy un chico del alma / soy un chico del paro») y en el estribillo final «D-H-S-S» (siglas en inglés del Departamento de Salud y Seguridad Social ante el que se debían presentar los desempleados cada semana para que les sellaran los papeles y poder cobrar la prestación). Decidieron que la parte de Wham! del rap sonaba tan bien que se la quedarían como nombre para su grupo. La nueva melodía se iba a titular «Wham Rap!», y era la suya propia. «No es que nos sentáramos y, conscientemente, redactáramos la canción tal y como acabó lanzándose», dice Ridgeley. «Simplemente salió así. El estilo de rap no era "lo último" entonces, como mucha gente parece creer. Llevaba años en Norteamérica. Además, intentar aprovecharse de una moda es un poco ridículo, porque, independientemente de cuánto planifiques las cosas para que coincidan en el tiempo, probablemente pierdas el barco para cuando se lanza el disco. Así que nunca intentamos manipular el mercado de esa manera.»

Su inspiración musical surgía de los discos y clubes, en lugar de ver a los grupos en directo. Ir a conciertos no siempre les resultaba atractivo y, de todas formas, tampoco se lo podían permitir. «Lo único que teníamos como fuente en realidad eran los discos que llevábamos años coleccionando», explicaba George Michael. «En cierto sentido, apenas estábamos influenciados por los grupos que daban conciertos porque no íbamos a ver demasiados. El hecho de que más tarde cobráramos el paro durante bastante tiempo significa que no teníamos el dinero suficiente para financiar ningún equipo caro nosotros mismos ni para instrumentos ni para material de grabación.»

«También tuvimos la fortuna de contar con unos pocos amigos que disponían de material de grabación mejor que el nuestro, lo que significaba que a veces lo podíamos tomar prestado», añade Ridgeley. «La mayor parte del día la pasábamos escribiendo e intentando ensayar nuestras propias composiciones. Sabíamos que, para tener la más mínima oportunidad de conseguir un contrato importante con una de las compañías discográficas de peso, deberíamos contar con maquetas de nuestras propias composiciones y no versiones. Necesitábamos poder demostrar que éramos capaces de mantener algún tipo de producción creativa.»

En febrero se lanzaron de cabeza y pagaron la enorme suma de veinte libras esterlinas para alquilar un Portastudio (un pequeño equipo portátil de grabación). El dueño iba incluido en el precio, y aquella mañana apareció en casa de Ridgeley y montó su equipo en el salón. Los chicos habían previsto grabar maquetas de tres canciones durante el día, utilizando una caja de ritmos Doctor Rhythm como grupo de apoyo electrónico. Paul Ridgeley se les unió como acompañamiento en la primera pista, «Wham Rap!». Comparada con la versión grabada, esta maqueta era mucho más dura e incluía bastantes tacos. Cantando ante un micrófono sujeto a un palo de escoba, las cosas llevaron más tiempo del previsto, y, cuando apenas habían terminado «Wham Rap!»,

Jennifer Ridgeley volvió a casa del colegio. Eso interrumpió el proceso. En cuanto comenzaron con la segunda canción, «Careless Whisper», Albert Ridgeley llegó desde el trabajo y volvió a detener la grabación. Pero, al final del día, las veinte libras habían conseguido una canción completa, aunque fuera una burda maqueta, más alrededor de un minuto de la siguiente.

Pronto produjeron las copias de la cinta y Georgios y Andrew empezaron a intentar colocarlas en todas las discográficas que se les pasaron por la cabeza. Sin representante ni agente, ellos fueron quienes hicieron todo el trabajo a pie, habitualmente presentándose en las empresas sin anunciar. Al llegar, el dúo solía actuar de manera muy empresarial y profesional, diciéndole a la recepcionista que tenían una cita. Ella miraba sus notas y, al no ver sus nombres, les respondía que no era así. Los chicos comenzaban a perder la paciencia e insistían en que la tenían, y que no era su culpa si ELLA se había equivocado. En la mayoría de las ocasiones, el engaño funcionaba y conseguían que alguien los atendiera.

Entonces se sentaban en una sala mientras el representante de la discográfica escuchaba la cinta. Una y otra vez, no habían transcurrido más de treinta segundos de grabación cuando detenían la cinta y les decían «gracias, no gracias». «Llevaba unos dos años intentando conseguir un contrato con una editorial o una empresa discográfica», contó George Michael al Alto Tribunal de Justicia en 1993. «Fui a muchas compañías de discos, pero las únicas que recuerdo son las más grandes. Fui a Chrysalis, A&M, EMI, Virgin. No recuerdo los nombres de las empresas que visité. Básicamente, los departamentos de artistas y repertorios no mostraban ningún interés, y yo les ponía las maquetas, pero no les interesaban.» La respuesta de Virgin fue: «¡Oh, no, otra banda de sintetizadores no!». Otras discográficas mostraron la misma falta de interés. Los aspirantes volvieron cabizbajos a Watford.

Años más tarde le preguntaron a George Michael por qué no habían formado Wham! con David Mortimer. La respuesta más simple es que se habrían matado el uno al otro de haber trabajado juntos de forma constante. Ambos habrían querido hacerse con el control. Por otro lado, Andrew Ridgeley encajaba perfectamente con Georgios. Y Mortimer tenía menos fe que Ridgeley en la capacidad de escribir de su amigo. A punto de partir en un viaje hacia Tailandia, le dijo a Georgios que, si sus canciones hubiesen sido tan buenas, ya los habrían contratado. Georgios lo ignoró y volvió a trabajar en dos canciones nuevas, «Club Tropicana», que escribió con Ridgeley, y «Come On!». Para cuando Mortimer volvió de su viaje, ya tenían un contrato discográfico.

El dúo, finalmente, consiguió, a través de una ruta un tanto enrevesada, que Mark Dean escuchara las nuevas canciones. Un amigo de Andrew Ridgeley tocaba con The Quiffs, el mismo grupo que antes rechazara a Georgios como batería por su imagen. La banda conocía a Dean y lo convencieron para que escuchara la cinta. Era muy superior a la maqueta de The Executive que antes rechazara. Tras acordar con Georgios que necesitaban invertir doscientas libras esterlinas en volver a grabar las dos canciones y algunas otras nuevas en un verdadero estudio, ofreció contratar a Wham! allí mismo.

Las acciones de Dean en el mercado discográfico estaban en alza. Había firmado con Soft Cell y ABC y alcanzado un enorme éxito con ambos. «Tainted Love», de Soft Cell, había llegado al número uno en agosto de 1981, seguida de un número cuatro con «Bedsitter». Junto con Human League, ABC dirigía a los nuevos románticos que surgían de Sheffield y tuvieron éxitos de listas propios que culminaron con tres canciones entre las diez primeras en 1982: «The Look Of Love», «Poison Arrow» y «All Of My Heart». Basándose en esos éxitos, Dean se estaba haciendo con un gran nombre y cierta capacidad de negociación. Consiguió un acuerdo con los gigantes norteamericanos de la CBS para lanzar su propia discográfica, llamada Innervision. Wham! sería su primera apuesta.

Dean mantuvo sus conversaciones iniciales con Wham! en unas oficinas prestadas en South Molton Street, y el grupo no era consciente de la cuerda floja sobre la que estaba caminando el representante para poder poner en marcha su propia empresa. Para facilitar un rápido lanzamiento, Dean pidió prestadas 150.000 libras esterlinas a CBS a fin de pagar adelantos a sus artistas. CBS se encargaría de la distribución de la nueva marca e invirtió otras 75.000 libras para permitir a Innervision hacer frente al gasto del tiempo de grabación en un estudio profesional. Pero todo ello debía devolverse a la corporación de cualquier ganancia que la discográfica pudiera obtener en el futuro. La letra pequeña del contrato entre las marcas dejaba claro que CBS estaba protegiendo su inversión. Innervision cobraría unos derechos del 15 por ciento, basados en las ventas, pero, de esa cifra, Dean debería pagar los derechos de los artistas, que solían rondar el ocho por ciento. CBS también dijo que, si anunciaban cualquier producto de Innervision en televisión, solo pagarían la mitad de las tarifas acordadas para cubrir los costes de los anuncios.

En marzo de 1982, con el ultimátum de su padre —«consigue una discográfica, consigue un trabajo o lárgate»—, todavía resonándole en la cabeza, Georgios estaba dispuesto a firmar casi con cualquiera que mostrara interés por su grupo. La oferta de Innervision era la única sobre la mesa, incluso aunque dijera que no cobrarían ningún derecho por los maxisingles. El 24 de marzo, Wham! se encontraba en el Centro Halligan Band, en Holloway, grabando maquetas profesionales de sus mejores canciones con una banda de apoyo. Georgios quedó alucinado al escuchar la versión de «Careless

Whisper» con un grupo de músicos completo y un saxofón que tocaron para él junto con «Club Tropicana» y la nueva «Young Guns (Go For It)». Sentía que tenían algo grande entre manos. Pero, más tarde, aquel mismo día renunció a todo ello en la práctica.

Mark Dean se reunió con ellos en el estudio y, obviamente consciente de lo buenas que eran aquellas canciones, insistió en que firmaran los contratos de inmediato. Se fueron a una cafetería a la vuelta de la esquina donde Dean les explicó que debido a los calendarios de lanzamientos de la CBS debían firmar aquella misma tarde, que no había tiempo para comprobar los contratos debidamente. Les ofreció 500 libras a cada uno, que se descontarían de las futuras ganancias, y ellos firmaron sobre la línea de puntos.

«Mark Dean estaba tan verde como nosotros», comentó más adelante George Michael. «Creo que, en cierta manera, la CBS le dio la vuelta. Estaba claro que quería que su empresa despegara a través de nosotros, y tenía una buena trayectoria.» El contrato les ataba a una serie de cinco álbumes en cinco años o, si se separaban, otros diez en solitario cada uno. Pero a Georgios no le importaba ni el dinero ni los detalles, lo único que quería era ser famoso. No hubo ninguna gran fiesta ni celebración tras firmar el acuerdo. Georgios celebró su imprevista riqueza de quinientas libras poniéndose un pendiente en la oreja.

En aquel entonces, en 1982, no existía internet para hacer correr la voz sobre los nuevos grupos. No existía MySpace. No existía YouTube… Así que a la CBS se le ocurrió la idea de que Wham! hiciera una serie de apariciones en clubes para intentar atraer seguidores minoritarios. Cada viernes y sábado, una representante de la CBS los recogía y los llevaba a cuatro o cinco clubes nocturnos. Para mejorar sus números, Andrew

Ridgeley le pidió a Shirlie Holliman que se les uniera como bailarina, y Mandy Washburn, de 16 años, lo convirtió en cuarteto. Los cuatro llegaban a un club, realizaban una serie de bailes a la vez que sonaban un par de números de Wham! y repartían unos pocos discos gratuitos.

Algunos de esos clubes eran como para olvidarlos de inmediato. Otros eran más famosos. En el Club Level One de Neasden, el grupo descubrió que no había escenario, y todos los asistentes se apiñaron a su alrededor para verlos bailar. En otro de los clubes, el micrófono de Georgios se desenchufó mientras saltaba y el cable quedó colgando detrás de él, dejando claro incluso a aquel público bebido, que no estaba cantando en directo. Durante un número en Stringfellow's, dio una gran patada al aire y su zapato sin cordones salió despedido por encima de las cabezas del público; para que pareciera que lo había hecho voluntariamente, tuvo que lanzar también el segundo zapato volando. Pasó el resto de la actuación intentando no resbalar sobre los pies desnudos.

Ponían todo su empeño en crear cierto entusiasmo entre un montón de clientes de club medio borrachos que solo querían toquetear a las mujeres y beber cerveza, pero no siempre funcionó. Sin embargo, a pesar de las respuestas a menudo templadas que recibían, se trató de una valiosa experiencia de aprendizaje para todos ellos. Prepararse para una posible aparición en televisión en el futuro era mucho más importante que limitarse a saltar en sus habitaciones al son de una cinta de casete. El primer sencillo de Wham!, «Wham Rap! (Enjoy What You Do?)», se lanzó en junio de 1982. Se había grabado con Bob Carter, cuyas acciones estaban muy en alza tras haber trabajado en el sencillo de éxito de Junior («Mama Used To Say»). Carter contribuyó con los miembros del grupo que tocaron en aquel sencillo. Además de David Austin, Paul Ridgeley se añadió una vez más al acompañamiento. La canción reflejaba el mundo como lo veían. No era realmente un rap como el que conocemos en la actualidad, sino más bien una introducción hablada antes de que entrara una pista de apoyo con un gran uso del sintetizador. Las 100 pseudoguitarras de los tartamudeantes Haircut 100 aportaban un ritmo funky mientras Georgios —expresando más la actitud de Andrew Ridgeley que la suya propia— cantaba letras sobre seguir en el paro en lugar de conseguir un puesto de trabajo. Palmadas con las manos, una sección de viento, acompañamientos cantados... la pista lo tenía todo.

El vídeo era casi una toma narrativa de la letra de la canción. Georgios aparecía vestido con una camiseta blanca y una cazadora de piel negra antes de dirigirse a casa de Ridgeley, donde sus padres le decían que se fuera a buscar un trabajo. Entonces hay unas imágenes del grupo y de chicas sobre un escenario blanco tras el que aparece el nombre de «Wham!» en una enorme pantalla. Los cuatro realizan una coreografía como la que solían bailar en los clubes.

Había sido una visión humorística del grupo en rap, pero las noticias de la primavera de 1982 lo tiñeron todo de una luz más seria. Argentina reclamó su soberanía sobre las islas Malvinas en marzo y se perdieron muchas vidas antes de que los argentinos se rindieran el 14 de junio. La mención que hace la canción del Departamento de Salud y Seguridad Social (DHSS) y del paro, un gran problema social, eliminó para la mayoría de la prensa cualquier tono de humor sobre el desempleo. En un artículo en *Smash Hits*, el futuro Pet Shop Boy, Neil Tennant, llegó hasta el corazón del disco cuando comentó que se trataba de un «rap duro, caliente e ingenioso... verdadera emoción, cientos de ideas construidas a través de la participación y el máximo humor». «Wham Rap!» fue incluso elegido sencillo de la semana en *Sounds*.

El grupo, con menos de un año de edad, ya estaba comenzando a realizar cambios. Mandy Washburn decidió que más le valía perseguir una carrera de peluquera, aunque pronto se vio sustituida por Diana «Dee» Sealy (apodada Dee C. Lee), de 20 años. Y Georgios Panayiotou decidió adoptar el nombre de George Michael. La primera parte, una adaptación al inglés del nombre Georgios, fue fácil, mientras que el apellido venía por un tío favorito llamado Michael. Pero el cambio llegó demasiado tarde para la primera publicación en prensa de «Wham Rap!». Los créditos del disco dicen «Panos/Ridgeley».

Peter Powell fue el primer DJ en poner un disco de Wham! en BBC Radio 1, pero «Wham Rap!» no se vendió bien y se atascó en el número 105 de las listas británicas. Mark Dean conocía a alguien que se iba a ir a Corfú a finales del verano para sacar fotografías de las casas vacacionales para un folleto publicitario, y consiguió que Ridgeley y Michael le acompañaran en el viaje. Una vez allí, hicieron una serie de fotografías promocionales que serían las que darían forma a su imagen de los siguientes años: adolescentes sanos y en forma, atractivos y dispuestos a pasárselo bien. George Michael está especialmente favorecido, al haber perdido peso debido a los enérgicos pasos de baile que llevaban realizando varias veces cada noche durante meses.

El siguiente número fue otra melodía de semi-rap, «Young Guns (Go For It!)». Grabada con el productor de la ABC, Steve Brown (una de las conexiones de Mark Dean), la canción comienza con una dramática pieza al teclado que crece hasta mezclarse con otra introducción narrada por George Michael. La letra, entonces, salta entre uno y otro como si fuera una conversación entre dos amigos que están en desacuerdo con sentar la cabeza siendo aún jóvenes, un destino al que llaman «muerte por matrimonio». De nuevo, la canción se basaba en la experiencia, esta vez en la de ver a los antiguos compañeros del colegio ya asentados mientras ellos seguían divirtiéndose.

El vídeo, dirigido por Tim Pope, refleja perfectamente las conversaciones. Se ambienta en un club nocturno (¿dónde si no?) y los intercambios entre George y Andrew tienen lugar en la pista de baile y en la barra del bar. Entonces, llega Shirlie Holliman para interrumpir esa bella amistad antes de que el grupo salte a la pista para realizar sus habituales movimientos coreografiados. George viste su uniforme normal de cazadora negra de cuero y camiseta blanca, actualizando la imagen de James Dean/Marlon Brando para los años ochenta. «Cuando comenzamos a trabajar sobre ello y a grabarlo todo en cinta», recuerda Michael, «vimos, por cómo estaba funcionando, que era mucho más que otra simple canción. La letra y toda la estructura se nos presentaba en el formato de una pequeña obra de teatro. Era el tipo de conversación que nunca se acaba y, por eso, Andy, Shirlie y yo la presentamos así e hicimos un vídeo que la acompañara en la misma línea».

El segundo sencillo entró en los 100 principales en octubre. Las retransmisiones en la radio tuvieron un efecto de bola de nieve y continuaron creciendo. Pero la CBS, que no esperaba semejante interés después del fracaso relativo de «Wham Rap!», se quedó literalmente sin copias y les dio largas a la hora de sacar nuevas. Mientras tanto, a Wham! se le ofreció su primera presentación televisiva en un espacio del programa de televisión infantil matinal de los sábados de Noel Edmond, «Multi-coloured Swap Shop», lo cual habían conseguido porque el productor del programa había visto una de sus primeras apariciones en Stringfellows.

No se debe infravalorar la importancia de aparecer en «Swap Shop». Sin embargo, la principal oportunidad vino cuando uno de los números programados para aparecer en *Top of the Pops* se retiró en el último momento. Se tenía que llenar la parrilla con rapidez y Wham! recibió una llamada, aunque «Young Guns» todavía no era un gran éxito y se había posicionado solo en el número 42.

Sin MTV en el Reino Unido y con solo cuatro canales de televisión que ver, BBC1, BBC2, ITV y el recién lanzado Channel4, cualquier difusión en programas musicales iba a ofrecer sin duda a los artistas un público nuevo enorme. Eso se daba por partida doble cuando el programa era *Top of the Pops*. El espectáculo, presentado por los pinchadiscos de la BBC Radio 1, se acercaba a su 1.000 edición y su tradicional espacio de los jueves por la noche en la BBC1 era ya una institución británica. Habiendo estudiado el programa con mucho detenimiento durante toda su vida, George Michael sabía qué hacía falta para que participar en él fuera un éxito.

El programa se rodaba el miércoles anterior a su retransmisión en hora de máxima audiencia el jueves por la noche. Innervision decidió que deberían alojar al grupo en un hotel cercano al estudio para que no tuvieran la posibilidad de llegar tarde a la grabación. Así que Michael y Ridgeley pasaron la noche antes de su debut en *Top of the Pops* en un hotelucho a las puertas de Charing Cross Road donde las habitaciones costaban menos de una libra esterlina la noche. Para empeorar la situación, Michael tuvo que dormir en una cama infantil con sábanas de polietileno y las piernas colgándole en el extremo del colchón.

Aunque era sin duda, y con mucho, el programa de música pop más importante de Gran Bretaña, y así lo había sido desde los años sesenta, *Top of the Pops* siempre había provocado cierta controversia sobre si las actuaciones se grababan en directo en el estudio o eran simples *play backs* pregrabados. En los primeros tiempos del espectáculo, los artistas debían fingir que cantaban las versiones grabadas de sus discos. Más adelante se utilizaba música de fondo acompañada por una orquesta de estudio y acompañamiento musical en directo, antes de que los artistas de los años ochenta comenzaran de nuevo a fingir cantar sobre una grabación previa. Wham! no tenía problemas a la hora de fingir, lo que no dejaba de ser una imitación de lo que solían hacer en los clubes.

El programa del 4 de noviembre también fue el debut para el DJ presentador de *Top of the Pops* Mike Smith. Se le había trasladado a toda velocidad de una radio de hospital al canal de radio londinense Capital, donde se había unido a Radio 1 en 1982, y ahora estaba a punto de estrenarse en televisión. Vestido con un jersey azul de punto tipo abuelo, comenzó el programa con entusiasmo: «Es la primera lista de noviembre, mi primer *Top of the Pops* y su primer *Top of the Pops*...»

La interpretación de los papeles en «Young Guns (Go For It!)» encajaba perfectamente con el formato televisivo. El estilo de conversación, las expresiones faciales y los movimientos de baile estaban todos perfectamente afinados. George Michael vestía una chaqueta marrón de cuero sin mangas con el cuello levantado sobre su pecho desnudo y afeitado y con su complexión bronceada y sus vaqueros hasta las pantorrillas era la imagen de la vitalidad joven. Andrew Ridgeley vestía una combinación más conservadora, con una camisa estampada metida en los vaqueros. Bailaba con Shirlie Holliman, de cabellos rubios teñidos y con un vestido blanco cortado a la altura de la rodilla por detrás, pero apenas cubriéndola por delante. Michael actuaba con D. C. Lee. Todos los asistentes al estudio iban vestidos de fiesta: sombreros de ala estrecha, vestidos con cinturón, cabellos muy ahuecados, *flicks*, minifaldas con vuelo, chalecos y muñequeras. Durante la actuación, Georgios se volvió a David Austin, que estaba en el escenario fingiendo tocar la guitarra y le dijo: «Lo tengo. Así será el resto de mi vida».

Pero, una vez se terminó el programa, tuvieron que volver a bajar a la tierra de golpe y retornar a casa en autobús. Tras la retransmisión del espectáculo la noche del jueves, Michael pasó los siguientes días yendo de un lado para otro, decepcionado porque nadie le reconocía. Sin embargo, con el tiempo, alguien le pidió un autógrafo por primera vez y sintió que estaba llegando a algún sitio.

La actuación en *Top of the Pops* hizo maravillas. El sencillo se disparó en las listas del Reino Unido, alcanzando el tercer puesto a principios de diciembre. En aquel momento, no se consideraba que el grupo fuera simplemente una banda de pop —*New Musical Express (NME)* convirtió «Young Guns» en el sencillo de la semana—, aunque aceptaron que se hiciera de ellos un reportaje fotográfico para una de las revistas favoritas de los adolescentes, *My Guy*. Michael intentó infundir cierto humor y actuó de manera amanerada y poniéndose, no un par de gafas, como hacía la mayoría de las estrellas del pop que se preciasen, sino tres. Pero el humor no quedó demasiado bien plasmado en el papel. Al final del año, el grupo se dirigió al Bushey Meads School, donde actuaron en la fiesta de Navidad como héroes que llegaran de vuelta a casa.

En 1983, los grupos como Duran Duran, Kajagoogoo, Spandau Ballet y Culture Club dominaban los primeros puestos de las listas con una nueva ola de pop británico que, más tarde, también arrasaría en América. Apoyándose en el éxito del sencillo «Young Guns», Innervision decidió volver a lanzar «Wham Rap!» en febrero. Esta vez triunfó, alcanzando el número 8. Aparecieron en *Top of the Pops* el 27 de enero de 1983. Bajo luces de colores de neón y rodeados de globos, el grupo salió al escenario envuelto en un ambiente general de fiesta. Esta vez, Ridgeley y Michael vestían ropas iguales que acabarían convirtiéndose en su uniforme para los siguientes meses, definiendo así la imagen de la banda ante la prensa, que combinaba con su intento lírico de crear un mito a través de un duro credo callejero: vaqueros azules, camiseta blanca y la ubicua cazadora de cuero negra con el cuello levantado. Las chicas llevaban trajes negros de pantalón a juego. Michael pasó la mayor parte de la actuación en la parte delantera del escenario solo mientras Ridgeley se unía al coro en la zona trasera, adelantándose solo de manera ocasional. Esa vez no se intentó siquiera colocar instrumentos en el escenario; George era la estrella del espectáculo. Y una vez más fue un rotundo éxito.

Durante los primeros meses del año, Ridgeley y Michael decidieron cuál sería la futura carga de trabajo del grupo. Cada vez quedaba más claro que George se estaba responsabilizando totalmente de escribir las canciones; en lugar de hacer ver que Andrew estaba implicado en el proceso creativo, adoptaron la decisión consciente de dejar tranquilo a Michael para que compusiera las canciones mientras Ridgeley salía a divertirse. Tras haberlo acordado, George comenzó en febrero a trabajar en una nueva canción titulada «Bad Boys». Fue su primera composición en solitario.

Mientras George daba cuerda a la canción también seleccionaban una nueva banda que los acompañase. El bajo con rastas Deon Estus tocaría con Wham! durante el resto de su carrera. El músico americano también añadió una guitarra de acompañamiento para complementar la interpretación de Andrew Ridgeley. Otros añadidos fueron el batería Trevor Morrell, el guitarrista Robert Ahwai y la teclista Anne Dudley. Aunque el nuevo grupo trabajó duro, la canción todavía necesitó dos meses más para estar lista. «Bad Boys» salió al mercado en mayo con una versión instrumental de la misma canción en la cara B, y ascendió meteóricamente hasta el segundo puesto de las listas del Reino Unido.

«Bad Boys» llevó la actitud de «en el paro y no nos importa» un paso más allá. Escrita en forma de carta abierta a los padres de los cantantes, describe de qué forma se rebelan contra los planes que se han hecho para ellos desde que nacen, y, una vez más, recalca los ideales de la hermandad y el apoyo mutuo ante todo. En esencia se trataba de un signo de exclamación (algo que les gustaba a ambos) para sus tres primeros sencillos. (En retrospectiva, George Michael se dio cuenta de que su imagen no era la que le gustaría que la gente recordara, y solo le faltó renegar de la canción. La recopilación *Twenty Five*, que incluía varios temas de Wham!, omitía estos primeros sencillos.)

El vídeo comienza con una imagen en blanco y negro de un soldado que regresa a casa para ver a su mujer e hijo desde el Servicio Nacional. El niño empieza a portarse mal, disparando con un tirachinas y cosas por el estilo, antes de sufrir una metamorfosis y convertirse en un George Michael de 19 años que se autoproclama «guapo, alto y fuerte». Ahora en color, George intercambia unas palabras con papá y mamá antes de salir a las oscuras callejas traseras donde se encuentra con Andrew Ridgeley, para irse a conducir por las calles de la ciudad en un gran coche americano descapotable envuelto en los humos que salen de una alcantarilla abierta. La escena de baile final del grupo, en una calle oscura y humeante de la ciudad, es una mezcla entre *West Side Story* y el reciente vídeo de Michael Jackson, *Thriller*. Los recuerdos que tiene George Michael del vídeo no son precisamente de color de rosa. «Parecemos unos enormes mamones», comenta. «¿Cómo puede ver nadie a esos dos tipos de la pantalla haciendo lo que estábamos haciendo y pensar que es bueno?»

«Bad Boys» entró en las listas el 14 de mayo y permaneció en ellas durante tres meses y medio, alcanzando el segundo puesto mientras el épico «Every Breath You Take», de The Police, se aferraba al número uno. A pesar del dudoso y extraño vídeo, las cosas iban claramente hacia arriba. Wham! volvió a *Top of the Pops* a principios de junio para promover el sencillo, siendo presentados esa vez por Tony Blackburn, con una cazadora azul vinilo y el tesoro nacional, Jimmy Savile, resplandeciente, vestido con una cazadora típicamente satinada de imitación de cebra. El grupo abrió el programa después de que Blackburn opinara: «¡Esta es una canción sobre Jim y sobre mí!».

Esta vez se cambió ligeramente el vestuario de habituales camisetas blancas y cazadoras moteras de cuero negro. Andrew Ridgeley apareció con una guitarra y gafas mientras las chicas vestían unas estrechas faldas blancas y llevaban gafas de sol. Era como ver a «Leader of the Pack» con roqueros de los años cincuenta con un toque de los ochenta. George se pasó la mayor parte de la canción en primera línea. Andrew se le unió al final, casi para recordar a los espectadores que Wham! era realmente un dúo.

Incluso en esa fase, Jack Panos pensaba que la carrera de su hijo podría ser muy corta. «Aun cuando empezó a llegar mucha pasta porque ya estábamos en el tercer sencillo, mi padre seguía diciendo: "Ahorra el dinero, chico, que no va a durar". Yo nunca le creí», dijo Michael. «Desde el momento en el que

metí la cabeza, creí que me iba a quedar allí. En realidad me parecía bastante gracioso. Le costó fácilmente un par de años empezar a pensar, "en realidad, estoy totalmente equivocado".»

George Michael volvió al estudio a grabar el siguiente sencillo y el resto de las canciones para el primer LP de Wham! Siguiendo su habitual estilo confiado, decidieron titularlo *Fantastic*. Aparte de los tres sencillos hasta la fecha, el álbum solo contenía cinco temas más, aunque las versiones en CD publicadas más tarde se rellenaron con versiones. A pesar de su brevedad, consiguió entusiasmar —y también incluir cuatro signos de exclamación y uno de interrogación, lo que no está mal para ocho canciones.

Michael y Steve Brown coprodujeron el álbum, enmarcando con estilo el principio y el final de cada cara con los cuatro sencillos. Comenzaba con la ya característica «Woo-woo!», de «Bad Boys», pero pronto mostraba que el grupo tenía mucho más que ofrecer que un trío de canciones semi-rap sobre ser jóvenes y estar en el paro. El conmovedor pop de «A Ray Of Sunshine» incluía la quintaesencia de la línea seguida por el pop en los años ochenta, «Gotta Make a Lot of Money» a la vez que los vocalistas y la mejor imitación que hacía George Michael de los Bee Gees cantando «Love Machine» de Miracles mostraba al grupo bajo una luz totalmente diferente. «Wham Rap!» cerraba una cara, y el siguiente sencillo, «Club Tropicana» comenzaba la cara B, a la par que sus sonidos especiales de automóviles metían al oyente en la fiesta —como quedaría claro en el vídeo—. «Nothing Looks The Same In The Light» mostraba por primera vez el lado tierno de Michael antes de que «Come On!» y «Young Guns (Go For It!)» cerraran el álbum con un ritmo rápido entusiasmado.

Dedicaron el álbum a la memoria del antiguo miembro de The Executive, Andrew Leaver, recientemente fallecido, y a otro amigo del colegio, Paul Atkins, muerto en un accidente de coche. La portada de los chicos tumbados espalda contra espalda mirando con aire taciturno hacia la cámara fue una instantánea de Chris Craymer. Les mostraba vistiendo las sempiternas cazadoras de cuero negras con nada debajo, la imagen perfecta para una pareja de Young Guns, y fue elegida por encima de otras imágenes en las que vestían camisetas blancas y hacían el ganso el uno con el otro. La cazadora que vestía Michael en la tapa pertenecía en realidad a Craymer, ya que el cantante todavía no se podía permitir una propia. Les gustó tanto la foto que Craymer quedó contratado como su fotógrafo para los siguientes 18 meses. Con el tiempo se decantaron por utilizar a fotógrafos del mundo de la moda para sus imágenes de promoción, lo que inspiró a Craymer a convertirse él mismo en uno de ellos. «A su manera, fueron muy importantes para mí», comentó.

Don Shewey, que escribía para *Rolling Stone*, parecía disfrutar con la música pero no se mostraba impresionado por los valores de producción de la voz de George Michael. «Probablemente, el mayor problema de Wham! sea que el grupo carece de un vocalista realmente característico», escribió. «El ferviente gemido de George Michael es tan sintético y familiar como los teclados baratos tan comunes hoy en día. Suba el volumen cuando escuche a Wham! en la radio de su automóvil, pero recuerde que no sonarán igual en ningún otro sitio.»

En *Melody Maker*, Lynden Barber atacó violentamente la naturaleza bonachona de los supuestamente malos chicos, su voluntad de interpretar el papel de modelos en la tapa del álbum y sus intentos de hacer rap, pero le gustaba la música, aunque con reticencias. Su crítica terminaba diciendo: «Wham! es una especie de barco de recreo que está cargado de un enorme equipaje que no es bienvenido, aunque supongo que eso no le interesa al lector. Lo que le interesa realmente es saber si merece la pena comprar el LP. La única respuesta a eso es: ADELANTE». El álbum salió directamente hasta el número uno en las listas, ayudado por su último gran éxito en el sencillo, «Club Tropicana».

Con esa canción, Wham! cambió de dirección e imagen por completo. Se deshicieron de sus cazadoras de cuero y, en su lugar, alardearon con desfachatez ante sus seguidores del hedonista estilo de vida joven al que aspiraban. Ese tema perfecto para el verano era exactamente lo que había encargado el Gobierno conservador —cuerpos jóvenes, bronceados y sanos salpicando y disfrutando de una recién alcanzada riqueza, a un millón de kilómetros de la vida del paro—. El hecho de que los chicos tuvieran un atractivo mediterráneo, unos bronceados artificiales y unos dientes de anuncio de dentífrico resultaba de utilidad. El alegre ritmo del bajo, el desenfadado piano, las maracas y los vertiginosos acompañamientos vocales transmitían un ambiente de carnaval.

Para el vídeo de «Club Tropicana», el grupo voló a Ibiza, el entorno perfecto para una canción así. Toda la producción fue mucho más profesional que en los vídeos anteriores con sus limitados presupuestos. Todo el videoclip se hizo como si se tratara de un largometraje con una introducción no musical y titulares al principio y al final. En la escena inicial, D. C. Lee y Shirlie Holliman aparecen conduciendo un jeep por una larga carretera polvorienta hasta llegar a la naturaleza salvaje tropical. Al caer la noche, entran en una aldea remota y caminan hasta introducirse en un jardín. Lo primero que ven ellas y el cámara es a un hombre de mediana edad y pecho desnudo con un bigote a lo bandido mexicano, sombrero de paja de vaquero y pañuelo rojo al cuello que parece llevarnos a las películas porno gay de los años setenta. Al tomar impulso la música, siguen caminando y dan la vuelta a la esquina, donde se encuentran con una piscina rodeada de saludables cuerpos jóvenes en traje de baño y gafas de sol. George Michael, vistiendo Speedos blancas, posa junto a la piscina sujetando un cóctel de color rosa. Fue la imagen perfecta de la decadencia de los años ochenta —malgastar dinero mientras se chapotea en una piscina.

Otras escenas nos muestran a los chicos en la ducha (por separado), de jarana en la piscina, con mucha gente nadando, con trompetas en el agua y gente en la playa. Después vemos a las chicas conducidas por ellos en el destartalado jeep antes de que George y Andrew, con un estereotipado toque español, monten en burro de vuelta a la aldea. Finalmente nos encontramos a los cuatro vestidos como personal de una aerolínea dirigiéndose de vuelta al trabajo. Andrew, arreglándose ante un espejo, no tiene que actuar demasiado, mientras que George consigue cumplir su sueño de la infancia y se muestra como el capitán de la aerolínea. La película termina con una toma del avión que despega hacia el ocaso.

Una escena del vídeo nos muestra a George y Andrew en la piscina mirando con lujuria a D. C. Lee y Shirlie pasar. De hecho, la imagen presentada por esta toma resultaba un tanto equívoca. Durante el rodaje, Michael ya le había confiado a Holliman que creía que tal vez fuera gay, aunque ella creía que solo estaba buscando ayuda y tal vez hubiese «tenido una experiencia». Tras unas conversaciones posteriores con Andrew, se llegó a la conclusión de que George todavía no debía decírselo a sus padres, ya que, si lo hiciera, tendría graves dificultades para seguir «en la onda» profesional.

«Club Tropicana» apareció en la BBC casi en su integridad, para una aparición en *Top of the Pops* el 4 de agosto. Mike Smith era, una vez más, el presentador, esta vez junto con el gran John Peel, después fallecido. De nuevo, Wham! abría el programa. Smith explicó: «Tenemos el sol, el mar y trajes de baño para ustedes esta noche». Ante lo cual Peel puso una cara rara y bailó una pequeña coreografía. El estudio había sido convertido en una hortera imitación de una playa de los años ochenta con baratas palmeras de plata hechas con lo que parecían los árboles artificiales de Navidad del año anterior. George Michael aparecía a pecho desnudo con una camisa hawaiana abierta y pantalones cortos. Entre la muchedumbre se veían cócteles falsos de color verde mientras las parejas observaban el espectáculo desde asientos a pie de escenario en un intento barato por capturar el ambiente del vídeo. D. C. Lee y Shirlie Holliman bailaban en trajes de baño negros y grandes sombreros para protegerse del sol. Había un gran piano de cola en el centro del escenario que permaneció sin que nadie lo tocara hasta justo el final, cuando George fingió interpretar una melodía, aunque en un momento dado sus dedos ni siquiera tocaban el teclado.

No importaba. A la gente le encantó. Los chicos tuvieron que salir del Centro de Televisión ocultos entre las grúas situadas en la parte trasera de una camioneta porque había una enorme muchedumbre de jovencitas esperándoles fuera. Estaba empezando la «Wham!manía».

«Club Tropicana» se convirtió en el cuarto éxito de los 10

principales de *Fantastic* aunque, poco después, D. C. Lee los abandonó para casarse con Paul Weller y unirse a su grupo Style Council. Pronto la sustituyeron por otra cantante negra, Helen DeMacque, conocida por todos como «Pepsi». Pepsi tenía cuatro años más que Shirlie y cinco más que George y Andrew, pero encajó perfectamente.

Tras menos de un año de carrera profesional, los Wham! se habían convertido en grandes estrellas del pop. También eran chavales jóvenes y sin experiencia sobre quienes se acumulaban tantos halagos en cada esquina que llegaban a ahogarlos. Todo estaba empezando a pasar demasiado rápido y corrían el riesgo de perder el control. Andrew Ridgeley se estaba convirtiendo en un habitual de los periódicos sensacionalistas con sus muy públicas noches de juerga y borrachera, y, aunque George Michael mantenía un perfil más discreto en la tierra de los clubes, también bebía demasiado y fumaba en exceso.

Con un aumento exponencial en solicitudes y con la llegada masiva de expresiones de apoyo, Wham! decidió que había llegado el momento de elegir un representante. La perspectiva de realizar su propia gira acechaba en el horizonte, y también estaban preocupados porque, a pesar de sus masivas ventas, no estaban obteniendo unos beneficios económicos demasiado grandes. El grupo decidió trabajar con Nomis Management, una asociación entre Simon Napier-Bell y Jazz Summers. Summers había oído por primera vez la maqueta de Wham! en Island Records, mientras que Napier Bell llevaba en la industria de la música desde los años sesenta, cuando representó a los Yardbirds.

La seguridad de contar con un representante les ofreció recompensas inmediatas. Poco después de que Wham! firmara el contrato, un grupo norteamericano presentó una reclamación porque ellos habían cogido el nombre antes. Otros grupos ingleses habían tenido que cambiar de nombre para evitar ese tipo de problemas: The Beat se convirtió en The English Beat y Charlatans fue Charlatans UK. Pero este caso pronto se abandonó.

Mientras se solucionaba el aspecto legal de las cosas, Andrew y George se fueron de vacaciones a Chipre. Su fama había precedido a su llegada a la isla, y en cuanto George llegó allí le empezaron a pedir autógrafos. En Reino Unido, *Fantastic* alcanzó el número uno de los LP en julio y permaneció entre los cien principales durante dos años más, pero en Estados Unidos solo alcanzó el puesto 83. Durante las vacaciones, ambos debatieron qué pasos dar a continuación. George creía que se debería grabar de manera adecuada «Careless Whisper». Se acordó que, aunque el grupo todavía estaba buscando su lugar, la canción no encajaba en la imagen de aquel momento de Wham! y se debería lanzar como canción en solitario de George Michael.

En agosto se organizó que Michael realizara su primer viaje a Estados Unidos para grabar la canción con el legendario productor Jerry Wexler. Siendo un representante de carne y hueso de la historia americana de la música popular, tras haber servido en la Marina durante la Segunda Guerra Mundial, Wexler había trabajado en MGM antes de unirse a la joven discográfica Atlantic Records a principios de los años cincuenta. Su lista de créditos de producción se podía comparar a la de cualquiera en esa industria —Ray Charles, the Drifters, Dusty Springfield, Wilson Pickett, Bob Dylan y la más famosa, Aretha Franklin—. Y había convertido el pueblo de Muscle Shoals, en la esquina noroeste de Alabama, en una Meca musical. Michael voló para conocer al productor en su hogar de Texas, y ambos viajaron juntos hasta Muscle Shoals para reunirse con The Swampers, el grupo habitual de músicos Muscle Shoals —Barry Beckett (teclados), Peter Carr (guitarra), Roger Hawkins (batería), David Hood (bajo) y Jimmy Johnson (guitarra)—. Se trataba de veteranos experimentados que habían tocado en muchos éxitos.

Durante las primeras sesiones, Michael estaba enfermo de los nervios. Era su primera grabación en el extranjero, sin el apoyo moral de Andrew Ridgeley, con un productor famoso en todo el mundo y una banda experimentada. Aquella noche, Wexler demostró sus tablas llevándose a Michael y al grupo de George Michael de bares. Esto consiguió romper el hielo y deshacer cualquier retazo de tensión que pudiera quedar, por lo que las sesiones de la mañana siguiente fueron muy bien, aunque Michael se mostrara crítico por su propia interpretación. Cuando firmó el primer acuerdo con la discográfica, tenía en mente que todos los que trabajaban en aquella industria debían dirigir el negocio a partir de unas normas establecidas que los artistas seguían con mucho cuidado hasta llegar al estrellato. Era lo suficientemente listo como para darse cuenta, antes de que transcurriera mucho tiempo, de que todo se iba más o menos improvisando al avanzar. Así que decidió hacer exactamente lo que le viniera en gana con el resto de su carrera, porque los llamados expertos sabían poco más que él del asunto. Con eso en mente, decidió ignorar todos los consejos «oficiales» y aparcar las cintas de las sesiones de Wexler.

De vuelta en el Reino Unido, el equipo de Nomis Management se había embarcado en una guerra con los cerebros de Innervision. Nomis había informado a la discográfica que, hasta que se hubiesen aclarado los asuntos a su satisfacción, es decir, hasta que se rompiera el contrato con Innervision, no habría ninguna grabación nueva de Wham! En lugar de aquello, el grupo preparó su primera gira, para la que Nomis consiguió un lucrativo patrocinio con el gigante de la ropa deportiva Fila por un importe de 50.000 libras esterlinas.

La gira incluyó a varios familiares y viejos amigos. Las hermanas de George, Melanie y Yioda, estuvieron a cargo del maquillaje y la peluquería. El primo Andros también se unió a ellos, con David Austin a la guitarra, Deon Estus al bajo y el resto del grupo de apoyo también. Pepsi y Shirlie constituían una parte importante de la presentación visual. La gira Club Fantastic, cuyas entradas se agotaron, comenzó en Escocia, con dos noches en el Aberdeen Capitol. Aunque la salida de la banda de Londres fue discreta, el aeropuerto estaba tomado por los fans a su llegada a la frontera norte.

En lugar de utilizar teloneros, la banda decidió meter en ambiente al público buscando entre sus raíces en los clubes. Gary Crowley, que ya se había graduado hasta alcanzar Capital Radio, fue elegido para acompañarlos como DJ encargado del acto de apertura del espectáculo junto con un grupo de *street dance* llamado Eklypse que realizaban números de baile mientras Crowley encendía al público con lo que equivalía a una hora de sencillos de música disco. La gira acentuaba la creciente histeria que rodeaba todo lo que hacía el grupo, y la presencia de miles de chicas adolescentes (y de más edad) que gritaban sin cesar acabaron creando el término «Wham!manía». George y Andrew disfrutaban con toda aquella atención y se ponían en su papel a la menor ocasión. Aparecían en el escenario con raquetas de bádminton en la mano y un volante con sus plumas metido en la parte delantera de sus ceñidos pantalones cortos blancos, luego las sacaban y les daban unos pocos golpes antes de lanzarlas a aquella palpitante masa de estrógenos. A veces, Andrew jugaría aún un poco más, deslizando el volante por su sudoroso brazo antes de besarlo y lanzarlo a la multitud. «Queríamos crear un espectáculo del que realmente se acordaran nuestras fans», dijo George. «No queríamos limitarnos a salir al escenario y saltar al son de la música, sino preparar además una buena obra de teatro. Todo estaba organizado con mucho cuidado…, la música, la coreografía, los disfraces…, y, cuando sentíamos que todo estaba preparado, salíamos y lo hacíamos.»

La primera parte del concierto terminaba con una interpretación del himno festivo de Chic, «Good Times», antes de hacer una breve pausa en la que se mostraban en una pantalla gigante películas de la infancia y viejas fotos de familia de la banda. La primera parte, por lo habitual, se centraba en el grupo interpretando la mayor parte del álbum *Fantastic*, mientras que, en la segunda, George solía salir en solitario al escenario a interpretar de forma muy emotiva los temas no estrenados «Careless Whisper» y «Blue».

De vuelta al hotel después del primer concierto, el grupo de la gira se vio asediado por fans. A Andrew y George los sacaron de la melé, pero Gary Crowley y Andros tuvieron que firmar autógrafos, solo por ser amigos de la banda. Tras solo doce días de gira, y después de los dos primeros conciertos en Hammersmith Odeon, la gira fue interrumpida cuando Ridgeley sufrió un accidente con su Ford Capri verde y George se vio afectado por laringitis. Se cancelaron un total de 11 conciertos, aunque de inmediato se buscaron nuevas fechas para volver a comenzar la gira el 13 de noviembre.

Innervision impartió los primeros golpes en la creciente batalla contra Nomis, llegando a oponerse a la banda por el camino. Obtuvieron mandamientos judiciales que paralizaron a Wham! impidiéndoles negociar con otras marcas discográficas y prohibiéndoles grabar con cualquier otra. También lanzaron «Club Fantastic Megamix» sin contar con la aprobación del grupo, un paso final que selló el destino de la discográfica con respecto a cualquier relación con la banda que pudiera funcionar. Con versiones de tres de los no sencillos de *Fantastic* («A Ray of Sunshine», «Come On!» y «Love Machine»), se trataba de un claro ejemplo de que Mark Dean estaba intentando rentabilizar el mercado prenavideño. Pero con poco apoyo por parte del grupo, el sencillo luchó por alcanzar el número 15 de las listas durante diciembre de 1983.

Nomis se apresuró a distanciar al grupo del lanzamiento

publicando una declaración que decía: «Es absolutamente repugnante. Espero que la radio no lo ponga. Sería tan irritante escuchar algo que te parece tan malo». Fue un final triste para un año triunfal en todos los demás sentidos. La rabia que George Michael sintió por no controlarlo todo se extendería hasta el nuevo año —cuando las cosas tomarían un cariz peor.

4

Gran (1984-1985)

gran

1. amplio de tamaño, altura, anchura o cantidad: *una gran casa, una gran cantidad;*
2. que provoca una importante preocupación o tiene importancia o gravedad: *un gran problema;*
3. sobresaliente por una cualidad específica: *un gran mentiroso; un gran éxito;*
4. importante, como en el caso de la influencia, de la posición o de la riqueza: *un gran hombre en su campo;*
5. que hace negocios o se realiza a gran escala; de un tamaño o una importancia significativas: *un gran gobierno;*
6. magnánimo, generoso, amable: *es un gran hombre que todo lo perdona;*
7. jactancioso, pomposo, pretencioso, altivo: *un gran bocazas.*

«Éramos pop por todos los costados. Creíamos que era lo más honrado que podíamos hacer. No queríamos mostrarnos subversivos en ningún sentido. Queríamos convertirnos en grandes estrellas. Yo sabía qué era capaz de hacer. Sabía que tenía la capacidad y el conocimiento para colocarnos por delante de grupos como Duran Duran y Culture Club, así que me lancé a ello.»

GEORGE MICHAEL

«Tiene una de las mejores voces que he oído jamás. Técnicamente se encuentra muy por delante de la mía. Cuando vi por primera vez a George y Andrew Ridgeley, me recordaron la época en la que Bernie Taupin y yo comenzábamos a escribir canciones juntos. También es un gran compositor. Yo lo equipararía a Paul McCartney.»

SIR ELTON JOHN

En la siempre cambiante puerta giratoria de las listas de éxitos británicas, Frankie Goes to Hollywood produjo la mayor impresión a principios de 1984. Su controvertida canción «Relax» alcanzó el número uno el 28 de enero y permaneció en ese puesto hasta marzo. Una vez más, el desafío había sido lanzado. Duran Duran también se mantuvo entre los primeros puestos antes de que Wham! los echara en junio. Frankie volvió entonces para desbancar a Wham! Esta pelea pareció mantenerse durante todo el año. Pero, al final de los 12 meses, había un grupo que era el rey —1984 fue el año de Wham!

Tras retornar eufóricos de su gira, había asuntos de negocios muy serios que solucionar antes de que el grupo pudiera beneficiarse del estatus que había alcanzado. El mundo del pop es famoso por lo rápido que se mueve todo. Tal vez

Wham! fuera un nombre famoso en 1983, pero deberían trabajar más duro a fin de incrementar el número de sus fans en 1984. Así que resultó todavía más frustrante que, en lugar de cobrar beneficios, la banda tuviera que esperar en un limbo durante los cinco meses que se alargó el punto muerto de las negociaciones legales.

Para los diversos miembros de Wham!, el descanso provocó diferentes efectos. Como a Shirlie Holliman se le pagaba por concierto, la larga temporada sin trabajo significó que carecía de fuente de ingresos. Andrew Ridgeley se mostró muy poco interesado por su situación y le sugirió que saliera a buscar un trabajo. Fue más o menos en aquella época cuando la pareja se separó, aunque Holliman siguió trabajando con la banda hasta el final.

El propio Ridgeley utilizó aquella pausa, como ya hiciera antes, para irse de fiesta siempre que podía. George Michael, por otro lado, siguió escribiendo, para garantizar que todos los demás pudieran continuar cobrando una vez se resolviera la disputa legal. Durante este período compuso las que se convertirían en las canciones más famosas de Wham!, «Wake Me Up Before You Go Go» y la que les garantizaría derechos de autor durante las navidades de los dos siguientes decenios y aún más adelante, «Last Christmas».

Para entonces, las primeras ideas de sus canciones ya casi se habían desgastado. «Hemos agotado totalmente todo el material del principio», comentó George en aquella época. «Solo habíamos trabajado con ahínco en unas pocas canciones que creíamos que nos ayudarían a conseguir el contrato de grabación. Un puñado las retuvimos y las grabamos después, pero «Careless Whisper» fue realmente la última de aquella primera parte de la producción. Ahora ha llegado el momento de realizar el duro trabajo de producir una corriente continua de material nuevo, lo que no resulta sencillo. Pero a los dos nos encanta el proceso de componer canciones. Es emocionante llegar a una idea e ir al estudio y ver cómo todo se junta en una única realidad. Cuando la gente sale a cientos de miles a comprar esa canción, es una auténtica recompensa.»

Un sábado por la noche, a principios de 1984, les llegó la inspiración. «[A veces] te imaginas a alguien que se sienta ante un piano o con una guitarra y una grabadora y trabaja muy duro», recordaba George. «En ese momento, Andy y yo estábamos sentados juntos en mi casa y estábamos viendo "Match of the Day"[3] al anochecer. Habíamos estado charlando y animando a los equipos, cuando de pronto grité y corrí escaleras arriba.»

«Me pregunté qué diablos le estaba ocurriendo», dijo Andrew Ridgeley. «Me dio la impresión de que pasaba horas allí arriba, así que subí a ver qué sucedía. Cuando lo encontré, estaba cantándole a su grabadora y, al terminar, se giró hacia mí y me dijo que le había venido a la cabeza una canción maravillosa mientras veía la televisión y que había tenido que salir disparado escaleras arriba para grabarla antes de que probablemente se le olvidara.» La canción era «Last Christmas».

Durante marzo, los mineros se pusieron de huelga en el Reino Unido. Aquello se convertiría en una amarga guerra de desgaste que duraría poco menos de un año y que marcaría de forma definitiva el final de la industria minera del carbón en el país. El mismo mes en el que comenzó la huelga, Innervision llegó al final de su camino. Con las crecientes facturas legales de Mark Dean amenazando con llevar a su empresa a la bancarrota, la CBS, preocupada (con todo su derecho) por su inversión inicial, se metió en el asunto y retiró a Wham! de manos de la discográfica. CBS traspasó la banda

3. «Match of the Day», de la BBC, es el principal programa de fútbol de la televisión del Reino Unido desde 1964.

a su filial Epic, prestando más dinero a bajo interés a Innervision para compensar a Mark Dean por la pérdida de su principal activo. Fue un final triste para la asociación entre Dean y el grupo. Dean se había metido en demasiada profundidad con CBS, pero, de no haber tenido fe en Wham! cuando la tuvo, es bastante probable que George Michael tal vez no hubiese llegado nunca a la industria de la música.

En cuanto se alcanzó un nuevo acuerdo, Nomis no malgastó el tiempo en volver a colocar a Wham! ante el público. «Wake Me Up Before You Go Go» se lanzó en mayo, con una nueva grabación de «Careless Whisper» preparada para ser publicada más adelante, aquel verano de 1984. Antes de que se pudieran preparar los últimos sencillos en potencia, el grupo debía filmar un vídeo para cada uno. La importancia de un buen vídeo había ido creciendo desde el lanzamiento en 1982 de MTV. Desde el punto de vista de la comercialización, el vídeo se estaba convirtiendo en algo casi tan importante como la propia canción —y en particular en Norteamérica, donde Nomis realmente quería que el grupo triunfara.

Para «Careless Whisper», Epic dio a Wham! un presupuesto relativamente gigantesco: 30.000 libras esterlinas para dos días de rodaje en los que Michael tuvo su primer verdadero «momento de diva». Su pelo se encrespaba constantemente con el ambiente húmedo de primavera en Florida y su hermana Melanie tuvo que cortarle el cabello allí mismo después de que se tuvieran que rechazar las primeras tomas por su pelo revuelto. El día adicional de rodaje necesario para volver a grabar las tomas rechazadas costó otras 17.000 libras. Seguro que resultó uno de los cortes de pelo más caros de la historia.

Con 47.000 libras esterlinas —que podrían haber servido para comprar una casa muy agradable en 1984— invertidas en el vídeo de «Careless Whisper», el de «Wake Me Up Before You Go Go» se tendría que rodar con un presupuesto muy ajustado. Carina Camamile fue una vez más quien produjo el clip, rodado en la Academia Brixton del sur de Londres. Los costes se mantuvieron bajo control gracias a que se invitó a numerosas seguidoras de Wham! que actuaron de manera gratuita en la filmación. Las escenas inaugurales del vídeo ofrecieron al grupo, e incluso a la década, una de sus imágenes más perdurables. Todas vestían trajes completamente blancos, incluyendo las famosas camisetas flojas con el eslogan «Elige la Vida» impreso en la parte delantera en enormes letras negras. Aquellas camisetas se convertirían en el accesorio de moda más popular entre las adolescentes de 1984. La banda, en la parte trasera de un brillante escenario blanco, vestía camisetas similares, pero con las palabras «Go Go» impresas en la parte delantera. En la segunda mitad del vídeo, la banda aparecía en el escenario vistiendo una gama de conjuntos fluorescentes, mientras que George, con una sudadera de color rosa, ajustados pantalones cortos y brillantes guantes amarillos sin dedos, hacía girar sus ojos ante la cámara. Más adelante admitió que se trató de un buen número, y que debería haber dado a los espectadores una idea sobre su sexualidad.

La canción misma recibió su título después de que George viera una nota que Andrew Ridgeley había dejado a sus padres. Tras haber cometido el error de escribir «wake me up up», había añadido en broma el final «before you go go». Michael lo convirtió en aquel demente y pegadizo estribillo, y la banda tuvo otro superéxito. La voz de Michael demostró su mayor seguridad hasta la fecha, mientras que el progreso del arte musical y de la letra a partir de los temas de *Fantastic* resultaba increíble. La sección de viento de una gran orquesta, junto con las referencias a bailes previos a la guerra en Jitterbug y la encantadora Doris Day de los años cincuenta transmitieron a ese pop reluciente y limpio una sensación atemporal. «Creo que "Go Go" es sin duda la canción más recordada de Wham! porque era muchísimo más tonta que ninguna otra», se reía George Michael. «Sigo mirando aquel vídeo y pensando que encajaba perfectamente para aquel tema. Realmente hortera y pintoresco, captura toda la esencia de aquella época. Pero, aunque veo que funcionaba como vídeo, me hace sobrecoger. Estaba totalmente embebido con la idea de que las fans me gritaran. Era muy joven y no puedo negar que mi ego lo necesitara.»

En las apariciones de Wham! en *Top of the Pops* siempre había habido un aire de fiesta, pero cuando «Wake Me Up Before You Go Go» alcanzó el primer puesto, se organizó una celebración por todo lo alto. Había globos descendiendo sobre la banda, que lo festejaba interpretando la canción vestidos completamente de blanco, aunque en las camisetas de los chicos se podía leer «número uno» en lugar de «elige la vida». La madre y la hermana de George habían modificado aún más la camiseta de George. Se habían pasado la noche anterior cosiendo cientos de pequeños botones de plata sobre las letras. «Qué molestos tenemos que haber resultado», comentó años más tarde Michael, «tan chabacanos y horteras. Pero a nosotros solo nos parecía que era gracioso». Michael interpretó su baile del movimiento de caderas y palmadas con las manos mientras Pepsi y Shirlie le seguían vestidas con sus camisetas blancas, sus minifaldas plisadas blancas y sus botas blancas. La canción se convirtió en el éxito alegre del verano y pasó 16 semanas en las listas.

Wham! no fue totalmente ignorada por la prensa musical seria. A finales de julio, la portada de *Melody Maker* mostraba una fotografía de los jóvenes seductores, desnudos de cintura para arriba, y anunciaba a gritos: «Wham! en carne y hueso». En el interior, a la banda se le dedicaba una doble página, y también había espacio para que George Michael hablara con franqueza con Helen Fitzgerald sobre su sospecha acerca de la prensa musical. Defendía los espectáculos en directo del grupo, señalando que su público contaba con una cuota importante de población masculina y que no todos tenían entre 16 y 18 años. Hablaba del contragolpe que estaba sufriendo la banda porque se atrevían a decir lo que otros se reservaban para ellos mismos —que no tenían vergüenza en proclamar que querían ser grandes, y buscaban vender muchos discos—. Pero también mostraba los primeros signos de frustración porque no se les tomara en serio. «Aquí estoy, con 21 años. He escrito 10 sencillos que han estado en las listas de los principales y he compuesto, cantado, producido y arreglado un número uno; acabo de lanzar un disco en solitario y, ¿qué es lo que la gente me quiere preguntar? ¡Dónde me compro las camisas y cuál es mi comida favorita!» Y termina con énfasis: «Ambos votamos a los laboristas, no somos sexistas, racistas ni intolerantes en ningún sentido y, oh, tampoco somos homosexuales».

Para la versión recompuesta de «Careless Whisper», Michael contó con el tan buscado teclista Andy Richards para que sintetizara las partes de la pista de acompañamientos. «Careless Whisper» demostró a todos, incluido el cantante, que George Michael sería un artista en solitario viable en el futuro. Aunque escrita cuando todavía era un adolescente, Michael había demostrado una comprensión de la música y de la letra de la canción que iba mucho más allá de su edad. Se trataba de música adulta, aunque eso no evitó que también se convirtiera en un gigantesco éxito en las discotecas escolares de todo el territorio. Tras un primer movimiento con rugientes melodías sintetizadas y guitarras acústicas, los primeros versos dan lugar al solo de saxofón más famoso de la década, interpretado por Steve Gregory. Esta tierna balada, cargada de melancolía, fue un alejamiento completo de la diversión de «Go Go». Años más tarde, Michael se mostraba casi triste por el hecho de que la canción hubiese funcionado tan bien, y dijo que escribir algo tan a la ligera y ver cómo se convertía en algo tan querido era descorazonador, aunque, por otro lado, demostraba que tenía talento sin tener que pensar demasiado en ello. Sin proponérselo, había compuesto la canción final que se iba a escuchar en cada discoteca y club durante muchos años; es perfecta para los bailes lentos de las últimas horas de la noche o las primeras de la madrugada, incluso aunque la letra hable de traición.

En el vídeo, el solo de saxofón se interpreta sobre un horizonte urbano nocturno sacado de *Moonlighting*. Michael, vestido de traje, canta directamente a la cámara mientras se mezclan tomas en las que aparece retozando con su primera chica; en algunas de aquellas escenas lleva una gorra de béisbol para ocultar su cabello encrespado. Entonces llega una segunda mujer en un elegante automóvil deportivo de los años ochenta que, vestida con traje de baño, atrae a George hacia un yate. Las dos mujeres se encuentran. La chica huye y George se queda de pie en un balcón, mirando pensativamente hacia el ocaso en Miami, mientras medita sobre sus errores.

Cuando se lanzó en agosto, «Careless Whisper» entró de un salto en las listas, desbancando a Frankie Goes to Hollywood con su «Two Tribes» del número uno, donde había estado durante las últimas cinco semanas. «Careless Whisper» permaneció en las listas durante 17 semanas, ofreciendo a Epic su primer single con más de un millón de copias vendidas y a George Michael unos ingresos de alrededor de 300.000 libras esterlinas. El maxisingle también incluía la versión de Jerry Wexler de la canción. George había conseguido sencillos en el número uno el mismo año como artista en solitario y como miembro de un grupo musical. Mientras tanto, en Estados Unidos, el sencillo llegó a la *Billboard* apoyada en una fuerte promoción realizada por la CBS. A la edad de 21 años, George había alcanzando las cimas de las listas de éxitos a ambos lados del Atlántico. Apareció en solitario en *Top of the Pops* a finales de agosto, vistiendo una camisa blanca sin cuello, con las mangas recogidas a la altura de los codos y metida en los vaqueros. Con el cabello crecido en un estilo totalmente a lo «Princesa Diana» y muy bronceado, era la visión del estilo masculino griego de 1984.

Estaba claro que Michael estaba disfrutando compitiendo contra gente como Duran Duran, Culture Club y Frankie Goes To Hollywood. Le gustaba el desafío de escribir y producir algo que alcanzara el éxito comercial a la par que intentaba desbancar al contrario de la cima de las listas. Para cuando terminó aquel verano, había escrito suficiente material nuevo para que la banda grabara su segundo álbum. Siguiendo el ejemplo del irónico título *Fantastic,* su siguiente esfuerzo se llamó *Make It Big* —que iba a ser su intento por conquistar América—. El álbum se grabó en tan solo seis se-

manas en Chateau Minerval, el estudio del sur de Francia en el que Duran Duran había grabado su *Seven and The Ragged Tiger,* y que también había actuado de anfitrión de Pink Floyd. Con una banda formada por los veteranos Deon Estus (bajo), Trevor Morrell (batería), junto a Hugh Burns (guitarra) y Tommy Eyre (teclados), Michael se hizo responsable de los principales aspectos del álbum, mientras Andrew Ridgeley estaba ausente gran parte del tiempo. Michael no solo escribió, cantó e interpretó para el álbum, sino que esta vez también lo produjo. A pesar de no contar con formación para ello, fue capaz de seguir su instinto y llegar a montajes que sonaban muy agradables en la radio y que a la gente le encantaba escuchar.

Durante las sesiones, a Michael se le invitó a conocer a Elton John y a su mujer Renate en St. Tropez. También voló de vuelta a Londres para un concierto benéfico con Wham! a favor de las familias de los mineros del carbón atrapadas en la tan larga huelga. Wham! iba a aparecer en el último de una serie de espectáculos celebrados en el Royal Festival Hall, pero, como el resto del grupo no se encontraba disponible, Michael y Ridgeley acordaron presentarse solos y cantar con *play back*. Fue una decisión equivocada —cuando Michael presentó una canción, se empezó a escuchar otra de fondo—. La prensa fue a por ellos por eso y, para empeorar las cosas, se citó a Michael haciendo comentarios desagradables sobre el jefe del Sindicato Nacional de Mineros del Carbón, Arthur Scargill. Michael había conocido a Scargill en el concierto y creía que el sindicalista estaba disfrutando en exceso de la atención y de la huelga, mientras miles de sus miembros necesitaban ayuda financiera (y de ahí el espectáculo) para poder comprar alimentos.

Michael también se encontró apareciendo con cada vez más regularidad en las páginas de cotilleo de la prensa nacional. *Private Eye* señaló que su corte de pelo era muy similar al de la princesa Diana. «Los secadores de pelo tuvieron que trabajar horas extra en 1984», admitió Michael al *Daily Mail* en 1990. «Yo lucía el peinado barroco con los rizos rubios esculpidos. Algunos creyeron que iba al mismo estilista que la princesa Diana. Algunos días aparecía en las portadas de los periódicos sensacionalistas. Otros días era la princesa Diana quien aparecía en ellos. Algunos días creo que simplemente nos confundieron.»

El programa de marionetas satírico de ITV, *Spitting Image* también se divirtió con el dúo, retratándoles como una pareja que camina con pantalones blancos y una boca llena de brillantes dientes blancos por delante. Los retrataban interpretando una parodia de canción que resumía la imagen que tenía mucha gente del grupo: «Cabello, dientes, labios y un trasero perfecto».

Wham! volvió a las listas en otoño con un nuevo sencillo y un LP. «Freedom» fue el single elegido para promocionar el nuevo álbum. Produjo otro número uno. Ese himno a ritmo de palmas había sido escrito durante las sesiones en Francia y se grabó en un único día. El título resulta un poco confuso: Michael canta sobre la preferencia de una relación monógama a optar por la libertad sexual. Los vientos del principio se disuelven en un ritmo contagioso que arranca a una gran velocidad, y el coro suena como un baño de puñetazos al puro estilo George Michael, destilando una considerable influencia de los Motown.

Para promocionar el nuevo material, el grupo apareció en muchos programas de televisión, incluyendo *Razzmatazz* y el programa de entrevistas vespertino de Terry Wogan, además de su ya habitual espacio en *Top of the Pops*. Esta vez, el DJ Mike Read presentó al grupo. Parecía que había estado viendo el vídeo de «Careless Whisper» durante demasiado tiempo, ya que apareció vestido con gafas de sol y una cazadora blanca cuyas mangas aparecían recogidas a la altura de los codos. Michael había cambiado de nuevo de imagen para el espectáculo, dejándose crecer el cabello con mechas y vistiendo un amplio traje de color negro y una camiseta negra; Andrew Ridgeley también vestía de traje. Mientras los chicos bailaban espalda contra espalda, las chicas aparecían elegantes, con unos brillantes vestidos rojos y largos guantes negros. La banda que los acompañaba, ante los bancos de luces de neón de diferentes formas, iba vestida con fracs.

Make It Big se mezcló en París y se estrenó en noviembre. Una vez más, era un ejemplo de calidad sobre cantidad y, una vez más, solo se incluyeron ocho canciones. «Wake Me Up Before You Go Go» marcó el inicio en el escenario, y se vio seguida muy de cerca por la canción más madura del grupo hasta ese momento, «Everything She Wants». Se trataba de un trabajo de funk-pop perfecto en el que Michael canta sobre un compañero que se lleva todo lo que él gana. El dinero, a mitades de los años ochenta, era el tema favorito. «Heartbeat» sonaba como Bruce Springsteen de mitad de los setenta hasta que Michael comenzó a cantar, y «Like A Baby» resultaba similar a 10CC con algo de guitarra española. «Freedom», ya citada antes, siguió el ritmo, con la tapa de los Hermanos Isley «If You Were There» trotando alegremente en su estela antes de que el tema del dinero volviera en «Credit Card Baby». Ese montaje de los años sesenta trataba del tema de que la chica de George se gastaba todo su dinero en vez de él. El obvio cierre del álbum, «Careless Whisper», demostró ser perfecto para ese papel. Aunque un par de canciones ya sonaban un poco pasadas de moda, el álbum envejeció bastante bien en general. Y consiguió que el grupo se hiciera grande, en particular en Norteamérica, donde el estilo vocal de George —desde el falsete hasta el soul de chico blanco— arrasó.

La revista *Rolling Stone* revisó de nuevo el álbum. Esta vez, Christopher Connelly comprendió perfectamente el atractivo del grupo, diciendo de *Make It Big* que se trataba de un «LP de pop casi perfecto, de un disco que hace exactamente lo que quiere y se divierte muchísimo haciéndolo. Sí, está claro que es material ligero y que a veces la orquestación resulta floja, pero George Michael puede escribir y cantar dando lecciones a su compañero de sueños adolescentes, Simon Le Bon. Todo el mundo tiene un placer culpable, ¿por qué no dejar que Wham! sea el nuestro?». Los compradores norteamericanos de discos estuvieron de acuerdo, y el álbum llegó al número uno de las listas estadounidenses.

La cubierta del LP se mantuvo sencilla una vez más, mostrando a los chicos vestidos de traje, negro para Michael, blanco para Ridgeley. *Miami Vice* nunca volvería a parecer lo mismo. *Make It Big* encajó con todo lo que estaba en alza en la Gran Bretaña conservadora de 1984. El álbum se convirtió en un bien tan básico de la cultura de los años ochenta como el cubo de Rubik o los calentadores de *The Breakfast Club*.

Este retrato del espléndido estilo de vida de los jóvenes con éxito fue ratificado con una recepción con champán que costó 10.000 libras esterlinas en el Club Xenon de Londres, a la que asistieron representantes de la industria musical como Bob Geldof, Nick Heyward y miembros de Duran Duran y Spandau Ballet. *Make It Big* subió directamente al número uno en Gran Bretaña y permaneció en las listas durante un año y cinco meses.

Wham! se encontraba en esa fase en la que se esperaba que cada álbum sucesivo fuera acompañado de una gira mundial. La Gran Gira comenzó en la pista de hielo de Whitley Bay el 4 de diciembre. Para lo que aquella gira representaba, la sede inaugural era más bien modesta, por decir poco, aunque, al no disponer de otras sedes de mayor tamaño en el noreste, se reservó para tres conciertos insertados entre los viajes a Glasgow, Dublín y Leeds. La parte de la gira que se desarrolló en el Reino Unido estaba apenas comenzando cuando George Michael se lastimó la espalda durante una secuencia de baile excesivamente enérgica, en el Leeds Queen Hall. Era la segunda gira consecutiva en Gran Bretaña en la que la banda debía cancelar algunos conciertos, esta vez cinco, que se retrasaron hasta febrero y marzo del año siguiente. Pero sí que consiguieron fechas para actuar en el Wembley Arena los días 23, 24 y 26 de diciembre, ofreciendo todo un regalo navideño a aproximadamente 50.000 fans. La gira demostró ser un trabajo duro, y Michael perdió una media de dos kilos por concierto debido a la deshidratación. Andrew Ridgeley también lo daba todo en el escenario y era una parte clave del espectáculo en directo, consiguiendo seguir adelante a pesar de las numerosas historias sobre sus excesos que ya de manera regular aparecían en la prensa sensacionalista.

George Michael también estaba de juerga con frecuencia, aunque conseguía mantener sus relaciones alejadas de los ojos de la prensa. Eso era todo un logro en sí mismo, ya que la histeria de los fans había alcanzado niveles incluso aún mayores que en la época de la gira de 1983. «Es duro para la gente darse cuenta de que los gritos», explicaba Michael, «aunque al principio resultan muy halagadores (sientes que te han bendecido con algo), acaban haciéndote sentir como un objeto, un objeto sexual. Tienes que haber pasado por la emoción inicial para relacionarte con ella. Entonces comienzas a sentir una enorme culpabilidad y se pierde la emoción». Esta sensación de verse adorado como objeto en lugar de como músico e intérprete de talento estaba empezando a desgastar a Michael.

Las fechas de la gira en diciembre coincidieron con una mayor presencia de George Michael en los medios. La primera manifestación surgió por un sencillo benéfico. Bob Geldof había sido uno de los millones de británicos impresionado por los informes del periodista de la BBC, Michael Buerk, acerca de la hambruna que estaba asolando Etiopía y, en particular, por las imágenes que los acompañaban. Geldof y Midge Ure de inmediato pusieron en marcha la producción del disco benéfico más famoso de todos los tiempos, «Do They Know It's Christmas». El 24 de noviembre había conseguido un reparto de unos 40 intérpretes que cubrían todo el espectro de superestrellas del pop de 1984, incluyendo a George Michael (Andrew Ridgeley dijo haberse quedado dormido, y esa es la razón por la que no apareció en el disco). Phil Collins, Tony Hadley (de Spandau Ballet), Status Quo, Sting, Bono, Paul Young y Bananarama solo eran algunos de los que participaron en el proyecto, que recibió el nombre de *Band Aid*.

Durante las sesiones del *Band Aid*, Michael se sintió desairado por algunos de los otros intérpretes. Dentro de la propia industria de la música, sentía que Wham! se estaba convirtiendo en una especie de chiste de quinceañeras para los artistas más «serios». Paul Weller se le acercó y retomó el tema de sus comentarios acerca de Arthur Scargill. Michael se mostró bastante firme en su creencia de que, según sus palabras, Scargill era un «gilipollas», y así se lo dijo. Y, por si se estuvieran estudiando al microscopio los valores benéficos de Michael, superó la prueba con honores, ya que donó los derechos de su siguiente single, la bonita cifra de 250.000 libras esterlinas, al fondo de ayuda contra la hambruna.

El «Do They Know It's Christmas» del *Band Aid* fue una apuesta segura para el primer puesto navideño. Lanzado el 3 de diciembre, pasó directamente a la cumbre, vendiendo más de tres millones de copias. Mientras tanto, Wham! había lanzado «Last Christmas», que encajó con facilidad en el segundo puesto. En un inteligente truco de marketing, Epic añadió «Everything She Wants» para que el lanzamiento tuviera una cara A doble. Una vez pasara la Navidad, podrían seguir promocionando el disco, solo con darle la vuelta, para que cogiera nuevas fuerzas.

«Last Christmas» era una explosión a lo Phil Spector de pop navideño repleto de letras sentidas y fáciles de cantar, cascabeles de trineo y un toque de añoranza y lamento... la mezcla perfecta para las fiestas. El vídeo que lo acompañaba aplicaba la receta navideña al dedillo. En él, un grupo de amigos con enormes cabelleras se reúne para viajar a una remota cabaña de esquí donde decoran un árbol y se sientan juntos para la cena de Navidad. Se ha convertido no solo en uno de los vídeos más recordados de los años ochenta sino, probablemente, también en el vídeo navideño más famoso de todos los tiempos. Los derechos de autor por su uso repetido parecen garantizados para toda la eternidad.

Una vez pasaron las fiestas —probablemente para finales del día de Navidad—, la gente comenzó a comprar y escuchar «Everything She Wants», llevando las ventas más allá de la marca de un millón. El vídeo de ese tema era una mezcla de tomas de conciertos en blanco y negro de la gira de diciembre de 1984 y primeros planos de George Michael cantándole directamente a la lente de la cámara. «Everything She Wants» fue la canción utilizada en el primer *Top of the Pops* del nuevo año, el 3 de enero de 1985. George Michael daba saltos por el escenario con cabellos que flotaban al aire y vestido con una camisa por encima de los vaqueros y una cazadora gris, una imagen que se pondría de moda veinte años más tarde. Andrew Ridgeley llevaba un peinado *mullet* y vestía unos pantalones de tela escocesa superchillona en gris, blanco y negro con un abrigo conjuntado hasta la rodilla. Delante de un gigantesco cartel de neón que decía «1985», Pepsi y Shirlie bailaban en camisetas con cuello negras y gargantillas de perlas. En Estados Unidos, «Everything She Wants» llegó a la cima de las listas de singles, mientras que también alcanzaba el séptimo puesto en Australia y el segundo en Canadá.

Después de *Top of the Pops*, Wham! salió a dar conciertos en Japón, Australia y Estados Unidos. Esta vez, Jack y Lesley Panos se unieron a la gira. Al igual que gran parte de la base de fans que leían los diarios sensacionalistas, seguían sin ser conscientes de los excesos de su hijo, en particular cuando estaba de gira. En Japón, la espiral de fiestas después de los conciertos continuó. Al acabar un concierto, no consiguió volver a su hotel, aunque sus padres se alojaban allí. Los miembros del grupo tuvieron que salir a buscarlo al mediodía y recogerlo en otro hotel donde había pasado la noche con tres mujeres a las que acababa de conocer. Se tambaleó al salir a la luz del día, con mirada turbia y claramente aún borracho. Durante la gira de febrero en Estados Unidos, según Andros Georgiou citado en el propio libro de Michael, *George Michael desnudo*, Michael se estaba acostando con cualquiera, con toda aquella persona con la que podía, desde fans de sus espectáculos a azafatas de vuelo. Aunque proclamaba que no le gustaba que lo utilizaran como objeto sexual, eso no parecía impedirle acostarse con cualquiera. Por comparación, Andrew Ridgeley, tras haber roto con Shirlie Holliman no se quejaba por ello —disfrutaba al máximo—. Pero el verdadero Georgios Panos seguía mostrándose inseguro sobre su imagen y su sexualidad.

Mientras estaban en Japón, a George y Andrew les pidieron que rodaran un breve vídeo promocional en televisión para un tema de apoyo a «Freedom». Usaron las tomas como oportunidad para coger el micro y cambiar la letra, cantando «It doesn't matter that you're slightly porky / Ever since that day we met in Torquay» [«no importa que estés ligeramente foca / desde aquel día que nos conocimos en Torquay»], y añadiendo «You're the face fish I adore» [«eres la cara de pez que adoro»]. Cuando la prensa japonesa lo cuestionó, ellos dijeron que eran términos británicos para expresar cariño.

Entre esas dos fechas en el extranjero, el grupo voló de vuelta al Reino Unido para recoger el premio Brit al Mejor Grupo y un prestigioso premio Ivor Novello (así llamado por un cantante y compositor galés gay que se hizo inmensamente famoso durante la primera mitad del siglo XX) a la Canción Mejor Interpretada del Año, por «Careless Whisper». Durante la misma ceremonia, Elton John le hizo entrega a George Michael del premio al Compositor del Año 1984, convirtiéndole en el más joven en recibir jamás ese galardón. Finalmente, Michael estaba recibiendo cierto reconocimiento a su oficio como compositor y a su duro trabajo. Pero quería mucho más, y el resto del año sellaría el destino de Wham! en ese sentido.

5

Libertad (1985-1986)

li-ber-tad

1. el estado de estar libre en lugar de en confinamiento o con limitaciones físicas: *obtuvo su libertad tras un nuevo juicio;*
2. exención de control externo, inferencia, regulación, etc.;
3. el poder de determinar las acciones a emprender sin restricciones;
4. independencia política o nacional;
5. autonomía personal frente a esclavitud o servidumbre: *un esclavo que compró su libertad;*
6. la ausencia o liberación de ataduras, obligaciones, etc.;
7. la facilidad de movimiento o acción: *disfrutar de la libertad de vivir en el país;*
8. franqueza en el comportamiento o en el habla.

«La única persona a quien yo realmente quería, aquella alrededor de quien yo creía que iba a desarrollarse mi vida, no me quería a mí. Eso fue un duro golpe. La relación me dañó porque yo suelo ser quien abandona a la pareja. Fue un caos, y yo estoy acostumbrado a que me quieran. Fue injusto. No tenía nada que ver conmigo como persona, como individuo con dos piernas, ojos y cabello oscuro. Realmente tenía que ver con el hecho de que yo fuera una estrella del pop. En muchos sentidos era un niño mimado que pasó directamente de la escuela al grupo, sin problemas económicos, capaz de acostarme con quien quisiera cuando me apeteciera y con una carrera que avanzaba exactamente como yo quería. Pero, en ese momento, alguien me quitó el suelo de debajo de los pies. Bebí hasta entontecerme durante meses. Estaba muy mal y empecé a perder los estribos por primera vez en mi vida. Me metí en peleas a puñetazos con mis amigos, arrojé fotografías contra las paredes y me comporté como un macho.»

George Michael (*Today*, 1990)

En marzo de 1985 se realizaron los primeros cribados entre los donantes de sangre del Reino Unido para detectar el virus del sida. El Ministro de Salud Kenneth Clarke anunció el movimiento a fin de calmar la creciente paranoia pública sobre el virus. Durante 1984 se habían presentado 132 casos de sida en el Reino Unido, frente a tan solo cuatro en 1981.

En la primavera de 1985, George Michael se trasladó a un apartamento en Knightsbridge antes de que Wham! saliera de gira. Seguía manteniendo un perfil relativamente discreto mientras que Andrew Ridgeley llenaba páginas de los periódicos sensacionalistas a causa de la bebida, su vida amorosa y su pasión por los coches rápidos. En Estados Unidos, «Everything She Wants» llegó al número uno, convirtiéndose en el tercer tema consecutivo de la banda en alcanzar ese puesto con el apoyo del vídeo del concierto producido en blanco y negro por George Michael, que recibió mucho tiempo en antena.

Mientras tanto, Simon Napier-Bell estaba realizando grandes esfuerzos para dar un golpe de publicidad a la banda. Habían mantenido reuniones con el Ministro de Cultura chino, Wang Ping Shan, para discutir la posibilidad de que Wham! diera un par de conciertos en Pekín y Cantón. Si se conseguía, la banda sería el primer gran grupo de pop occidental al que se le permitiera entrar en el país más poblado del mundo —lo que, obviamente, también representaba el mercado discográfico potencialmente mayor del planeta.

«El motivo básico de ir a China no era representar a nuestra maravillosa cultura. Era para hacer algo», comentó George Michael. «¿Cuántas cosas hace un grupo que sean importantes en algún sentido? Por una vez era agradable sentir que éramos los primeros y, bastante posiblemente, los últimos.» Tras largas negociaciones, se acordaron dos fechas: Pekín, el 7 de abril, y Cantón, cuatro días más tarde. De camino, la banda también daría dos conciertos en Hong Kong los días 2 y 3 de abril. La organización de Wham! pagó las facturas de todo lo relacionado con el viaje, que se calculó en 500.000 libras esterlinas. Esperaban recuperar parte del dinero haciendo una película de la gira y llegando a un acuerdo para vender discos y cintas al público chino.

Se llevaron con ellos un gran equipo y mucho personal. Al teclista Tommy Eyre se le nombró director musical y se firmó un contrato con una banda regular: Deon Estus, Trevor Morrell y Hugh Burns, además del percusionista Danny Cummings, una sección de viento con Dave Baptiste, Raúl D'Oliveira y Janey Hallett y un trío de bailarines con Shirlie Holliman, Pepsi DeMacque y Trevor Duncan. También contrataron a las hermanas de George. Melanie, que ahora trabajaba como peluquera en Londres, se encargó del maquillaje. Yioda, que había estado impartiendo idiomas en una escuela de Nottingham, dejó su trabajo para encargarse del departamento de vestuario.

Para financiar la realización del film, Nomis creó una empresa llamada Big Boys Overseas y contrató al productor de 23 años, Martin Lewis. Lewis estaba destinado a cosas mayores, incluyendo *The Secret Policeman's Ball* para Amnistía Internacional, aunque su elección de director para la película de Wham! fuera un error. Le dio el trabajo a Lindsay Anderson, un escocés de 61 años conocido por su trabajo en el movimiento del Free Cinema de los años sesenta. Formado en Oxford, Anderson se había estrenado como crítico cinematográfico después de la guerra y antes de hacer sus propias películas en los años cincuenta. Su documental, *Thursday's Child* le ganó un Óscar en 1954 pero sus filmes más memorables, *El ingenuo salvaje, If...* y *The white bus* llegaron en los sesenta. Era una elección extraña para documentar un grupo pop como Wham!

La gira llegó a China para recibir un banquete de honor que se iba a celebrar el 5 de abril en Pekín. En casa, la visita llegó a los titulares del principal programa de noticias de la BBC de aquella noche. Durante todo el viaje se filmó a Michael y Ridgeley de forma constante y un grupo de periodistas británicos, a quienes se había permitido entrar en el país para ese fin, se dedicó a seguirles religiosamente. Las entradas a los conciertos incluían una cinta gratis de Wham! con cada compra y muchas fans hicieron cola durante toda una noche para garantizarse un billete. Sin embargo, el Ministerio de Cultura de China mantuvo un férreo control sobre el procedimiento. Los aproximadamente 10.000 seguidores que asistieron al primer concierto en el Gimnasio de los Trabajadores de Pekín recibieron instrucciones muy claras de que no estaba permitido bailar y que debían permanecer en sus asientos. En el escenario, también Wham! se hallaba sujeto al escrutinio de las autoridades y recibió las órdenes de no interpretar «Love Machine».

Fuera del escenario, George Michael admitió encontrarse nervioso antes de salir, algo que habitualmente no le molestaba. A las 19:45 en punto comenzó el concierto. Después de una introducción local, la banda ofreció un espectáculo lleno de energía que entretuvo y desconcertó a la muchedumbre por igual. El principal problema era la barrera lingüística —la mayoría de aquella gente no sabía sobre qué se estaba cantando.

Con cuatro días entre concierto y concierto, el grupo tuvo tiempo de visitar los lugares turísticos y asistir a más eventos de relaciones públicas, a la par que se grababan todas sus actividades. El segundo concierto, celebrado el 11 de abril en Cantón, tuvo lugar ante un público más animado, a pesar de los avisos del Gobierno —el Ministerio de Cultura había dicho: «¡Asistan al concierto pero no aprendan nada de ellos!»—. Sin embargo, sí que hubo mucha gente en el público que se puso de pie y bailó a su manera, lo que resultaba bastante singular, ya que nunca habían visto un grupo en directo ni habían podido ver en televisión cómo bailaban los occidentales. Al final del concierto, George Michael volvió para cantar «Careless Whisper» vestido con un traje blanco, pareciéndose cada día más a Don Johnson.

Michael dijo después que el viaje le había dado una nueva perspectiva sobre el comunismo. Estaba atónito por cómo cualquier cosa que se saliera de las vidas normales y cotidianas del público parecía descolocarles. En general se sintió deprimido y utilizado por toda la experiencia.

Las tomas de la gira que Lindsay Anderson cortó y montó para su película no encajaron bien con Wham! ni con sus representantes. Anderson había conseguido presentar una mirada interna en China en un momento en el que la influencia occidental estaba empezando a resultar aparente, pero se suponía que Wham! quería un montaje adecuado para MTV con más imágenes de los conciertos. Se sacó a Anderson de la película, y Strathford Hamilton y su colaborador en vídeos promocionales Andy Morahan prepararon una segunda versión. Ese nuevo montaje, titulado *Foreign Skies* fue estrenado en

1986 en la gran pantalla durante el último concierto de Wham! en el estadio de Wembley.

Foreign Skies, de una hora de duración, comienza con tomas de un concierto celebrado en el Reino Unido. Después se muestra a la banda llegando al aeropuerto, con escenas mezcladas de una mujer china que produce notas en una especie de cítara y de unos templos budistas. Hasta ese momento, muy poco MTV. Entonces se produce una visión cronológica del viaje. El avión llega a Pekín, utilizando imágenes que después se aprovecharon para un nuevo vídeo de «Freedom», la banda pasa por el control de pasaportes rodeada por una muchedumbre de fotógrafos, con bastante incomodidad se encuentran ante el comité de bienvenida chino, posan como políticos que estuvieran dando un paseo y fotografiándose con mujeres y niños, y después entran apresuradamente en unas grandes limusinas negras de la guerra fría y se alejan. Alojados en el mejor hotel de Pekín, el grupo conoció a todavía más dignatarios chinos de mediana edad; George Michael sonríe como un escolar avergonzado mientras los chinos, y no por primera vez, parecen bastante desconcertados.

La banda visita la Gran Muralla, donde se rueda a George asomado sobre las almenas. En general, todo es bastante predecible y seco, aunque hay un momento humorístico que surge durante una recepción celebrada en los jardines de la embajada Británica, donde un grupo de *lores* y *ladies* parecen estar charlando acerca del equipo de críquet de la Embajada. Andrew Ridgeley, en la periferia de la conversación, añade: «¡Yo soy futbolista!». De hecho, Ridgeley aparece de manera bastante prominente en la película, comprándose una cazadora en una tienda local y dando una cinta de Wham! a un grupo de ancianos que están charlando en el mercado. También hay escenas de un juego de fútbol improvisado en el parque local. El grupo y su equipo técnico participan en él durante unos instantes, y vemos a Michael vistiendo una gorra verde con una estrella roja en el centro mientras Ridgeley lleva su equipo completo de los Guardias del Parque Real. La película termina con tomas de los conciertos.

Las secuelas del viaje y los desacuerdos sobre la película continúan hasta el día de hoy. La BBC informó que había acumulado unas pérdidas de un millón de libras esterlinas. Anderson falleció en 1994, dejando su archivo a la Universidad de Stirling y, en 2006, su malestar por cómo se estaba tratando la película se hizo público por primera vez. En sus escritos privados describía a George Michael como un «tembloroso aspirante sacado de las calles, que se convierte casi de la noche a la mañana en un tirano de fabulosa riqueza, cuyas órdenes deben ser rápidamente satisfechas por sus subalternos». Si las órdenes de Michael eran muy diferentes de las de cualquier otra estrella millonaria del pop no se sabe, pero Anderson añadía que estaba atado por «órdenes arbitrarias de George Michael, que no sabe de qué está hablando..., un joven millonario con un ego inflado. Me sorprendió su total desinterés por China. Su visión solo alcanza a los 10 principales». Eso podría haber sido perfectamente cierto; tal vez las instrucciones de Anderson no fuesen tan claras como debieran y sus intereses se sopesaran de manera diferente.

El director también había hecho entrega a la universidad de una copia de su corte de 90 minutos de la película, *If You Were There*. Tras haber conseguido la autorización de Sony, que en los años intermedios había adquirido la CBS, Karl Magee, archivero de la Universidad de Stirling, planeó mostrar el filme en 2006. Estaba preparado para hacerlo hasta que los ayudantes de Michael se enteraron y lo desautorizaron. «No se trataba de un vídeo de rápido montaje a lo MTV, sino una película lenta, de las que siguen el vuelo de una mosca, que probablemente tiene más que ver con China que con Wham!», dice Magee. «En la versión de Anderson, Wham! solo interpreta cuatro temas en China, casualmente al final de la cinta. Tras rehacer la película, se habían incluido 12 canciones y muy poca información sobre China.» *The Independent* cita al representante actual de Michael, Andy Stephens, diciendo: «Es una película terrible. Es una copia deshonesta que se suponía que tenía que haber desaparecido y no queremos que se vea en público. Tiene 20 años y es una basura. ¿Por qué diablos íbamos a permitir que se exhibiera?». Está claro que Stephens sentía que mostrar aquel filme a un grupo de estudiantes habría resultado dañino para su cliente. «Anderson atrapa a China en ese punto de inflexión», añade Magee. «Cuando todo el consumismo y las influencias occidentales comenzaban a dejar huella.»

Finalmente, el viaje fracasó en casi todos los frentes, excepto en el de ofrecer a una minúscula parte de la población china una noche entretenida. La película fue un desastre, al igual que lo fueron las relaciones con Lindsay Anderson. La banda perdió dinero a puñados, las esperadas ventas de discos no se produjeron (los chinos dijeron que pagarían en bicicletas en lugar de dinero porque no estaba permitido sacar divisas del país), el grupo tuvo una visión del país más limitada que antes y el Gobierno Chino obtuvo una victoria propagandística al conseguir que la banda pagara sus propios conciertos sin poder recuperar el dinero después con ventas de discos o cintas.

Quienes se encontraban cerca de la banda eran conscientes de que estaban empezando a aparecer grietas en la armadura de Wham! George Michael estaba cada vez más contento actuando en solitario, en particular si eso le liberaba de la adulación adolescente y le colocaba en situación de convertirse en un compositor serio. En mayo aceptó una invitación para actuar en un concierto aniversario de Motow en el legendario Apollo de Harlem en la ciudad de Nueva York. Presentado por el veterano cómico Bill Cosby, George interpretó primero una versión en solitario de «Careless Whisper» vestido con un traje azul y llevando su rubio cabello largo. A mitad de la canción se le unió Smokey Robinson para cantar una estrofa o dos, y la pareja produjo unas armonías impresionantes para terminar la actuación. George también cantó con Stevie Wonder.

De vuelta en el Reino Unido, Wham! se unió a Elton John en el *Live Aid* el 13 de julio de 1983. Los conciertos de Londres y Filadelfia fueron el centro de la atención mundial; más de mil millones de personas vieron cómo se desarrollaban los acontecimientos por la televisión, metiéndose las manos en los bolsillos al son de 150 millones de libras. Después de que The Who terminara con «Won't Get Fooled Again», John subió al escenario de Wembley poco antes de las 9 de la noche y repasó un cuarteto de sus éxitos. Kiki Dee se le unió para «Don't Go Breaking My Heart», tras lo cual salió Wham! con «Don't Let The Sun Go Down On Me». Andrew Ridgeley, muy centrado en la parte trasera del escenario, interpretó las vocalizaciones de apoyo con Dee. El gran final de «Do They Know It's Christmas» se produjo poco después. Al igual que muchos de los actos de aquel día, el estatus de George Michael e incluso su credibilidad en las calles aumentaron debido a su actuación, aunque él pensó que solo había sido mediocre y que en las dos primeras estrofas había estado desafinado. Se había sembrado la semilla en el público de que Michael era un artista en solitario en lugar de un miembro de una banda de pop para adolescentes.

A finales de agosto, Wham! regresó a Norteamérica para otros nueve conciertos en algunas ciudades que habían sido pasadas por alto en la primavera. Aquella vez contaban con el apoyo de grandes estrellas por derecho propio. Chaka Khan, que llevaba siete años publicando sencillos, acababa de entrar en las listas con «I Feel For You» y «Eye to Eye». Las Pointer Sisters llevaban aún más tiempo en el mercado, pero sus éxitos llegaron en 1984 con «I'm So Excited», «Jump (For My Love)» y «Neutron Dance». Durante esos masivos conciertos en estadios, que se extendieron a lo largo de 17 días, Wham! actuó ante más de 250.000 fans. La banda también presentó un nuevo tema, «The Edge of Heaven». Y acercándose cada vez más a la que sería su imagen en solitario, George presentó un nuevo corte de pelo y salió al escenario con barba de varios días. También vistió sus conjuntos más llamativos hasta la fecha. Uno de ellos combinaba una cazadora de color mostaza adornada con borlas y pantalones de tiro corto a juego, con el pecho al descubierto y una cintura tan y tan baja que descendía varios centímetros por debajo de su ombligo y solo ocultaba su modestia.

La gira estuvo seguida en todo el país por rumores sobre un romance entre Michael y la actriz Brooke Shields. Shields acababa de comenzar una carrera como modelo y coqueteaba con la polémica al aparecer vestida con unos vaqueros acompañados del eslogan: «¿Quieres saber qué hay entre mis Calvin y yo? Nada». La pareja acabó conociéndose, pero solo se trató de poco más que una oportunidad mutua para fotografiarse juntos. El esperado romance no floreció.

Otra de las historias que perseguía al grupo era el descontento del personal por el tratamiento que les daban cuando estaban de viaje. George Michael y Andrew Ridgeley habían tomado la costumbre de alojarse en un hotel distinto al del resto de la banda y de los trabajadores, tanto por motivos de seguridad como porque sentían que tenían derecho a un alojamiento de mayor calidad. Pero, esta vez, los empleados creyeron que la diferencia era demasiado acusada. Antes de que terminara la gira, Tommy Eyre había presentado su dimisión.

El equipo también era consciente de que el estado de ánimo de George Michael era distinto del que había tenido en giras anteriores. Habiéndose mostrado inusualmente irascible durante la gira, una vez la banda llegó al Reino Unido se enzarzó en una pelea a puñetazos contra David Austin en la entrada de un club nocturno. Poco después le sacaron una foto agarrando a un *paparazzo* frente a otro club. Estaba claro que le preocupaba algo. Había tenido una relación breve y tortuosa (nunca ha revelado con quién) y estaba perdiendo el entusiasmo que antes sentía por la histeria que rodeaba cada movimiento que hacía.

Michael decidió que ya había tenido suficiente y que necesitaba alejarse. Llamó a Andrew Ridgeley, Jazz Summers, Simon Napier-Bell y a los abogados Dick Leahy y Bryan Morrison para que asistieran a una comida de trabajo en el restaurante de Langan en Londres. Allí les dijo que quería abandonar Wham!, que la fiesta había terminado. Explicó que estaba harto del personaje que interpretaba, que ese no era el verdadero George Michael y que no era capaz de escribir otro álbum de material tipo Wham! Había llegado el momento de seguir avanzando.

Se decidió que todavía no se haría ningún anuncio. La banda quería salir cuando aún estuviera en la cima y sus últimos meses se planificaron con mucho cuidado. A la edad de 22, George y Andrew habían conseguido todo lo que se propusieron siendo adolescentes en Bushey Mead. En tres años, Michael había pasado de sentirse poco atractivo, desgraciado por su propia imagen, a convertirse en un símbolo sexual admirado por millones de chicas y algunos chicos. Pero ya no bastaba con eso. Intentó resolver sus problemas con la bebida y las drogas —en 1990 admitió al *Daily Mirror* que había tomado «montones» de éxtasis, comenzando en su primera visita a Los Ángeles con Wham!—. «Lo tomaba cuando estaba realmente deprimido hace unos cinco años. No es algo genial que se deba hacer cuando uno está deprimido, y por eso dejé de hacerlo. No me aportaba nada. No podré huir tomando drogas. Como tampoco lo podré hacer bebiendo. Si tengo un problema es conmigo mismo, y no me puedo librar de él bebiendo o drogándome.»

Pero, por el momento, las cosas seguirían como hasta entonces respecto al resto del mundo. Wham! se dirigió a un estudio londinense a grabar «I'm Your Man». Aquel sencillo se lanzó en noviembre de 1985 y devolvió a la banda al número uno. Escrito siguiendo el molde pegadizo y el estilo de himno de «Freedom», «I'm Your Man» fue otro clásico popular que arrasó. Algunas fuentes defienden que lo había inspirado Brooke Shields; su breve encuentro probablemente no hubiese facilitado una canción tan potente, pero, ¿quién sabe? Está claro que George Michael no nos lo iba a decir. La banda estaba en plena forma en ese tema, con viento, bajos y unas potentes voces acompañantes que conseguían producir una calidad de sonido casi compacta. El vídeo de promoción también resultó impresionante. En él aparecían Ridgeley y Michael en pequeños cameos de vendedores de entradas en el exterior del famoso club Marquee de Londres. Cuando Ridgeley se harta y se marcha caminando, Michael le reprende con su voz más amanerada: «Véndelas tú mismo, véndelas tú mismo». Michael llama a su jefe para quejarse de la gira y, en un intercambio humorístico, consigue que Napier-Bell acabe en sollozos y que el propio George se vea obligado a intentar consolarlo. La banda entonces sube al escenario para dar un concierto. Michael, con guantes de piel negros sin dedos, golpea una pandereta y está claro que se está divirtiendo. Con un cinturón de balas, el peludo pecho visible a través de la camisa abierta y la barba de unos días, parece más griego que nunca.

La amistad de George Michael con Elton John le dio todavía más frutos cuando cantó en «Wrap Her Up» para el álbum de John, *Fire And Ice*, apareciendo también en el vídeo y contribuyendo al acompañamiento vocal del single de tanto éxito, «Nikita». Gracias a las colaboraciones con Elton John, George pasó diciembre con cuatro sencillos en los 20 principales del Reino Unido. A «I'm Your Man» y «Wrap Her Up» se les unieron los nuevos lanzamientos de temporada de «Last Christmas» y «Do They Know It's Christmas» del *Band Aid*. En Navidades, por fin aceptó hacer un anuncio de Diet Coke para Estados Unidos por la friolera de 3,3 millones de dólares.

Sin embargo, insistió en una serie de normas: no se le rodaría bebiendo ni sujetando una lata del producto, no dejaría que se utilizara nada de su música, y su rostro solo se podría ver justo al final del anuncio. El spot salió de la rotación nada más debutar en Estados Unidos y nunca se utilizó en el Reino Unido.

Al final de aquel año, George, Andrew y un par de amigos se tomaron unas muy ganadas vacaciones en Australia, que era lo más lejos que se pudieron alejar de la curiosa prensa británica. Andrew Ridgeley había sido apodado la «fuente de vómitos» y «Randy Andy» por los periódicos. Por el contrario, por algún motivo, las conquistas sexuales de George Michael no vendían sus historias a la prensa, aunque sí se publicaba en los sensacionalistas que se había visto a Michael consumiendo popper (nitrito de amilo), la droga de elección de la escena gay de aquella época, en un club de Londres. (Más o menos por aquel entonces también había empezado a consumir marihuana.) La gente se estaba empezando a plantear preguntas sobre sus preferencias sexuales, incluso aunque no se publicaran. George quería mantener en privado lo que fuera que estaba ocurriendo y le alegraba que le sacaran instantáneas rodeado de mujeres en la ciudad —a lo largo de los años, hubo historias sobre posibles relaciones con Helen Tennant, Gail Lawson y Kay Beckenham—. Pero estaba harto de tener *paparazzi* viviendo en la puerta de su casa, harto de que le retrataran como poco más que un ídolo para adolescentes. Quería pasar al mundo de los adultos, donde se tomarían más en serio su música.

En 1986, algunas fuentes de la industria musical comenzaron a correr la voz de que había llegado el final de Wham! Ya estaba claro que George Michael tenía lo que hacía falta para ser una estrella por derecho propio, mientras a Andrew Ridgeley parecían interesarle más las carreras de automóviles y creía que su futuro se encontraba más en ellas que en la música. Los fans de Wham! no se daban cuenta de ello, pero el concierto de despedida del grupo se encontraba a unos pocos meses de distancia.

De nuevo, la banda recogió numerosos premios a principios de año. Durante la 13.ª edición de los Premios Anuales de la Música Americana, en Los Ángeles, ganaron el de Vídeo Favorito, y, unas semanas más tarde, en los Premios Británicos, el de Contribución Sobresaliente a la Música Británica. Para un grupo que solo había publicado dos álbumes, sonaba a homenaje a toda una carrera y los rumores se intensificaron.

En medio de la especulación, George Michael voló a París para grabar una nueva canción, una que fue testigo de su verdadero comienzo como artista en solitario. Al igual que en su esfuerzo individual anterior, «Careless Whisper», «A Different Corner» era una triste balada sobre el amor perdido. Michael dijo que la historia que había inspirado esa canción se basaba en su propia experiencia personal, pero nunca reveló la identidad de la persona en quien se centraba su afecto. (En 2006, el fotógrafo norteamericano Brad Branson dijo que «A Different Corner» trataba de él, y que Michael le había hecho escuchar una primera versión en maqueta de la canción.) El propio Michael explicó: «Tenía que escribir algo. Tenía que sacarlo y lo hice en un par de días. Fue la primera vez que utilizaba mi propia experiencia y mis sentimientos en una canción. El dolor vuelve cuando la interpreto o la escucho. Al principio no podía ni escucharla, en particular cuando estaba intentando superar las emociones sobre las que estaba cantando». Las frases de la canción que hablan sobre el «miedo a ser utilizado» encajaban sin duda con lo que ya había expresado con anterioridad en sus entrevistas, donde se había quejado de que se le veía puramente como objeto sexual y no como persona viva.

Unos fuertes ritmos sintéticos comienzan la canción y se repiten durante toda ella, mientras la voz de Michael sube y baja entre una desesperación casi susurrada y una angustia atronadora. El vídeo promocional también era bastante dramático, aunque muy sencillo. Vestido totalmente de blanco, Michael aparece sentado en una habitación blanca llena de muebles blancos, un puf blanco y un teléfono blanco. Michael abandonó la imagen blanca para su interpretación de la canción en Top of the Pops, eligiendo en su lugar una más burda con una ajada cazadora de cuero y vaqueros metidos en botas tejanas de color marrón. Cantó la canción al micrófono ante algunos de los mejores tubos de plástico blanco de la BBC iluminados desde atrás, del tipo que todavía hoy se pueden ver en algunos clubes nocturnos de las ciudades pequeñas. Y, con la disolución de Wham! en el horizonte, los fans se apresuraron a hacerse con aquel sencillo, dándole su segundo número uno en solitario en tan solo dos intentos.

A finales de febrero Michael asistió como invitado al programa televisivo de entrevistas de Michael Aspel, el «Aspel & Company». Allí, anunció que Wham! se separaba y que in- terpretarían un último concierto y nada más. Después pasó a explicar que, aunque adoraba hacer música, estaba comenzando a odiar todo lo demás que lo rodeaba. Un ejemplo perfecto de aquello de lo que estaba intentando huir llegó a través del *Sunday People* el 6 de abril. El periódico publicó que los antiguos miembros de The Executive, Tony Bywaters y Jamie Gould, sin duda para promocionar su desconocida banda, Ego, habían revelado que George Michael había estado casado siendo un adolescente con una grecochipriota, un matrimonio que no era legal en el Reino Unido. Obviamente, se trataba de una sarta de tonterías.

Al igual que los satíricos títulos *Fantastic* y *Make It Big*, el trío final de Wham!, formado por un maxisingle, un álbum y un vídeo apareció con el sencillo apodo de *The Final.* El concierto estaba previsto para el 28 de junio en el estadio de Wembley. Volvía a lo que realmente importaba, la música, y Michael estaba trabajando muy duro en una nueva canción. «The

Edge Of Heaven» fue la elegida por Wham! como regalo de despedida para sus fans. La letra contenía muchas referencias sexuales pero, como la palabra «sexo» no se pronuncia literalmente, a los censores no pareció importarles, ni siquiera aunque las referencias parecieran sadomasoquistas y cada coro fuera recibido con unos fuertes jadeos. No había mejor manera de dejar a miles de fans pidiendo más. Una introducción a base de chasquidos de dedos era el preludio a un duro George Michael cantando al ritmo de un bajo potente. Los saxofones gritaban mientras Elton John, al piano, y David Austin, a la guitarra, se unían a la fiesta de despedida. El vídeo era similar al de «I'm Your Man», pero, en aquella ocasión, las grandes pantallas colocadas detrás del escenario mostraban vídeos antiguos y tomas de la banda, con un breve resumen de su corta carrera. Cuando la canción comenzó a apagarse, aparecieron las palabras «adiós» y «gracias» parpadeantes en las pantallas.

La última semana de Wham! fue tan movida como era de esperar. Se tuvieron que incluir dos conciertos de calentamiento, preparaciones de último momento para Wembley y una grabación para *Top of the Pops*. Visitaron la BBC con el previsto número uno de «The Edge Of Heaven», y su última aparición, al igual que tres años y medio antes, fue presentada por Mike Smith. No los presentó como Wham!, sino como George Michael y Andrew Ridgeley. George vestía una cazadora de piel de los boy scouts de Estados Unidos con las palabras «Rockers Revenge» a la espalda. Apareció la banda al completo, aunque sin Shirlie ni Pepsi. En total había cuatro guitarras en el escenario, pero no se tocó ninguna.

El concierto final tuvo lugar en un soleado estadio de Wembley el sábado 28 de junio de 1986. Durante una de las muchas entrevistas que dio antes del espectáculo, George Michael explicó que habían hecho todo lo que querían hacer en tan solo cuatro años y que él necesitaba el desafío de una carrera en solitario. «¿Cómo podemos terminar Wham! de manera más perfecta que ante 72.000 personas, siendo todavía buenos amigos, y con un disco en el número uno?»

En Estados Unidos, tanto el álbum recopilatorio *Music From The Edge Of Heaven* como el sencillo «The Edge Of Heaven» llegaron a los 10 principales en las semanas posteriores a *The Final*. Una canción adicional grabada para *The Final* fue una versión de «Where Did Your Heart Go?», de Was Not Was. Rodada para *Top of the Pops* a la vez que «The Edge Of Heaven», la actuación se estrenó a principios de julio. Pero, tras la euforia del concierto *The Final*, fue más bien pobre, una última representación de la producción creativa de Wham! con poca inspiración.

En la estela del concierto *The Final*, Andrew Ridgeley quiso lanzarse a las carreras de automóviles. Tras haberse abierto camino en ese deporte participando en acontecimientos para celebridades donde los participantes se limitaban a asegurarse de terminar el circuito de una sola pieza, después de Wham! (y tras resolver los temas pendientes con los seguros) podía dedicarse a probar en el mundo de las carreras de Fórmula 3. Más tarde se mudaría a Montecarlo para evitar pagar una enorme cantidad de impuestos y proseguir con su nueva afición. Pero no pudo participar en carreras desde el principio de la temporada en marzo, y tuvo que empezar después del último concierto de Wham!, en julio; y la serie de Fórmula Renault francesa era un asunto serio utilizado por los jóvenes conductores como puerta de entrada a una posible carrera en la Fórmula 1. Gente como Alain Prost y Kimi Raikkonen se habían graduado allí en el pasado. Aquellos conductores estaban centrados al 100 por cien en su objetivo, mientras que para Ridgeley no dejaba de ser otra manera más de divertirse. Él mismo admitió más tarde que carecía de la capacidad de concentración necesaria para graduarse en la materia.

Con Andrew Ridgeley en Francia, a George Michael le asaltó la realidad de que se encontraba solo en el mundo de la música. Aunque había sido el cerebro musical de Wham!, seguía siendo muy consciente de que Ridgeley era una muleta para sus preocupaciones e inseguridades. Michael dedicó tiempo a la prensa para rendir tributo a su amigo, diciendo que no se le ocurría ninguna otra persona que hubiese conocido nunca que hubiera podido desempeñar aquel papel tan bien. El momento más afortunado de su vida fue cuando conoció a Ridgeley, y, en retrospectiva, sentía que ambos habían formado parte de un plan maestro.

Michael se encontraba en un momento de cambio en el que sufrió emocionalmente y perdió la confianza en sí mismo. Cuando más tarde habló de este período de su vida, explicó que, en las semanas anteriores al concierto *The Final*, había estado intentando sobrellevar el fin de una relación

breve que le había hecho muchísimo daño. Al más puro estilo George Michael, había decidido no hacerla pública; por el contrario, lo había guardado todo dentro y sufrido en silencio. Según confesó, la relación no había funcionado debido a la situación en la que él vivía como estrella del pop. Era como si le hubiesen demostrado que no lo podía tener todo, una relación y el lugar que ocupaba en la fama.

La experiencia no le abandonaría durante un tiempo y daría forma a las decisiones que adoptaría en su carrera más adelante, a principios de los años noventa. «Wham! había muerto», dijo al *Daily Mail*, «pero mis problemas no habían desaparecido junto con la banda. Andrew y yo seguíamos siendo buenos amigos, pero las relaciones rotas, un toque de alcoholismo y de bastantes drogas no consiguieron ponerme la vida fácil. En algún momento debía cambiar radicalmente.»

SEGUNDA PARTE

1986-2006

6

Gira (1986-1989)

gi-ra

1. realizar viajes de un lugar a otro;
2. un largo viaje que incluye visitar diversos lugares en secuencia, en particular con un grupo organizado dirigido por un guía;
3. un breve viaje por un lugar, como un edificio o planta, para verlo o inspeccionarlo: *al primer ministro visitante se le ofreció una gira de la planta química;*
4. un viaje de ciudad a ciudad para satisfacer compromisos, como ocurre con las compañías teatrales o los profesionales del entretenimiento: *ir de gira; una gira de conciertos por Europa;*
5. un período de deber en un lugar o en un trabajo.

«Creo que a esa edad —sólo tenía 25 años cuando emprendí la gira *Faith*— tenía tal sensación de vacío por el nivel de fama que había alcanzado que no era capaz de ver sus aspectos positivos. No era capaz de experimentar lo bueno porque estaba demasiado ocupado preguntándome qué iba a hacerme feliz si esa increíble suerte no lo conseguía. Y supongo que la soledad se intensifica realmente si hay miles de personas que cada noche expresan a gritos su admiración por ti, y luego vuelves a tu habitación de hotel solo. Supongo que, realmente, visto en retrospectiva, fue la soledad de aquella experiencia lo que confundí con la verdadera infelicidad en aquella gira.»

GEORGE MICHAEL

«Al final de Wham! necesitaba un nuevo desafío. Así que me planteé el reto de alcanzar el nivel americano de Madonna y Jackson y de ese círculo de gente. Ese era mi objetivo. Y después, tras alcanzarlo, me di cuenta de que realmente no me aportaba nada. Soy sincero si digo que la mayor parte de 1988 fue una total pesadilla para mí.»

GEORGE MICHAEL

George Michael no era Madonna, no era Michael Jackson, ni tampoco Prince. No podía vivir bajo la mirada del público y actuar como hacían ellos, tanto dentro como fuera del escenario. Pronto se cansó de ser «George Michael» para la prensa. «No sabía cuánta más intimidad iba a poder soportar perder. Pero ahora ya todo ha pasado. Es como que te documenten la vida para obtener su aprobación o desaprobación, hasta el más mínimo de los detalles. Lo comprenderíamos si fuéramos de la realeza, pero no lo somos. Te hace sentir trivial. Y puede resultar un poco embarazoso.» El personaje de Wham!, todo diversión adolescente y humor juvenil, no era el «verdadero» George Michael, o solo en una muy pequeña parte. Habiendo soñado con la fama toda su vida, una vez la alcanzó, ya no la quería. Quería que le devolvieran su vida de verdad.

«Me desperté una mañana y me di cuenta de que había habido un período en Wham! en el que realmente me había olvidado del todo de quién era yo», le contó a la revista *Q*. «Tuve aquella depresión durante unos ocho meses. Durante un tiempo creí que realmente no quería volver a la industria de la música al abandonar Wham! El problema era que había desarrollado un personaje para el mundo externo que no era yo, y estaba teniendo que tratar con gente de manera constante que creían que sí lo era.» De ahí la decisión de desmontar el «monstruo» que había creado y empezar de la nada.

Soñar con una vida normal incluía separarse de su dependencia de otras personas que se había ido construyendo durante los tres últimos años. Una de esas tareas, trivial para algunos pero importante para Michael, era aprender a conducir. Habiendo aprobado su carné de conducir justo antes de *The Final*, en otra muestra de independencia, se fue a comprar su primer automóvil, un Mercedes. Ya podía librarse de los conductores que lo habían estado llevando de un sitio para otro.

Michael continuó su purga del pasado alejándose del equipo de representantes de Nomis. Sin embargo, eso no lo había planeado con antelación. Mientras estaba en Los Ángeles, donde pasó gran parte de la segunda mitad de 1986, le informaron de que el *Hollywood Reporter* iba a publicar una historia titulada «Wham! vendida a Sun City». Michael explotó. Sin decírselo a su principal cliente, Napier-Bell había estado intentando reflotar o vender el negocio mientras todavía disfrutaba del éxito de Wham! Napier-Bell había conseguido un acuerdo de cinco millones de libras esterlinas con una empresa de Sudáfrica llamada Kunick Leisure que sería la dueña de la empresa mientras Napier-Bell y Jazz Summers permanecían en ella como asesores. La característica clave del acuerdo era que la nueva empresa seguiría representando a George Michael y Andrew Ridgeley (si la tenía) en sus carreras en solitario.

El problema, según lo veía Michael, era doble. Por un lado, en ningún momento se le había dicho qué estaba ocurriendo. Y por otro lado, Kunick Leisure pertenecía en parte a Sol Kerzner, el hombre detrás de Sun City. Ese complejo vacacional de Sudáfrica había sido el centro de una controversia relacionada con algunos artistas occidentales y el Gobierno del apartheid sudafricano, que ofrecía grandes sumas de dinero por atraer eventos famosos de todo el mundo a fin de levantar las sanciones contra el apartheid. En 1985, el grupo repleto de estrellas Artists Against Apartheid (artistas contra el apartheid), que incluía a Bono, Bruce Springsteen y Bob Dylan, entre otros muchos, había grabado la canción «Sun City» diciendo que nunca tocarían allí mientras existiera el apartheid.

Cuando Michael leyó el informe llamó de inmediato a Nomis y voló a Londres para reunirse con Napier-Bell y Summers. El cantante estaba casi fuera de sí. ¿Cómo podían hacerle eso? preguntó. Sentía que le quedaban por lo menos unos diez años como artista en solitario. Los representantes pronto se dieron cuenta de que habían cometido un enorme error —si perdían su principal activo, el acuerdo sin duda sería cancelado—. Michael abandonó la reunión y nunca volvió a hablar con la pareja, ignorando sus llamadas y comunicándose únicamente a través de su abogado. Sin George Michael a quien representar, los sudafricanos se retiraron. Nomis se hundió y Napier-Bell y Summers siguieron caminos diferentes.

Simon Napier-Bell siempre había sabido que George Michael no confiaba en él totalmente; Michael había dicho abiertamente que Napier-Bell era un «gilipollas», pero era un gilipollas a quien prefería tener de su lado. No nos equivoquemos, Nomis había hecho mucho por Wham!, en particular en Norteamérica. Pero, al final, Michael decidió que debía tener capacidad para tomar sus propias decisiones, y Nomis se había pasado de la raya. Al igual que hiciera Innervision antes, los acuerdos le habían resultado útiles a George Michael durante un tiempo, pero en cuanto las cosas se salieron de su línea, cortó todos los lazos y no permitió que existiera la posibilidad de una reconciliación. Sin embargo, ahora se encontraba a la deriva en un mar de incertidumbres. Ridgeley, Wham! y Nomis estaban todos fuera de su vida, y él estaba en Estados Unidos. Fue una época difícil.

Michael pasó la mayor parte de lo que quedaba de 1986 en Los Ángeles, bebiendo, pasando el tiempo con la modelo y amiga Kathy Jeung cuando estaba en la ciudad; pero, por lo general, estaba bastante inseguro acerca de su futuro y se sentía deprimido. Siempre había trabajado duro por mantener su peso controlado, pero eso no parecía importarle tanto en aquella época, cuando consumía éxtasis. Y entonces, cuando se le pasaba el efecto, se hundía profundamente. Cuando veía a sus padres y a su familia ponía la misma cara valiente de siempre y decía que todo iba bien, pero las familias suelen tener una especial manera de conocer que las cosas no son lo que parecen incluso aunque no se mencionen en las conversaciones.

Antes de la controversia sexual en la que se vería implicado en el verano de 1987, Michael apareció en el inusual programa de entrevistas de Channel 4, «Sex with Paula», en el que Paula Yates entrevistaba a sus invitados acerca de temas íntimos mientras permanecían tumbados en una cama. George apareció vistiendo un jersey de color turquesa con un llamativo diseño blanco en la parte delantera, y Paula con un vestido de noche negro sin hombros. Planteó preguntas a Michael acerca de sus preferencias y de escribir canciones sobre chicas. Cuando le preguntó cuáles eran sus fantasías, él evitó el tema diciendo que su madre le estaría viendo. Pero sí que dijo: «No podría decírtelo, pero pídeme que te lo demuestre luego».

Más adelante, aquel mismo año, Andrew Ridgeley voló a Los Ángeles a visitar a su viejo amigo. Incluso cuando hablaba con Ridgeley, Michael había mantenido las cosas controladas a presión, y, cuando llegó a su casa, Ridgeley se vio sorprendido tanto por el aspecto del cantante como por su estado de ánimo. Durante la visita, la pareja tuvo una conversación al desnudo en la que Michael descargó todas sus inseguridades y preocupaciones. Al día siguiente se sentía como si le hubiesen quitado un peso de encima. El viejo optimismo de Ridgeley había producido una vez más su magia. La vida, de pronto, parecía mucho mejor, y Michael decidió comenzar a trabajar en su primer álbum en solitario.

En noviembre, CBS-Epic hizo uso de su opción de encargarse de la carrera en solitario de George Michael, que iba a durar cinco discos más. En Navidades, George voló a casa para estar con sus padres y parecía encontrarse en mejor estado fí-

sico y más feliz de lo que había estado en meses. A principios de 1987, decidió resolver su falta de representante y contrató a Rob Kahane, su agente de reservas y promotor en Estados Unidos, para que se hiciera cargo de ese papel. Cuando comenzaron a trabajar juntos, Michael había cantado en el concierto de los Motown en Nueva York. Ahora que Nomis estaba fuera del cuadro, se acercó a Michael y se ofreció como su representante. Contratado inicialmente para que se encargara de los intereses norteamericanos del cantante, sus responsabilidades pronto se extendieron a todo el planeta.

La primera tarea de Kahane como representante de Michael consistió en acompañar al cantante a Detroit, donde se estaba planeando una colaboración con la leyenda del soul, Aretha Franklin. Los representantes de Franklin se habían acercado a Michael para sugerir un acuerdo que ambas partes sabían que los beneficiaría: Michael le daría una entrada a los fans del Reino Unido y ella añadiría credibilidad a su comercialización adulta en Estados Unidos. La canción que iban a grabar la había compuesto Climie Fisher, el dúo de compositores formado por Simon Climie y Rob Fisher. Su mayor éxito fue en 1987, con «Love Changes Everything», y ya le habían escrito canciones a Franklin, Smokey Robinson y Pat Benatar.

La canción, «I Knew You Were Waiting (For Me)», y el vídeo que la acompañaba se completaron en dos días en diciembre y estuvieron listos para su lanzamiento en enero de 1987. Michael sabía que era un chico blanco que se había metido en la sartén de la música soul negra cuando él y Kahane llegaron al estudio y se dieron cuenta de que eran los únicos que no eran de color. El productor era Narada Michael Walden, otra de las leyendas en su propio campo. Walden, ganador de los Grammys al Mejor Álbum, Mejor Canción y Mejor Productor, había trabajado en géneros tan diversos como el soul, el country, el rap y el jazz, y había producido a Stevie Wonder, Tom Jones y los Temptations. Además, la revista *Billboard* lo había nombrado uno de los diez mejores productores de todos los tiempos. Si George Michael se sentía nervioso en Muscle Shoals, allí la presión se vio multiplicada por diez. «De pie en el estudio, ver cómo Aretha intercambiaba frases era algo que nunca habría soñado, ni tan siquiera hace un par de años», dijo Michael.

Pero lo llevó muy bien. Cuando «I Knew You Were Waiting (For Me)» fue lanzado en enero de 1987, se convirtió en algo sensacional de inmediato. La mezcla de pop, soul y rhythm and blues y las dos voces, tan distintas y, sin embargo, tan compatibles, fue muy potente. La gimnasia vocal de Franklin en el clímax de la canción superó la interpretación de Michael, pero habría superado a casi cualquiera.

Antes de que Michael volara de vuelta a casa, la pareja rodó un vídeo en un escenario cercano. Se volvió a usar una de las gigantescas pantallas de vídeo utilizadas durante *The Final* en el Wembley, añadiendo una dimensión nueva e interesante, pero disparando el coste hasta alcanzar la increíble cifra de 150.000 libras esterlinas, para lo que iba a ser, básicamente, una película de ambos cantando en un estudio. George entra en lo que parece ser un almacén, donde la pantalla gigantesca muestra a Aretha cantando. Entonces se invierten los papeles y Michael aparece en la gran pantalla y Aretha canta en el «almacén» antes de que se junten, interpretando la canción mientras se exhiben imágenes de dúos famosos del pasado en blanco y negro, a sus espaldas.

El sencillo fue un rotundo éxito, y supuso para Franklin su primer single como número uno en Norteamérica en exactamente veinte años, y su primero en el Reino Unido. En las listas del Reino Unido estaban a la vez Pepsi & Shirlie, con su «Heartache». «Nuestro representante nos llamó para decirnos que «Heartache» era el número dos en el Reino Unido», recordaba Holliman. «Adivina quién ocupaba el primero... ¡George y Aretha! Oh, bueno. Pero llegamos al número uno en muchos otros países.»

Animado por otro éxito más, Michael adquirió su primera propiedad en el norte de Londres. Se dice que pagó el precio de la casa en metálico, la bonita suma de 2 millones de libras. Era otro signo más de que estaba alcanzando cierta estabilidad en su vida. Más feliz de lo que había sido en meses, Michael estaba escribiendo nuevo material con vigor renovado y con el objetivo de lanzar su álbum de debut en solitario antes de que terminara el año. Estaba decidido a demostrar al mundo cuál era su «verdadera» música. «Algunas personas creían que éramos unos imbéciles», comentó, recordando a Wham! «Creían que aquel chaval saltarín de bonito cabello rubio, pantalones cortos y dientes era yo. No comprendían que era yo intentando ser el artista definitivo. De hecho, fuimos el primer grupo desde los Beatles que no relacionaba sus personalidades con su música.»

El primer sencillo en solitario de George Michael después

de Wham! apareció en junio de 1987 y, si esa era la música que representaba su personalidad, sorprendió a mucha gente. «I Want Your Sex» iba a dar a muchos radioyentes casuales una impresión equivocada. Al igual que el himno de Bruce Springsteen «Born In The USA» había sonado a una llamada patriótica a las armas, cuando en realidad era una dura condena a la guerra de Vietnam, mucha gente decidió que George Michael estaba fomentando la promiscuidad con su nuevo single, cuando en realidad era un sencillo mensaje que defendía que se debía tener una única pareja sexual. En el Reino Unido provocó el mayor grito de la música pop desde que Frankie dijera «Relax» tres años antes. Y todo eso con una canción que Michael casi había regalado a David Austin para ayudarle a lanzar su propia carrera en solitario.

La reacción se debió en parte a la creciente histeria que había en el Reino Unido por el virus del sida, que se estaba convirtiendo en uno de los temas candentes en la prensa debido a la falta de formación. Se decía que el personal de las funerarias se estaba negando a embalsamar los cuerpos de las víctimas de esa enfermedad, que la policía llevaba equipo de protección debido al temor a contagiarse en las calles, mientras que se utilizaba con frecuencia el término «plaga gay». La paranoia se había extendido, y ser homosexual estaba más estigmatizado que nunca. Fomentar la promiscuidad, como parecía ser que Michael estaba haciendo con su canción, era tanto una irresponsabilidad como un peligro.

Pero si lo que quería era pasar a territorio más adulto, sin duda lo consiguió con «I Want Your Sex». Musicalmente, era funky, y recalcaba un sonido de batería de los años ochenta con teclados en *staccato* que entraban y salían de la mezcla. Vocalmente, variaba entre sonidos bajos, ecos susurrantes y provocadoras imitaciones de Prince casi sin aliento. El tema se completó antes que el resto del álbum, y Michael tocaba él mismo todos los instrumentos, además de cantar. La versión del LP, «I Want Your Sex (Parts I & II)» duraba más de nueve minutos, con una segunda parte que comenzaba con una estridente sección de viento que, aunque sin reconocimiento oficial, es bastante poco probable que hubiese sido interpretada por Michael. A pesar de, o quizá por, la controversia, el sencillo alcanzó el segundo puesto en Norteamérica y el tercero en el Reino Unido.

Parte de la polémica provocada por la canción se debía a la equivocada reacción de la gente ante el vídeo. «Cuando estrené "I Want Your Sex" y el vídeo musical, no creí que la imagen fuera a tener un efecto tan duradero», comentó Michael. «La imagen parece seguir pesando más que la música.» A primera vista, el vídeo se encuentra a un par de pasos de distancia de un porno suave. Kathy Jeung se pasea con medias y ligas o aparece tumbada con los ojos vendados sobre una cama junto a Michael. Hay primeros planos de partes del cuerpo que se deslizan entre las sábanas (Michael utilizó un doble), cortes de agua cayendo sobre la piel desnuda y cosas similares. Lo que los críticos parecieron ignorar o no quisieron ver fue que a Michael se le rodó escribiendo en el cuerpo desnudo de Jeung con un carmín de labios rojo. Las palabras que escribe son «Explorar» y «Monogamia», que no podían haber declarado las intenciones de la canción o del vídeo con mayor claridad.

Sin embargo, se prohibió el vídeo en la televisión del Reino Unido y la canción en la radio entre las 6 de la mañana y las 9 de la noche, alejando así de ella a la mayoría de los posibles radioyentes. Michael necesitaba desesperadamente que sus fans pudieran escuchar y ver su nueva imagen y su nuevo producto, y se le estaba negando esa oportunidad. Irritado por la respuesta de los medios (Trevor Dann, de Radio 1, rechazó la canción llamándola «tonta»), Michael decidió hacerse con el control de la situación. Se aseguró de que se enviaban copias de vídeo a los cafés y bares de todos los confines del país para que las retransmitieran a través de sus propios sistemas de televisión internos y dar así una oportunidad al videoclip. También vetó que se enviaran más copias del vídeo, de los discos o de los CDS a la BBC, justamente molesto por que se le censurara por defender el sexo en una relación estable mientras los vídeos de rap y rock mostraban cosas mucho peores.

Actuó tal y como acostumbraría a hacer a lo largo de su carrera: cuando se enfrentaba a un problema, Michael se ofrecía directamente a su público para que su argumento llegara sin errores de interpretación o retransmisión. Tras la estela de «I Want Your Sex», ofreció una extensa entrevista en «Jonathan Ross Show», de Channel 4. Ross acababa de entrar en la televisión, y el delgado presentador de impresionante tupé se sentó con una lista de preguntas, dando más la imagen de encontrarse ante un proyecto escolar. Tras una ronda de preguntas mundanas, pasaron a la caza y comentaron el nuevo sencillo de Michael. El cantante explicó que quería hacer una declaración moral mostrándose directo. Aunque había esperado que la BBC prohibiera la canción debido al uso de la palabra «sexo», el hecho de que la IBA (que gobernaba los canales de radio independientes del Reino Unido) también la hubiese prohibido —consiguiendo detener toda retransmisión durante el día— le había dejado atónito. Quería aclarar de qué iba el disco, explicó, porque la mayoría de las personas habían oído cosas sobre él sin haberlo escuchado realmente. También explicó que estaba cansado de responder a preguntas sobre la canción que, según dijo, «se limita a reflejar mi impresión sobre tan solo uno de los aspectos de las relaciones». Durante todo un mes, sintió como si le hubiesen elegido representante oficial de la juventud en cuestiones de sexo. Al final de la entrevista, Michael le comentó a Ross que le habían ofrecido varios papeles en películas, incluyendo uno en el que debía interpretar a un revolucionario griego judío, pero que los había rechazado todos y que iba a esperar algunos años.

La entrevista de Ross pronto fue satirizada en *NME*, centrándose en las constantes preguntas del entrevistador acerca de la vida sexual de Michael y en las respuestas pías y puras de Michael. Como Ross tiene un ligero defecto que no le permite pronunciar las «r» correctamente, la parodia también utilizó eso: «*Jonathan:* Bueno, Geoge, supongo que esulta azonable deci que ees un taambana, pícao, tunante y, además, un pelín difícil de satisface. ¿Tienes ya suficiente?». Y a partir de ahí, la cosa siguió.

En otros foros, la controversia llevó a Michael a la portada de *NME* el 20 de junio. Bajo el profético título de «¡Decadencia! George Michael se exhibe», se le concedieron las páginas centrales para hablar de su nueva carrera en solitario en un número que estaba lleno de Robert Cray, Genesis y Curiosity Killed the Cat. En el interior, bajo el titular «Una Fulana con Corazón», volvió a comentar la prohibición contra «I Want Your Sex». Su principal manzana de la discordia era que solo se pusiera el disco muy tarde por la noche; si él no tenía ganas de escuchar música a esas horas, preguntó, ¿por qué las iban a tener los demás? Entonces pasó a comentar su imagen en Norteamérica, que todavía estaba muy unida a Wham! Sin embargo, en el Reino Unido, «I Want Your Sex» le había conseguido un público nuevo. Lo único que le mantenía alejado del número uno era «I Wanna Dance with Somebody», de Whitney Houston, mientras Johnny Logan se mantenía en el tercer puesto con «Hold Me Now».

Se dieron los últimos toques al álbum, que se titularía *Faith*. «Yo tenía fe en que me iba a dar la vida», comentó Michael, «en que iba a conseguir lo que quería». El grueso del trabajo se había realizado en el estudio favorito de Michael en Londres, Sarm, y en PUK, en Dinamarca. Cerca del mercado de Portobello, el complejo Sarm acoge cuatro estudios y ofrece un personal con una amplísima experiencia que, desde entonces, ha trabajado con Coldplay, Oasis, Radiohead, Doves, Muse y Alicia Keys. George Michael utilizó aquel cómodo entorno para trabajar en *Faith*, encantado de pagar las tarifas adicionales a fin de que se le permitiera escribir en el estudio, además de grabar. Tocó muchos de los instrumentos personalmente, incluyendo la batería, aunque las mezclas finales se aumentaron con algunas manos ya familiares. Estuvieron presentes Hugh Burns, Deon Estus, Andy Duncan y Robert Ahwai, de la época de Wham!, además de Paul Gomersall, que había trabajado con Michael en *Make It Big*, y Chris Cameron, que añadió el famoso órgano de iglesia al tema del título. «En *Faith*, los músicos se quedaban durante todo el día, cada día», recuerda Gomersall. «Deon Estus al bajo, Chris Cameron a los teclados y Hugh Burns a la guitarra; aunque él siempre ha apreciado que su público quiera escuchar a George Michael, por lo que ahora tiende a hacer la mayor parte del trabajo personalmente.»

El sencillo «Faith» salió al mercado en octubre para promocionar aún más el álbum. La combinación del estilo musical, tan nuevo, y del cantante de imagen visual tan icónica, promocionados a través de un vídeo muy repetido, sellaron el lugar que ocupa el tema en la historia del pop. Con guitarras acústicas y un ritmo que lleva a las palmas, Michael sonaba como Elvis en Sun, pero se parecía al Elvis del Especial Retorno de 1968. «Faith» comienza con un órgano de iglesia que repite «Freedom» de Wham!; de ahí se pasa a una ligera percusión y a un fragmento de guitarra a la par que Michael comienza a cantar. El órgano fue una versión más pop del estruendoso órgano de iglesia que abría el tema de U2, «Where The Streets Have No Name», en *The Joshua Tree* en la primavera de 1987. «Se inspiraba en un par de relaciones que no llegaron a existir», recuerda Michael. «Muy pronto después de la disolución del grupo y antes de que comenzara a ver a Kathy, hubo unas personas con las que me planteé comenzar una relación, y finalmente desistí. Porque sabía que estaba de rebote y que quería estar con alguien por un motivo que no fuera ese.»

El vídeo estaba preparado con la nueva y mejorada imagen de George Michael. La primera toma muestra una gramola Wurlitzer que emite un sencillo de «I Want Your Sex». A mitad de la canción, cae otro disco sobre la base y se empiezan a oír las primeras notas del órgano de «Faith». Aparece Michael, rodado en blanco y negro, excepto sus vaqueros azules, que aparecen en color. La cámara comienza abajo y sube, girando alrededor del artista, más despacio cuando pasa por su trasero, mientras él permanece de pie como una estatua cubierta con unos tejanos azules desgarrados, barba de diseño de unos días, pendiente de crucifijo, chaqueta de cuero de los boy scouts, botas con punta de metal, gafas de sol y una guitarra colgando baja por delante de él. Esa era la imagen de George Michael en 1987-89; más tarde le contó a Michael Parkinson que en aquella época iba así vestido la mayor parte del tiempo. A los 24 años, su imagen le conseguiría todo un grupo nuevo de fans que casi eclipsaron a la Wham!manía.

El álbum de *Faith* fue, y posiblemente aún sea, la cumbre de la carrera de George Michael. La variedad de estilos en sus canciones, su abanico vocal y los arreglos resultaban todos impresionantes; con media docena de sencillos, era casi una gran selección de éxitos por sí mismo. Incluso los no sencillos resultaban memorables. Comenzaba con la majestuosidad catedralicia de «Faith», el sofisticado pop de «Father Figure», con influencias orientales, y el funk de «I Want Your Sex (Parts I & II)», tema con el que había conseguido marcar su nueva carrera antes de que terminara la primera cara. «One More Try» es una fusión entre el pop y el funk de los años ochenta y un éxito de baile en Estados Unidos, mientras que «Hand To Mouth» presenta una de las letras más comprometidas y casi políticas de Michael hasta la fecha. También incluye la frase «y ella corrió a los brazos de América», que se parece terroríficamente mucho a «las mujeres y los niños que corren a los brazos de América» de la canción de U2 «Bullet The Blue Sky», también lanzada en 1987. «Look At Your Hands» se lamenta por el estado en el que se encuentra una antigua novia y «Monkey» y «Kissing A Fool» se convirtieron en éxitos en formato de sencillos, provocando el estilo de jazz del último un alejamiento completo del resto del disco y una agradable sorpresa con la que terminar.

Entre las obras de arte del álbum encontramos cinco símbolos que indican «fe», «música», «dinero», «religión» y «amor». Los retratos de la carátula, realizados por el fotógrafo Russell Young, le dieron al cantante una imagen que todavía hoy resuena, dos décadas más tarde. El propio Michael montó la iluminación del estudio para las tomas, y se realizaron varios intentos por conseguir una iluminación adecuada para la tapa, en la que aparecería el cantante vestido de traje a la vez que se escuchaba una cinta del álbum de fondo, pero eso no funcionó bien. Young cuenta que entonces pidió prestada una cazadora de cuero para que se la probara Michael (aunque ya había vestido una similar de los boy scouts en la época de *The Final*) y así nació la imagen de *Faith*, sin afeitar y con una gran cruz de oro colgándole de la oreja. La barba de unos días de diseño nació en un instante. Parece ser que aportó millones a la industria de aparatos para recortar la barba.

Los críticos estaban casi extasiados con el álbum. «A veces es casi demasiado bueno», escribió Mark Coleman para *Rolling Stone*. «El número final, una canción casi de amor llamada «Kissing A Fool», nos recuerda una de las incursiones de Barry Manilow en el "paseo de los Recuerdos" con una dolorosa precisión. Es un callejón sin salida sentimental. Pero el resto de *Faith* muestra la comprensión intuitiva que tiene

Michael de la música pop y su uso cada vez más inteligente de su capacidad para comunicarse con un público cada día mayor.» Publicado en noviembre de 1987, *Faith* permanecería en las listas de Estados Unidos hasta mayo de 1989, y vendería casi diez millones de copias. Permaneció en las listas del Reino Unido durante mucho más de un año.

La fiesta de lanzamiento de *Faith* ilustraba muy bien cómo se había disparado la carrera de George Michael. En los primeros días, Wham! había organizado un lanzamiento con champán por valor de 10.000 libras esterlinas; tres años más tarde, lanzaron *Faith* con una factura en bebidas por valor de 100.000 libras. Pero la lista de invitados también estaba en consonancia. Además de Elton John y Bob Geldof, la fiesta estaba poblada de celebridades como la presentadora matutina de televisión Anne Diamond, Curiosity Killed The Cat y la actriz de culebrones Anita Dobson. A finales de 1987, el periódico *Sun* dijo que Michael se había gastado seis millones de libras en regalos que incluían automóviles para sus padres, hermanas y Kathy Jeung.

Ninguna otra estrella del pop podía alcanzar a George Michael en 1988, y brevemente se convirtió en la mayor estrella del planeta. Todo comenzó con el lanzamiento de «Father Figure» en sencillo en enero, pensado para mantener en lo más alto a *Faith* en la cuesta posnavideña. El nuevo single, una balada pop íntima con tintes de coro de gospel de iglesia, continuó promoviendo su imagen adulta. El vídeo, codirigido por Andy Morahan, retrata a Michael como un musculoso taxista de Nueva York, sin afeitar, fumando mucho y vestido con un chaleco blanco, que lleva en el automóvil a un icono de la belleza femenina de los años ochenta, una mujer con unas imposibles hombreras y un abrigo blanco largo. Más tarde, aparece como modelo de pasarela y la vemos en el dormitorio con Michael; como en otros vídeos de la época, las mujeres visten medias negras y ligas, como las maniquíes de las revistas de lencería de mitades de aquella década. Mejor recibido en Estados Unidos que en el Reino Unido, «Father Figure» fue número uno durante dos semanas.

Mientras el sencillo se vendía bien, Michael recogía más premios. En el Royal Albert Hall de Londres, recibió el galardón al Mejor Varón Británico. Nominado como Mejor Artista Masculino en los Premios Americanos a la Música, consiguió un Grammy por la Mejor Interpretación a Dúo de Rhythm y Blues por su colaboración con Aretha Franklin.

Aunque no había disfrutado mucho de estar de gira con Wham! en los últimos años, Michael se dio cuenta de que, para establecer su nueva imagen entre los y las fans de todo el mundo, debía comprometerse a hacer una extensa excursión a lo ancho y largo del globo. Michael deseaba que su álbum se recibiera como algo más maduro en la promoción, y esperaba (quizá ingenuamente) captar con él a un público más adulto y poder librarse de los grilletes que suponían las muchedumbres de jovencitas gritando sin parar durante todo el espectáculo. Invitaron a MTV a filmar los ensayos de su gira. Explicó que quería mantener un elevado nivel de excitación durante todo el concierto, como ya hiciera con Wham! Tenía previsto interpretar todas las canciones de *Faith* y añadir algunas de las antiguas de Wham! por si acaso, además de «Lady Marmalade» y «Love's In Need Of Love Today», de Stevie Wonder. Como coreógrafa del espectáculo estaba Paula Abdul, de 25 años. Bien conocida como bailarina, estaba a punto de embarcarse en una carrera propia en el mundo del pop, iniciada en 1988 con el álbum titulado *Forever Your Girl.*

«Odio el proceso de viajar y que me protejan», comentó

Michael. «Es algo que se extiende durante las 24 horas. No puedes limitarte a irte a casa y olvidarte de cómo te ganas la vida. Pero estoy entusiasmado con el concierto como tal.» Si quería colocarse entre los gigantes como Michael Jackson, Prince y Madonna, sabía que tenía que pasar por ello, aunque solo fuera una vez. Comenzando en febrero en Japón, la gira se abriría camino hacia Australia, y después hacia Occidente, hasta Norteamérica y pasando por Europa. Daría 160 conciertos ante millones de fans durante el año. Ante una empresa de tamaña escala, Michael sabía que no sería capaz de mantener tanto el control como era habitual. Por lo tanto, se centró en gestionar aquello sobre lo que podía influir directamente, como por ejemplo contratar un entrenador personal y su propio cocinero.

Para calentar a la muchedumbre antes de cada espectáculo, se ponía el álbum *Control* de Janet Jackson. Cuando llegaba el momento, George Michael entraba en el escenario a oscuras. Permanecía quieto, con las piernas separadas, los puños y los ojos cerrados y la cabeza echada hacia atrás, mientras un potente foco lo iluminaba desde las alturas, dando la impresión de que estaba a punto de producirse una abducción extraterrestre. Mientras tanto, se escuchaban los primeros acordes de órgano de «Faith» antes de que, sorpresa, sorpresa, el grupo entonara «I Want Your Sex». Para Michael la gira se parecía mucho a un trabajo en desarrollo. Con frecuencia miraba las grabaciones de los conciertos junto con el grupo para ver qué mejoras y ajustes podían realizar. En Europa cantó una introducción larga, semi *a cappella* de «Everything She Wants»; encajó perfectamente con el material de *Faith*, incluso aunque la versión en directo corriera el riesgo de verse perjudicada por unos exagerados tambores a lo bongo y con tintes de música disco.

Por primera vez, George Michael, como luego admitiría, se estaba comportando como una diva. Tenía un séquito allá donde iba, y sus viejos amigos apenas conseguían encontrar un rato para charlar con él después de los conciertos. Además, montaba más pataletas de lo habitual. Andros Georgiou y David Austin volaron a su encuentro en diversas ocasiones para darle apoyo moral, pero incluso ellos tuvieron conflictos con los encargados de darles acceso a su amigo. Kathy Jeung viajó con él en la gira, aunque algunos informes hablaban de que habían tenido habitaciones separadas.

«Cuanta más gente trabaja para ti, más gente tienes en tu vida que no puede ser honrada contigo, y eso es lo que más me molesta de las giras», dijo Michael. «Eres responsable de los sueldos de tantas personas. Digamos que yo prefiero estar en compañía de personas independientes. La gente me tiene terror. No sé por qué. Pocas veces despido a nadie. Para eso, tienen que hacer algo que realmente suponga sacar los pies del tiesto. Tal vez sea por el nivel que he alcanzado. Me muestro bastante distante incluso de los músicos, me resulta molesto acercarme a quienes no pueden ser honrados conmigo. Me gusta saber que, si hago una broma y la gente se ríe es porque es graciosa. No quiero decir que haya nadie que realmente me chupe el culo, pero es evidente, cuando lo analizas, que al final del día yo soy quien les paga el sueldo. Me asusta estar con gente a la que no puedes mandar a paseo. Mientras que la gente con la que paso el tiempo en mi vida privada me manda a paseo todo el tiempo.»

«One More Try» fue el siguiente sencillo lanzado en abril para promocionar la parte europea de la gira. Una vez más, alcanzó el primer puesto en Estados Unidos, donde se vio arrastrada por las grandes baladas de los artistas MOR, que estaban vendiendo millones. El vídeo era muy adecuado para MTV: George aparece cabizbajo en una vieja casa polvorienta en la que una vidriera iluminada desde atrás nos muestra su silueta que pasea entre sillas cubiertas de polvo y se retuerce contra la pared y grita de angustia.

Para las fechas europeas, Michael alquiló una villa en St. Tropez. Desde allí se comportó como una verdadera estrella, volando en helicóptero hasta el aeropuerto local y cogiendo un avión privado hasta las ciudades europeas donde tenía los conciertos y volviendo a «casa» cada noche en lugar de quedarse en la ciudad donde había tocado. Eso le dio una especie de base semiestable desde la que trabajar y una salida para evitar las interminables fiestas y clubes.

Andrew Ridgeley se unió a algunos de los conciertos europeos, quedándose en St. Tropez e incluso participando en el escenario del NEC en Birmingham para una interpretación de «I'm Your Man» de Wham! Al tener a Ridgeley a su lado, Michael se daba todavía más cuenta de cuán solo estaba como artista en solitario.

El 11 de junio, Michael volvió al estadio de Wembley, esta vez para tocar en el concierto de homenaje a Nelson Mandela. Al igual que con el *Live Aid*, este esfuerzo por ejercer presión sobre el Gobierno de Sudáfrica para que liberara al líder del ANC reunió a una larga lista de estrellas (Michael apareció junto a cantantes como los Bee Gees, Eurythmics, Wet Wet Wet, Bryan Adams, Peter Gabriel, Whitney Houston, Youssou N'Dour y Stevie Wonder, además de cómicos como Graham Chapman, Stephen Fry, Billy Connolly y Harry Enfield) y alcanzó una audiencia masiva mundial, con 600 millones de personas viéndolo a través de la televisión. Decidido a no mostrarse claramente político, pero también incómodo por tener que promocionar su nuevo material, Michael decidió cantar un trío de versiones, «Sexual Healing», de Marvin Gaye, «Village Ghetto Land», de Stevie Wonder, y «If I Were Your Woman», de Gladys Knight.

Como en la época de Wham!, Michael había estado luchando contra problemas de garganta durante la gira, y se tuvieron que cancelar algunos conciertos, sin duda porque tenía que pelearse por que se le oyera por encima de los constantes gritos. Había visitado a innumerables médicos de todo el mundo por su garganta, pero ninguno le había podido dar una explicación; se solían limitar a comentar que probablemente fuera «fatiga provocada por la gira». Ahora, durante su extensa estancia en Londres, visitó a un especialista londinense que encontró un quiste que le estaba creciendo en la garganta y que necesitaría cirugía para extirparlo. Se tomó la decisión de cumplir primero con sus compromisos de Earls Court y, luego, se sometería a la cirugía en Londres. Tras haberlo hecho, volvió a St. Tropez para concederse un muy merecido descanso antes de dirigirse a Norteamérica.

Cada parte de la gira solía ir precedida por un nuevo sencillo y una rueda de prensa. En verano, «Monkey» se convirtió en el quinto sencillo de *Faith* y una nueva mezcla de la canción alcanzó el primer puesto en las listas de bailables de Estados Unidos. Era la primera vez que George Michael o Wham! conseguían algo así. El vídeo era una mezcla de tomas en directo de la gira de ese momento e imágenes de estudio de Michael vestido con unos ajustados pantalones negros, una camisa blanca, tirantes y un sombrero echado para atrás sobre la cabeza, como en otra actuación más de los años ochenta.

Y respecto a las ruedas de prensa, Michael hizo bien conteniendo su desdén. Habitualmente, en ese tipo de eventos, los periodistas preguntaban las mismas cosas de siempre o lanzaban salvajes especulaciones, y esta vez no fue ninguna excepción. Corrían rumores sobre la salud de Michael: se mencionó el sida, al igual que ocurriría con Michael Stipe unos años más tarde. Parecía que, cuando cualquier cantante de sexualidad «cuestionable» se ponía enfermo o quería alejarse un poco de la vida pública, la prensa, principalmente homófoba, de finales de los años ochenta y principios de los noventa llegaba de inmediato a la conclusión de que la causa era el sida.

Para cuando Michael se embarcó en la parte norteamericana de su gira en otoño, ya se habían vendido solo en Estados Unidos unos seis millones de copias de *Faith*. Esa parte de la gira fue una verdadera prueba para su garganta (estaba previsto que interpretara en una agotadora serie de más de 40 noches consecutivas). Pero sus cuerdas vocales pasaron la prueba con honores. Fue una gran noticia en Estados Unidos, y gente como Madonna, Janet Jackson, Rob Lowe, Demi Moore y Whitney Houston asistieron a sus conciertos. También se vio agradablemente sorprendido porque aunque tenía un séquito gigantesco y ruidoso de mujeres, tanto el álbum como las entradas a los conciertos se estaban vendiendo a un abanico totalmente nuevo de fans: fans del soul, fans del rock y fans del pop.

En septiembre, el vídeo de «Father Figure» recibió el galardón a la Mejor Dirección (compartida entre Michael y Andy Morahan) en los Premios a los Vídeos Musicales de MTV y fue nominado tanto a Mejor Dirección Artística como a Mejor Cinematografía. Después de más conciertos, la gira más larga de toda la carrera de Michael terminó en Florida en Halloween. «Esperaba encontrarme con un público totalmente diferente en esta gira», comentó Michael una vez se hubo disipado la polvareda. «Esperaba muchos menos gritos y, en realidad, no conseguí lo que quería, por lo que tal vez esté intentando compensarlo siendo más provocativo. Pero no me sorprende. Si yo fuera un tipo que estuviera viendo el concierto, me parecería gracioso. Si estuviera viendo a alguien que se mostrara así de engreído en el escenario, me parecería divertido. Es lo que hace que Mick Jagger se pueda ver, y lo mismo ocurre con Prince. No espero que los críticos separen a ese intérprete de mi persona porque no lo hacen, solo piensan, menudo cabroncete creído. Pero a mí me resulta difícil pensar en las repercusiones cuando está claro que el público está disfrutando tanto con ello. Realmente, creo que es gracioso cuando, al final del concierto, en un gesto patéticamente inocuo, doy la espalda al público y me quito la cazadora muy, muy lentamente y el lugar se viene abajo. Es tan gracioso. Realmente muy gracioso.»

El último lanzamiento de aquel ajetreado año fue el relajado jazz de «Kissing A Fool». El vídeo en blanco y negro, ambientado en un bar clandestino estilo años treinta, con micrófonos de la época y todo, y con una banda sentada sobre banquetas y diseminada entre montones de cajas rotas capturaba perfectamente el ambiente de la canción. Los críticos, más acostumbrados a las tendencias pop y soul de George no sabían realmente si había elegido bien. En realidad, es un final perfectamente bueno, aunque callado, para completar el ciclo de *Faith.*

Siguieron lloviendo aclamaciones a principios del último año de los ochenta. George Michael había comenzado la década cantando sobre cobrar el paro y se había convertido en la mayor estrella del planeta. El último lote de premios incluyó algunos de los más importantes y controvertidos hasta la fecha. *Faith* obtuvo los de Álbum del Año en los Grammys y Éxito Internacional del Año en los Premios Ivor Novello, donde Michael también ganó el premio al Compositor de Canciones del Año una vez más. En septiembre, Madonna le hizo entrega del Premio Video Vanguard durante los Premios de los Vídeos Musicales de MTV. Pero en la 16.ª edición de los Premios Anuales de la Música Americana, en Los Ángeles, él, o el comité de selección, provocaron una controversia bastante importante. Michael recibió el premio al Artista Masculino Favorito de Pop/Rock, que se solía reservar a artistas blancos, aunque también se llevó los correspondientes a Artista Favorito de Soul/Rhythm and Blues y al Álbum Favorito de Soul/Rhythm and Blues, que se suelen entregar a cantantes de color. La comunidad negra se puso furiosa. El realizador de cine Spike Lee y los raperos Public Enemy comenzaron a poner el grito en el cielo diciendo que los artistas negros, siempre ignorados por los premios más generalistas, estaban viéndose ignorados ahora en su propio «género». En lo referente a George Michael, se sintió feliz de haberlo ganado. Él no había pedido los premios ni tenía nada que decir a la hora de recibirlos. Simplemente le cayeron sobre el regazo.

Mientras las discusiones se extendían a su alrededor, él se mantuvo discreto, dedicando tiempo a mirar hacia atrás y analizar esa fantástica década. Como artista en solitario lo había arriesgado todo al retar a dos de los grandes, Madonna y Michael Jackson, las dos mayores estrellas entre los solistas del mundo. Durante los años ochenta, Jackson había ganado un récord de nueve sencillos número uno en Estados Unidos y Madonna siete; Michael se encontraba entre los dos, con un

impresionante ocho. Admitiendo más tarde que no había sido capaz de controlar su ego y que realmente había intentado superar a quienes estaban en la cima, se dio cuenta, en retrospectiva, de que probablemente no habría sido más feliz si lo hubiera conseguido. Al madurar, decidió que la felicidad le vendría a través de su vida privada, y no de la profesional. Ese fue el verdadero punto de inflexión.

Durante 1989 plantó más raíces comprando una segunda casa en Santa Bárbara por un total de tres millones de dólares. La casa era una propiedad diseñada por un arquitecto para que tuviera 16 muros de cristal, los cuales permitían unas vistas panorámicas que se extendían mucho más allá de los cinco acres con que contaba. Construida en 1985, la casa se elevaba sobre una serie de hexágonos inspirados en los diseños de Frank Lloyd Wright. Michael realizó varios cambios, que incluyeron un nuevo balcón desde el que podía ver las puestas de sol.

«Debo admitir que cada vez voy menos allí», le contó a la

revista *Q*. «De vez en cuando debo ir a más o menos los mismos lugares donde sé que dispondré de un poco de espacio en el que respirar. Pero también creo que quien pueda sobrevivir a Wham! y a la excepcional exposición a la que estuvimos sujetos entre 1984 y 1985 y mantener una vida social, seguir saliendo y emborrachándose del todo, es que las cosas le van bien. Pero no me merece la pena estar en una sala llena de gente y ver que, al final de la noche, siempre hay cinco o seis que se muestran muy agresivos hacia mí. Prefiero ser agradable y decir las cosas bien a la gente. Cuando estoy de gira no tengo ninguna protección, por lo que soy bastante maleducado con los demás y todos me acaban odiando. O soy educado y malgasto las noches respondiendo a las mismas preguntas una y otra vez. Así que tiendo a emborracharme e intento divertirme. Aunque se está volviendo cada vez más difícil, creo que, comparado con mucha gente, yo sigo saliendo bastante solo.»

Tras haber comenzado a dar marcha atrás y a ir más despacio, a la edad de tan solo 26 años, George Michael decidió escribir una autobiografía. En *George Michael desnudo*, escrita con la ayuda del autor y periodista Tony Parsons, habló de manera abierta acerca de su infancia, de Wham! y de su incipiente carrera como solista. Pero no reveló su mayor secreto. En la página 222 de *George Michael desnudo*, Andros Georgiou habla de las ofertas que ha rechazado por contar la «historia interna» de su primo. Pero, años más tarde, Andros cambió de idea y decidió que se dejaría entrevistar para un documental en Channel 5. Recordaba que, después de que terminara la gira de *Faith*, Michael le había invitado a una comida. Tal vez con un poco de exageración, dijo que George se había bebido tres botellas de vino antes de encontrar el suficiente coraje para confesarle que era homosexual. Andros se quedó atónito, y todavía más cuando George le dijo que se había estado acostando con uno de los amigos de Andros. El mayor *sex symbol* heterosexual era gay.

Comprender su propia sexualidad y la adulación a que había estado sujeto durante la gira de *Faith* le habían hecho comprender a Michael que los problemas a que se había enfrentado al final de Wham! no se habían resuelto por hacer una carrera en solitario. Necesitaba dejar de ser una estrella durante un tiempo y buscar un camino diferente para promocionar su música y, sobre todo, decidir qué quería en su vida privada.

«Si no conociera a las mujeres, no tendría el público que tengo», comentó. «La gente no quiere oírlo, pero es la verdad. Pasé la primera parte de mi vida de adulto sin enamorarme, acostándome con todos, acostándome con hombres, acostándome con mujeres, creyendo que era bisexual. No tenía pruebas de nada más profundo. Pasé la mayor parte de mi vida profesional escuchando cuál era mi sexualidad, lo que era bastante agradable, porque yo no lo sabía. Podía haber seguido así por tiempo indefinido de haber continuado trabajando y utilizando la admiración del público como sustituto de lo verdadero.»

Pero la cultura norteamericana, probablemente, se esforzaría en comprender por qué alguien puede decidir no acumular más y más adulación. Michael estaba condenado a sufrir un revés. Tal y como dijo durante su evaluación de la época de *Faith*: «[Pensaba] Oh, Dios mío, soy una estrella enorme y me considero un fraude. ¿Qué voy a hacer? Esto no va a acabar bien».

7

Retirada (1990-1994)

re-ti-ra-da

1. el acto o proceso de retirarse, como en:
   a. un repliegue;
   b. un repliegue de fuerzas militares ante un ataque enemigo o tras una derrota;
   c. un alejamiento, por ejemplo, de una implicación social o emocional;
   d. alejar algo que ha sido depositado allí de un lugar o posición;
   e. interrupción del uso de una sustancia.

«Me encanta Inglaterra. En términos fiscales, es muy cara, pero realmente no me importa un pimiento. De todas formas, tengo tanto dinero que no sé qué hacer con él. No puedo fingir que necesite aún más o que deba defender lo que pago en impuestos. Siempre los he pagado todos. En la época de Wham!, la gente decía que debía pasar un año fuera del país, pero no entiendo por qué tener dinero si no estás donde quieres estar. Hace que el mundo se convierta en una prisión abierta. Porque, de todas formas, ¿para qué es el dinero?»

GEORGE MICHAEL

«Llegará un momento en el que lo que yo haga no será lo que quiera el público. Espero verlo venir. Creo que habrá un punto en el que ya no podré hacer nada al nivel de lo que ya haya hecho antes. Le ocurre a casi cada artista y mi manera de enfrentarme a ello es esperar que, como comencé tan joven, cuando llegue el momento, tenga otras vías que seguir. Quiero que me ocurra con gracia, porque veo a tanta gente caer…, y eso es algo aterrador para alguien que se encuentra en mi posición.»

GEORGE MICHAEL

La nueva década traería gigantescos cambios a la industria de la música: el grunge y el britpop dominarían las ondas; todo el mundo se haría con un ordenador en casa y comenzaría a bajarse música; y los glorificados programas a la búsqueda de nuevos talentos, como «Pop Idol», pronto transformarían la escena del pop.

Tras haberse trasladado a Los Ángeles, Andrew Ridgeley realizó un sorprendente retorno en 1990. No debería haber sorprendido. George Michael lo había mencionado en una entrevista casi dos años antes. Pero el dinero proveniente de Wham! le había resuelto la vida a Ridgeley, por lo que no era algo que tuviera que hacer. Y el hecho de que no hubiese participado en la composición de ninguna canción durante casi diez años hizo que su «retorno» planteara todavía más dudas. No es que el álbum, *Son of Albert,* fuese a recibir muchas oportunidades de la prensa musical. Habían decidido hacía mucho tiempo que Ridgeley era un «aprovechado sin talento» y no estaban dispuestos a cambiar de opinión, independientemente de lo bueno que fuera su disco.

Ridgeley había coescrito ocho de las diez canciones (sus colaboradores incluían a David Austin y Hugh Burns) y había coproducido el disco con Gary Bromham. El primer tema, «Red Dress», incluía muestras de carreras de coches y pesadas guitarras; a quien no supiera quién era el artista le habría sonado a Bon Jovi o Aerosmith. Ridgeley cantaba con un estilo claramente norteamericano, aunque no con acento americano y, según se avanzaba en el álbum, quedaba claro que era un disco de «hair-metal» sin el «hair». Ridgeley se quedaba un poco atrás en las listas. Se lanzó «Shake» como sencillo pero no consiguió meterse entre los 50 principales, mientras que *Son of Albert* solo llegó al número 130 después de hundirse sin dejar huella. Era una lástima, porque estaba claro que había un público para ese tipo de música; una música competente, aunque no tal vez del todo original. No obstante, era poco probable que se pudiera pillar a los fans de Whitesnake comprando un disco de un antiguo miembro de Wham!

Mientras tanto, en el otro lado de la balanza, la revista *Forbes* nombró a George Michael el profesional de mayores ingresos en la industria del «entretenimiento», por delante de Michael Jackson y Mike Tyson. «El dinero te da mucha confianza», admitió Michael. «Sé que nadie me podrá quitar la alfombra de debajo de los pies. Valgo mucho dinero y sé que me lo puedo gastar hoy en lo que quiera sin que eso afecte a mi bolsillo mañana. Eso es disponer de una increíble libertad. ¡El dinero es un problema tan grande en las vidas de la mayoría de la gente! Sin embargo, es un problema que yo he tenido la suerte de poder evitar. Mi única extravagancia son los automóviles. Gasto mucho dinero en ellos porque son como juguetes para mí. Y compro ropa a precios que no habría ni soñado pagar hace unos años.»

Michael pasó más tiempo en Santa Bárbara y en diversos centros vacacionales en Estados Unidos antes de volver a Inglaterra y a los confines familiares de los estudios Sarm West de Londres. Las nuevas canciones en las que estaba trabajando indicaban que su próximo álbum iba a cambiar de dirección. Durante el tranquilo período entre junio de 1989 y junio de 1990, completó *Listen Without Prejudice Vol. 1*, una colección de diez canciones que le alejó un paso más de Wham! e incluso de los momentos más pop de *Faith*. Encerrado con el ingeniero Chris Porter, Michael había grabado la mayoría de las pistas él mismo, interpretando el bajo, los teclados, la guitarra y la percusión, aunque sí que hubo breves apariciones de los ya habituales, como Deon Estus. Se trataba de verdadera música de adultos. Para George fue un álbum intensamente personal, más cercano al tipo de música que siempre había querido hacer.

Pero a su discográfica no le gustaba la dirección que estaba tomando. George Michael se iba a encontrar con problemas en el futuro con Sony/CBS. Los miembros más antiguos de la compañía estaban siendo sustituidos por savia nueva, y por eso estaba desapareciendo la gente con la que Michael había estado trabajando durante años, a quienes conocía y en quienes confiaba. Esa purga, combinada con su deseo de cambiar la forma en la que se le retrataba en los medios de comunicación, le marcaron el camino hacia una colisión con la empresa.

Tras *Faith* y el furor que lo acompañaron en 1987-88, quería alejarse de los papeles promocionales. Esperaba que el álbum se vendiera bien (como ocurriría con cualquier cosa que él lanzara) sin que tuviera que entregarse a cada periódico y revista para adolescentes. «Creo que si me alejo de la promoción y el marketing de George Michael, con todos esos vídeos y grandes giras y entrevistas, tendré todas las probabilidades de sobrevivir como músico de éxito y ser humano equilibrado», comentó. «He alcanzado todas mis metas y he hecho casi todo lo que podía, y ese es mi objetivo actual. Espero que el público lo comprenda. No quiero que la gente se enfade ni sentir que Madonna está atrapada por cómo se han visto atrapados los Jackson. Y esa era mi siguiente opción. Hay un punto del que no se puede dar marcha atrás y creo que me he quedado a cierta distancia de él. Sé que soy afortunado porque sigo viviendo la vida que quiero vivir. Hago lo que quiero. Sigo viajando. Estoy bastante seguro de que Madonna no recuerda la última vez que viajó de un país a otro sola. Está claro que no se trata de una vida ordinaria. Pero hago cosas normales y sé que, con el tiempo, podré hacer cada vez más cosas ordinarias. Si no me encargo de tanta promoción, si no empujo, las cosas se vuelven más sencillas.»

Cuando los «jefes» de Sony escucharon las cintas de *Listen Without Prejudice Vol. 1*, se quedaron atónitos y decepcionados. Estaba claro que esperaban *Faith Vol. 2*. Uno de ellos llegó incluso a bromear diciendo que se trataba del *Nebraska* de George Michael. (*Nebraska*, lanzado en 1982, había sido el disco acústico de Bruce Springsteen. El boss había decidido que las versiones de las maquetas de las canciones que había escrito para el álbum eran más poderosas que las versiones del grupo que intentaban grabar, por lo que las utilizó en un álbum. A los críticos les encantó, pero se vendió mal porque, para sus seguidores, se alejaba demasiado de lo que solía producir.)

Además, no quería ir de gira ni se mostraba entusiasmado por rodar vídeos para ninguno de los sencillos que se pudieran publicar. «Debía alejarme de [ir de gira por] América y decir adiós a la mayor parte de mi carrera», comentó. «Sabía que, de otro modo, mis demonios sacarían lo mejor de mí.» Michael quería que la gente escuchara la música de ese álbum sin tener una imagen con la que prejuzgarlo.

«Me he dado cuenta de que ahora respeto mucho más mi propia música que en el pasado», explicó. «De hecho, creo en lo que hago en la actualidad como músico, independientemente de las imágenes. Y he llegado a un punto en el que sé que crear imágenes me hace infeliz.» Recalcó que su propósito al alejarse del punto de mira del público no era crear una especie de misticismo a su alrededor, aunque avisó: «Quiero que la gente sepa que en el futuro cercano, a no ser que haya algo realmente importante que decir, cosa que dudo, voy más o menos a desaparecer. Me he creado una plataforma desde la que puedo hacer música y eso es todo. No es que de pronto haya dicho, oh, soy un músico tan sensato y me tomo tan en serio que la gente solo debería escuchar mi música. Se trata únicamente de que la música tiene la suficiente fuerza como para mantenerse sola y mi prioridad actual es seguir siendo feliz».

Su decisión de mantenerse alejado provocó comentarios desde los foros más extraños. Frank Sinatra se sintió impulsado a escribir una carta a *Los Angeles Times* sobre el asunto:

> Cuando he visto hoy la portada de su calendario sobre George Michael, «la estrella a regañadientes», mi primera reacción ha sido que debería dar las gracias a Dios cada mañana cuando se despierta por tener todo lo que tiene. Y eso haría que fuésemos dos agradeciéndole a Dios cada mañana todo lo que tenemos. No comprendo a un tipo que vive «con la esperanza de reducir la tensión de ser una celebridad». Aquí tenemos a un chaval que «quería ser una estrella del pop desde que tenía unos siete años». Y, ahora que es un grandísimo intérprete y compositor a la edad de veintisiete años, quiere dejar de hacer aquello por lo que docenas de jóvenes con talento en todo el mundo matarían a su abuela (o por una milésima parte de lo que se está quejando). Venga ya, George, relájate. Disfruta, hombre. Quítales el polvo a esas alas de telaraña que tienes y échate a volar hasta la luna que elijas, y, además, estate agradecido por tener que llevar el equipaje que todos hemos tenido que llevar desde aquellas tristes noches en las que había que dormir en autobuses y ayudar a los conductores a descargar los instrumentos. Y deja ya de hablar de la «tragedia de la fama».

> La tragedia de la fama es cuando no aparece nadie y tú estás cantando para la señora de la limpieza de algún antro vacío que no tiene un cliente de pago desde la época de Matusalén. Y tú ni siquiera te acercas a eso; eres quien está en la cima de todos los peldaños de la escalera llamada estrellato que, en latín, significa «gracias a los fans» que estaban allí cuando yo me sentía solo. No se debe malgastar el talento. Quienes lo tienen (y tú obviamente eres uno de ellos, o la cubierta del calendario de hoy tal vez hubiese hablado sobre Rudy Vallee) deben abrazarlo, acogerlo, nutrirlo y compartirlo a fin de que no les sea retirado con la misma velocidad con que se les concedió. Créeme. Yo lo he vivido.
>
> FRANK SINATRA

Michael concedió una entrevista a «South Bank Show», el documental cultural de ITV que hacía tantos años que estaba en antena y que se solía retransmitir los domingos por la noche. El presentador del programa, el novelista y peso pesado de los intelectuales, Melvyn Bragg, habló con el artista acerca de una amplia gama de temas durante aquel especial de una hora. Junto con Michael Parkinson, Bragg iba a convertirse en el entrevistador televisivo en quien más confiara Michael.

Sin ninguna otra entrevista planificada, había llegado el momento de dejar que la música hablara por sí misma. «Praying For Time», elegida como primer sencillo del álbum, alcanzó los 10 principales en el Reino Unido y otro primer puesto en Estados Unidos. El single, que también era el primer tema del disco, demostraba que Michael había estado escuchando las primeras grabaciones de John Lennon como solista. Los efectos vocales, el suave rasgueado acústico y las grandes ideas se remontaban a principios de los años setenta, lo que no era malo. La letra trataba de la gente que pasaba hambre mientras los ricos se cubrían los ojos para no ver los problemas del mundo. Dado su historial favorable como contribuyente a distintas instituciones benéficas, era un millonario que se podía casi permitir cantar esas líneas.

El álbum salió poco después y también produjo innumerables sencillos, a pesar de la limitada promoción por parte tanto de Michael como de su compañía discográfica. Con su sencillo arreglo de piano, la versión de la canción de 1974 de Stevie Wonder, «They Won't Go When I Go», sonaba como si Michael hubiese estado cantando en una iglesia de Menfis cualquier domingo por la mañana, en particular con las armonías del impresionante coro acompañante. También había sido una grabación en directo. «Something To Save» era más pop de guitarras acústicas con una poderosa interpretación vocal, mientras que «Mother's Pride» parecía sugerir la postura no bélica que Michael adoptaría más adelante y que tanta publicidad generaría. El momento del lanzamiento no fue el idóneo (justo cuando se publicaba el álbum, el Ejército

iraquí de Saddam Hussein invadió las fronteras de Kuwait provocando lo que se convertiría en la primera guerra del Golfo. La resoplante «Soul Free» sonaba un poco demasiado indulgente, pero la última, «Waiting (Reprise)», terminaba el álbum de manera perfecta. Suave, pero profundamente autobiográfica, esa última canción hablaba de su carrera hasta la fecha, de los problemas a los que se había enfrentado y de por qué quería cambiar de dirección. En esencia se trataba de una hoja de ruta desde Wham! hasta el final de ese álbum: «¿Es demasiado tarde para volver a intentarlo? Heme aquí».

«Con otros discos he acabado agotado y, al final, contento de que se hubiesen terminado. Con este, me sentía como que podía seguir y seguir», explicó. «Era un álbum un poco más maduro, aunque no había sentido que *Faith* fuera un álbum muy joven. Tenía la sensación de que *Faith* capturaba un terreno intermedio. Y también recordaba que la mayoría de la gente que había comprado *Faith* tendría tres años más. No creo que el mercado al que me dirigía fuera especialmente diferente. Creo que el mercado que había logrado atraer con *Faith,* en Estados Unidos tal vez más que en otros territorios, se sentía identificado en gran medida con el valor visual. Pero, en términos musicales, no creo que hubiese grandes disparidades entre los dos discos.»

A pesar de las reservas iniciales de Sony sobre el disco, a los críticos de ambos lados del Atlántico les encantó. Según su revisión de cinco estrellas, Matt Snow escribió en la revista *Q* que «George Michael se encuentra completamente cómodo en el estudio, detallando las canciones con unas pinceladas finas que no distraen del cuadro general. ¿LP pop del año? Probablemente. Que venga ahora el Vol. 2». James Hunter, de *Rolling Stone,* centró su crítica en el cambio de Michael hacia una postura más adulta:

> La mayor parte del disco triunfa en sus esfuerzos por establecer la seriedad de Michael y alejarlo de la caricatura... Esta vez, George Michael ha comenzado a pensar que debería dar a sus fans algo más que diversión y juegos. Sin embargo, no se deben subestimar la diversión y los juegos al nivel de Michael mientras canta «Freedom 90», ya que da la casualidad de que ese tipo de estratagema provoca un sonido cautivador para millones de personas a quienes les gusta escuchar la radio. Sin embargo, en este álbum, de título ansioso, trabaja sobre la base de que solo un sonido de gran calidad puede ser el punto desde el que partir para lo lejos que puede llegar la música pop.

Las críticas como estas ayudaron a impulsar al álbum hasta la cima de las listas en el Reino Unido, a pesar de que se enfrentaba al nuevo esfuerzo de Prince, *Music From Graffiti Bridge.* El álbum llegó con una cubierta que mostraba una playa demencialmente poblada de gente y nada más. George Michael no estaba en la foto. No había un título para el disco. No había ningún indicio sobre quién era el autor. Nada.

Para los aficionados que no hubiesen estado prestando atención al creciente abismo con Sony, el siguiente sencillo, «Freedom 90», con su vídeo de acompañamiento, mostraba exactamente qué era lo que estaba buscando conseguir. Mientras «Freedom» de Wham! trataba sobre no querer ser liberados, «Freedom 90» era justamente lo contrario, atacando las ideas de la industria según las cuales una cara bonita y un vídeo estilo MTV era lo único que se necesitaba para tener éxito. Michael quería liberarse de su discográfica, quería libertad para grabar lo que quisiera y libertad para promocionarlo o no, según le pareciera adecuado.

El mensaje no podía haber estado más claro. El vídeo costó 300.000 libras esterlinas y Michael ni siquiera aparecía en él. En su lugar, había contratado a un puñado de supermodelos para que movieran los labios al ritmo de la canción. En una parodia del principio del vídeo de «Faith», primero se ve un reproductor de CD en primer plano y un láser que empieza a leer el disco. En la zona superior del estéreo, hay una caja del CD del álbum. La canción comienza y los modelos, tanto masculinos como femeninos, caminan por un apartamento abandonado de altos techos cantando junto a un desenfadado piano que se adelanta en un año a «Loaded», de Primal Scream. A lo largo de toda la película, los mensajes son incluso más obvios: una gramola Wurlitzer que explota y la famosa cazadora de cuero de los boy scouts, colgada de un perchero, que de pronto estalla en llamas.

Los modelos utilizados para ilustrar la idea (y que incluyen a Cindy Crawford, Linda Evangelista, Naomi Campbell, Christy Turlington y Tatjana Patitz) se convirtieron en las estrellas del clip, que recibió montones de minutos de emisión en las ondas de MTV. «Realmente, disfruté haciendo la película con George», comentó Cindy Crawford. «No poso desnuda a menudo, pero no me importó hacerlo para este vídeo, porque George casi lo convirtió en una obra de arte.» En septiembre de 1991, la decisión adoptada por George de utilizar modelos en el vídeo quedó justificada cuando fue nominado en cinco de las categorías de los Premios a los Vídeos Musicales de MTV.

Los calendarios para los lanzamientos en el Reino Unido y Estados Unidos se solapaban, por lo que, cuando se publicaba «Freedom 90» en uno de los territorios, en el otro se publicaba «Waiting for the Day», y viceversa. Este último, un tema tierno y tranquilo, terminaba perdiendo intensidad mientras Michael citaba a los Rolling Stones: «You Can't Always Get What You Want»; lo que les valió a Jagger/Richards incluir sus nombres en los créditos de autor. Michael había comentado el proceso de creación de este tema con Melvyn Bragg de «South Bank Show», diciéndole al entrevistador que había tomado una muestra de «Funky Drummer» de James Brown, había ralentizado su ritmo y luego le había puesto una capa de guitarras acústicas por encima.

Michael terminó el año como hombre número 128 en las listas de los más ricos en el Reino Unido, según la «lista de ricos» de *The Sunday Times*, con una fortuna que se calculaba en 65 millones de libras esterlinas. Entre los músicos, solo Paul McCartney, Elton John y Mick Jagger se situaban por encima. Pero no eran sus verdaderos competidores y Michael estaba intentando descubrir con quién se debía comparar. «Ahora tengo la sensación de estar creciendo de verdad», explicó. «Aunque estoy muy orgulloso de este disco y siento que me representa, estoy completamente convencido de que el siguiente será mucho mejor. Ahora sí que he aprendido a relajarme cuando hago música. Ya no estoy presionado. No debo preocuparme por llegar al número uno, y me puedo concentrar y disfrutar de la música. En este momento no estoy compitiendo con nadie porque tengo otros objetivos. En cierto sentido, me gustaría que hubiese alguien en el mismo nivel en el que estoy yo ahora y así contar con quién practicar. Pero no me siento realmente amenazado por nadie. En la primera parte de mi carrera lo estaba por todos los demás grupos grandes del pop como los Frankies y Duran, y, en el último período, por Madonna, Jackson y Prince. Ahora que he completado la transición en mi mente y me he alejado de ese territorio, no sé con quién puedo competir.»

A principios de 1991, amenazaba una guerra en el horizonte de Oriente Medio y, el 17 de enero, comenzó la operación Tormenta del Desierto. Cien horas más tarde, los iraquíes se rindieron y se limpió Kuwait de su presencia, aunque se permitió a Saddam Hussein permanecer en el poder, sembrando así la semilla para un futuro conflicto, una década más tarde. George Michael se negó directamente a hacer una gira con las canciones de su nuevo álbum; por el contrario, y casi para dar en las narices a Sony por ello, decidió organizar la gira *Cover to Cover*, en la que solo cantaría versiones. Explicó que le atraía la idea de rendir homenaje a los compositores de canciones, añadiendo que «como cantante, debería ser un verdadero motivo de alegría para mí, y tocar en directo nunca lo ha sido. No disfruto especialmente cantando mis propias canciones». Su selección de versiones era bastante diversa, con canciones viejas de los Doobie Brothers y Gladys Knight compartiendo escenario con Seal y David Bowie. Y, a veces, se alejaba del guion y se dejaba caer con «Careless Whisper», «Freedom» y «Everything She Wants» a la par que permitía que sonaran «Mother's Pride» o «Freedom 90», del nuevo álbum, en los bises del final.

A mitad de aquella época voló a Sudamérica para el gigantesco festival *Rock in Rio*. Era la segunda edición, habiéndose celebrado la primera en 1985 con Queen y AC/DC. Otros actos de 1991 en el estadio Maracaná fueron Guns N'Roses, Happy Mondays, INSX y Santana. Diversos grupos se turnaron por alcanzar los titulares a lo largo de los nueve días. A-Ha se introdujo en el *Libro Guinness de los records* cuando 195.000 personas se juntaron la noche en la que ellos tocaban. La segunda noche, y ante una muchedumbre de 170.000 personas, la segunda mayor ante la que había tocado Michael en toda su carrera, Andrew Ridgeley apareció como artista invitado.

Sin embargo, el acontecimiento más devastador del viaje estaba todavía por ocurrir. Michael presentaba su nuevo corte de pelo a lo militar, junto con una perilla y un chaleco de cuero. El brasileño Anselmo Feleppa, diseñador en la fábrica de ropa de su padre, tenía entradas de primera fila para cada uno de los conciertos, y consiguió llamar la atención de Michael, desconcentrando al artista hasta tal punto que, como comentó más tarde, se pasó la mayor parte del concierto en el otro extremo del escenario. Después del espectáculo, Feleppa se las ingenió para que le presentaran a Michael durante una fiesta en una isla privada. Conocer a Feleppa, confesó Michael, cambió su vida.

Durante los siguientes seis meses, según explicó Michael, se sintió mejor que en toda su vida. Feleppa pronto fue presentado a todos los amigos de Michael, pero no a sus familiares más cercanos. Michael dijo que Feleppa «le rompió las cadenas victorianas y le enseñó a vivir, a relajarse y a disfrutar de la vida realmente». El cantante se había estado acostando con hombres durante años, pero esa iba a ser su primera relación duradera. La pareja se enamoró y Michael supo que estaba siguiendo una dirección de la que no había marcha atrás. «Es muy difícil sentirte orgulloso de tu propia sexualidad cuando no te ha aportado ninguna alegría. Pero, una vez se relaciona con la felicidad y el amor es fácil enorgullecerse de ser quién se es.»

Sin ninguna gira que promocionar, Sony siguió publicitando el álbum sacando cuantos sencillos podía. «Heal The

Pain», «Cowboys And Angels» y «Soul Free» fueron todos extracciones del disco («Soul Free» solo se publicó en Australia), y ninguno alcanzó los 20 principales. «Cowboys And Angels» fue probablemente demasiado largo (más de siete minutos) para poder producir un gran impacto en las listas.

Al volver de Brasil, Michael retomó sus compromisos de *Cover to Cover*. Una vez se terminaron los conciertos, la CBS quiso que siguiera viajando por Estados Unidos para promocionar *Listen Without Prejudice Vol. 1*, a lo que se volvió a negar. Esta vez se marchó a pasar un tiempo con Feleppa en un yate privado junto a la costa brasileña. Después, la pareja viajó a la casa de George en Santa Bárbara, ya que el cantante debía ser el padrino de la boda de su primo Andros en Los Ángeles.

«Al buscar el estrellato, he malgastado mucho tiempo», había dicho Michael a *The Times* en 1990. «No creo que me diera cuenta del poco sentido que tenía buscar el circuito de los célebres hasta que llegué lo más lejos que podía. En los años ochenta, no se tenía mucho más que hacer que seguir repitiendo lo que ya se había hecho antes, siempre y cuando tú y tu juventud os mantuvierais y no defraudarais a nadie por cuestión de edad; así, uno no se debía preocupar de mucho más que eso. Yo solo quería la atención de miles de mujeres, supongo. Era un niño muy inseguro. La mayoría de las grandes estrellas están movidas por esas inseguridades. Yo no era tan atractivo, y tenía la sensación de que, si conseguía convertirme en estrella del pop, subsanaría mis deficiencias. Lo que ocurrió fue que, en algún punto del camino, me di cuenta de que podía hacer mucho más que eso (podía llevarme hasta un nivel en el que resultaba casi intocable, un nivel, supongo, que es en el que me encuentro ahora).» Durante el verano, Michael permaneció en Estados Unidos y preparó maquetas con algo de material para un posible *Listen Without Prejudice Vol. 2* que acabó siendo olvidado. En su lugar, se centró en el proyecto benéfico *Red Hot & Dance*.

Tras tan solo cinco meses de relación, Anselmo Feleppa se enfrentó a Michael con unas noticias en potencia devastadoras. Fue una aterradora espera y el resultado no fue bueno. El brasileño estaba infectado por el VIH, y tal vez Michael lo estuviera también. Feleppa insistió en que le trataran en Brasil y Michael pasó un tiempo en el Reino Unido.

Entonces, el 24 de noviembre, el mundo se quedó atónito cuando Freddie Mercury, de Queen, murió en su domicilio de Holland Park, en Londres, según fuentes oficiales, debido a unas complicaciones relacionadas con una neumonía debida al sida. Todo el país le lloró, y no solo los millones de fans de Queen. El grupo publicó una declaración oficial:

> Hemos perdido al mayor y más querido de los miembros de nuestra familia. Sentimos una pena sobrecogedora porque ha desaparecido, tristeza porque ha caído estando en la cima de su creatividad, pero, sobre todo, un enorme orgullo por la forma valiente en la que vivió y murió. Ha sido un privilegio para nosotros haber compartido estos años mágicos. En cuanto podamos nos gustaría celebrar su vida al estilo al que él estaba acostumbrado.

Tras la explosión original de los años ochenta, el sida era de nuevo noticia de primera plana. Una vez se esparcieron las cenizas de Mercury en las costas del lago Ginebra, la industria de la música se lanzó a un frenesí de actos benéficos a fin de recaudar fondos para luchar contra esa enfermedad. Se organizó un *Concierto por la Vida* en el que un puñado de estrellas rindió tributo a Mercury. George Michael unió fuerzas con Elton John para grabar «Don't Let The Sun Go Down On Me», cuyos beneficios se dedicaron a caridades a favor del sida. Tras las navidades, alcanzó el número uno a ambos lados del Atlántico y produjo un montón de dinero. Michael donó unos derechos de autor que, por sí solos, superaron los 500.000 dólares. Se volvió a lanzar el clásico de

Queen «Bohemian Rhapsody» para obtener dinero para las organizaciones benéficas, y también alcanzó el primer puesto. Michael se deshizo en lágrimas mientras le entrevistaban sobre la muerte de Mercury. El entrevistador supuso que las lágrimas se debían a Mercury y, hasta cierto punto, así era (pero, en realidad, eran más por Feleppa y lo que estaba pasando).

Michael viajó a Londres para pasar la Navidad de 1991 con su familia, mientras Feleppa volvía a Brasil. Manteniendo una vez más sus miedos y sentimientos más profundos para sí mismo, Michael pasó todo el tiempo preocupado por el hombre al que amaba, el hombre cuya existencia era desconocida para su familia y que tal vez se estuviera muriendo. Ni siquiera sabía si él mismo estaba muriéndose. Aunque estaba rodeado por su familia, fue una época solitaria. Ni siquiera sus amigos más cercanos que conocían su relación con Feleppa sabían cuáles era los resultados del VIH; el brasileño le había prohibido a Michael decírselo a nadie. Su familia ni siquiera sabía que era homosexual; aunque su madre siempre lo había sospechado en secreto.

La implicación directa de George Michael con las instituciones benéficas y los acontecimientos para recaudar fondos a favor del sida provocaron aún más preguntas sobre su sexualidad. No había nadie en la prensa que supiera oficialmente lo de Anselmo, pero los periódicos y revistas estaban a la caza. Llegaban rumores de América, donde se suponía que una publicación lo había desvelado. La presión estaba creciendo hasta tal punto que Michael sintió que debía hacer una declaración pública propia: «George desea que se sepa que hay un informe que viene de América, el cual sugiere que está planteándose conceder una entrevista sobre su vida privada, que es totalmente falso y que, como ya ha ocurrido con anterioridad en el pasado, Michael no concederá entrevistas sobre el tema». Por lo menos, no por el momento.

El siguiente y más memorable tributo a Freddie Mercury tuvo lugar en el estadio de Wembley el 20 de abril de 1992. Queen tocó con varios vocalistas como sustitutos de Freddie. Centrado como estaba en una única persona en lugar de en la causa, todo el espectáculo resultó muy emotivo. George Michael ofreció una interpretación poderosa y apasionada, no solo por Mercury, sino también por sus ocultos sentimientos hacia Anselmo Feleppa. «Probablemente fuera el momento más orgulloso de mi carrera», comentó. «En mi infancia soñaba con cantar una de las canciones de Freddie ante 80.000 personas.» Fue una ironía amarga que, mientras Michael rendía tributo a su héroe de la infancia, el amor de su vida se enfrentaba al mismo dolor en secreto.

El siguiente proyecto de George Michael relacionado con el sida fue el álbum *Red Hot & Dance*. Fue una segunda parte a *Red Hot & Blue*, lanzado en 1990, en el que había artistas como U2, Iggy Pop y Erasure que interpretaban versiones de las canciones de Cole Porter. El disco estaba lleno de nuevas mezclas de temas de Madonna, Seal y Lisa Stansfield entre otros, mientras Michael donaba sus tres canciones («Too Funky», «Happy» y «Do You Really Want To Know») del álbum olvidado *Listen Without Prejudice Vol. 2*.

Lanzado como sencillo, «Too Funky» era casi demasiado funky, pero no del todo. Comenzando con una letra que decía «No estoy intentando seducirte. ¿Te gustaría que lo hiciera?», fue el tema más bailable de Michael en bastante tiempo. El tema se acerca a la música house, con versiones autorizadas durante toda su extensión y la participación de Michael con diferentes estilos vocales. El vídeo, para el que una vez más utilizó a un grupo de profesionales de la moda (esta vez incluyendo a Tyra Banks, Nadja Auermann, Estelle Halliday y Linda Evangelista), se ambientaba en un desfile de modelos en el que Michael hacía de cámara de televisión que observaba la acción desde lejos. Las supermodelos aparecían retratadas mezcladas con *drag queens* entre bastidores con quienes se intercambiaban la tarea de pasear por la pasarela con unas creaciones cada vez más extrañas y maravillosas, incluyendo melenas de plumas de león, un traje de «motera» completo con manillar y retrovisores y un disfraz de robot de metal inspirado en *Metrópolis.* El vídeo lo codirigió Michael y se rodó en París a principios de 1992. El sencillo tuvo éxito y pasó del número diez en Estados Unidos al cuatro en el Reino Unido.

Pero todo el álbum como tal fracasó. «Salió totalmente mal por motivos que creía que estaban más allá de mi control», explicó Michael. Su creciente impaciencia con Sony y su aparente falta de disposición para apoyar sus proyectos se dilucidó en un caso ante los tribunales en 1993. «Iba a darles un tema de *Listen Without Prejudice* para que lo versionaran, pero, más tarde, cuando decidí que no iba a hacer un álbum de bailables, ni siquiera medio disco, también decidí casi de inmediato que iba a meter tres de los cuatro temas que tenía en mente para *Listen Without Prejudice Volume 2* en *Red Hot & Dance.*

»Creo que fue importante, en primer lugar, como disco benéfico y, en segundo, como álbum que solo contaba con tres composiciones nuevas y grabaciones propias. Por lo tanto, en mi opinión», añadió, «debería haber tenido cierta importancia para Sony en todo el mundo, simplemente porque incluía material nuevo de uno de sus artistas».

También defendió su postura en el *Mirror.* «Las muchas personas de todo el mundo que se beneficiarán del proyecto *Red Hot & Dance* necesitan todo el apoyo que les podamos dar», comentó. «Es una vergüenza que se infravalore este hecho. Esta falta de apoyo ya quedó clara en el rechazo de *Chart Show* a poner el vídeo "Too Funky". Parece que este enfoque negativo tiene más que ver con la percepción que tiene la gente de George Michael que con cualquier otra cosa.»

Ese enfoque percibido como negativo resultaba increíble. ¿Se debía a que no había ido de gira? ¿Era porque algunos de la prensa creían que era homosexual? El propio Michael tenía la sensación de que, al alejarse del éxito, había cometido una «forma de blasfemia muy americana». «Decían: "Estás ganando cien millones de dólares, la gente te adora, ¿cómo puedes dejarlo?". Pero yo sabía que, para desarrollarme como gay adulto, lo que nunca había sido realmente, debía hacerlo así.»

Para octubre de 1992, la situación se había complicado hasta el punto en el que George Michael, simplemente, quería alejarse de su discográfica. Voló a Nueva York para reunirse con el director de la Corporación Sony, Norio Ohga. La postura legal de Michael era simple. Quería que se le liberara de su contrato de inmediato, incluso aunque todavía le quedaran un total de seis álbumes más en solitario a lo largo de los siguientes once años. Salió de la reunión confiando que le iban a dejar partir sin pelea. Cuando se negaron a actuar, Michael decidió retarles ante los tribunales.

El resto del año y el principio de 1993, lo dedicó a dos proyectos principales: preparar pruebas para el caso que se avecinaba en los juzgados y aprovechar al máximo el tiempo que le quedaba con Feleppa. Pero, como cualquier otra pareja que se enfrenta a una enfermedad terminal, lo que les quedaba nunca les podría parecer suficiente. Michael estaba convencido de que Feleppa habría recibido un mejor tratamiento en Estados Unidos o en Europa del que tenía en Brasil. Feleppa, sin embargo, insistía en ser tratado en ese país, alejado de la inquisitiva prensa. Por el bien de su familia, en particular, no quería que su enfermedad se convirtiera en un circo, algo muy probable si se le relacionaba públicamente con George Michael.

La pareja siguió siéndolo hasta el final. Feleppa, finalmente, falleció de una hemorragia cerebral el 26 de marzo de

1993. Michael seguía creyendo que podría haber vivido de haber recibido tratamiento en otro lugar, y estaba convencido de que la única razón por la que no lo hizo fue la amenaza de la intrusión de los medios. Aquello añadió más combustible al odio que Michael sentía por la prensa.

Michael no asistió al funeral, una vez más, por miedo a convertir el suceso en un circo para la prensa; aunque, al día siguiente, admitió ante sus padres que era gay. Se tomaron bien las noticias. A su padre le costó cierto tiempo hacerse a la idea, pero a su madre le preocupaba más que hubiese pasado por todo el trauma de Feleppa él solo. Poco después, visitó la tumba de su pareja con la madre de Anselmo, un episodio que, más adelante, inspiraría la canción «You Have Been Loved».

Poco después del funeral, Parlophone lanzó el EP *Five Live* que contenía las interpretaciones de Michael de «Somebody To Love» y «These Are The Days Of Our Lives» con Queen y Lisa Stansfield durante el concierto de homenaje a Freddie Mercury, así como grabaciones de «Killer», «Papa Was A Rollin' Stone» y «Calling You» realizadas durante la gira *Cover to Cover*. Una vez más, las ventas se cedieron a instituciones benéficas a favor de la lucha contra el sida. La nota de la carátula de Michael decía:

> Creo que muchas personas, y no necesariamente gente que tenga nada en contra de los homosexuales, probablemente se sientan un poco reconfortadas por el hecho de que, aunque Freddie murió de sida, era públicamente bisexual. Es una tranquilidad muy, muy peligrosa. La predicción más cauta que se hace para el año 2000 es que habrá cuarenta millones de personas en el planeta infectadas por el VIH y si creemos que todas serán homosexuales o drogadictas, estaremos muy predispuestos a formar parte de ese grupo. Así que, por favor y en memoria de Freddie y por nuestro propio bien, tengamos cuidado.

Como era su costumbre, Michael se mostró casi decidido a pasar dolor por motivos que todavía mantenía secretos. Durante la primavera aceptó conceder una serie de entrevistas para promocionar el EP *Five Live*, en las cuales expresó todo su dolor por Freddie Mercury y Anselmo. A la par que no desvelaba nada sobre sí mismo, dijo a MTV: «Me resulta profundamente entristecedor ver que la gente cree que, para trabajar en la búsqueda de una cura, tienes que estar infectado tú mismo. Si la gente me mira y piensa que soy homosexual, vale. Si me miran y piensan que soy heterosexual, vale, también. Lo importante para los jóvenes, sean homosexuales, bisexuales o heterosexuales, es que sean conscientes de que existe una amenaza real. Todos van a entrar en contacto con personas afectadas por esta enfermedad. Hay mucha gente que morirá porque creían que era algo que a ellas no les iba a ocurrir».

En junio, Michael alcanzó el hito de su treinta cumpleaños. A pesar del trauma que había vivido durante aquel año, organizó una salvaje fiesta en una gran marquesina en la pista de carreras de Newmarket. Eligió esa sede porque Jack Panos tenía un caballo que corría allí después de que Michael le regalara una costosa granja de sementales un par de años antes. La fiesta era de disfraces ambientados en los años setenta, y se recogía a los invitados en autobuses desde diferentes puntos de encuentro en Watford para evitar que la dirección se filtrara a la prensa. Fue algo extravagante, pero Michael se lo podía permitir. En 1993, la lista de «personas más ricas» de *The Sunday Times* defendía que valía 80 millones de libras esterlinas.

Después de la fiesta, Michael contó con solo tres meses antes de que debiera comenzar su caso contra Sony. Más tarde, admitió que, de no haber sido por el dolor de perder a Feleppa, tal vez no hubiese llegado tan lejos como los tribunales, pero se iba a convertir en la canalización perfecta para su dolor y resentimiento.

Ya habían comenzado los preliminares del caso y se le concedió el derecho a tener acceso a los contratos de otros artistas en la cartera de Sony. Bruce Springsteen, Michael Jackson y Billy Joel no eran más que tres de los acuerdos que se estudiaron. Toda la industria de la música observaba con algo más que un pasable interés. Si George Michael ganaba, provocaría un seísmo en todo el negocio. El elevado coste de comprar CD, en particular en el Reino Unido, era un tema de debate en la prensa, y la gente tenía muchas ganas de ver qué información salía durante los procedimientos en relación con cuánto ganaban los artistas por disco vendido.

En la víspera del caso, Sony presentó una oferta al equipo de abogados de Michael en un esfuerzo por evitar los tribunales. La oferta incluía la posibilidad de cancelar el contrato, aunque con ciertas previsiones financieras. El lado de Michael lo consideró una admisión no oficial de que Sony esperaba perder el caso; el artista, sintiéndose especialmente beligerante, decidió ir a por todas.

Las primeras salvas las disparó la prensa ya en 1992. Sony hizo una declaración en el periódico *The Independent* defendiendo que se habían comprometido clara y decididamente con el artista: «Juntos, nuestra relación con él ha resultado beneficiosa para ambos. Nuestro contrato con George es válido y legalmente vinculante. Nos entristece y sorprende la acción llevada a cabo por George. Todo contrato implica un compromiso moral además de legal, y nosotros no solo lo cumpliremos, sino que lo defenderemos con vigor». También se citaba al revisor de la música de Michael, Dick Leahy, en el mismo artículo: «Todo esto tiene que ver con el estilo de dirección», dijo. «En la antigua dirección se comprendía que sus principales artistas mundiales del pop se desarrollarían con el tiempo y cambiarían de dirección cuando lo necesitaran. Ahora se piensa a corto plazo. Lo único que tiene que hacer una discográfica es comercializar lo que les da, y él tiene la sensación de que no se está haciendo bien. Siente que Sony no comprende bien sus prioridades y que se cometieron muchos errores.»

También se citó a George Michael diciendo: «Desde que la Corporación Sony compró mi contrato, he visto a la gran empresa americana de la música, con la que con tanto orgullo firmé siendo un adolescente, convertirse en una pequeña parte de una línea de producción de las gigantescas corporaciones electrónicas. Los músicos no vienen presentados en tamaños y formas uniformes, sino que son personas que cambian y evolucionan junto con su público. Está claro que esto plantea un enorme inconveniente a Sony».

Finalmente, los procedimientos comenzaron ante el Alto Tribunal de Londres el 11 de octubre de 1993. El juez Jonathan Parker sería el encargado de dar el veredicto; Graham Pollock defendía a Sony, y Mark Cran actuaba como abogado (con rango de letrado Real) de George Michael. Cada día, el cantante se presentaba y escuchaba las cuestiones a veces técnicas debatidas por los abogados antes de que pudiera comenzar el caso como tal, con sus padres observándolo todo desde la galería pública. Mientras el juicio continuaba, Michael comenzaba y terminaba el día jugando al squash y corriendo en una cinta con el objetivo de quemar su ira y su ansiedad. Permaneció sentado en el juicio durante diecisiete días antes de que se le solicitara que se defendiera, lo que hizo durante otros tres agotadores días.

Comenzando con sus pruebas, Michael le contó al juez que quería alejarse de los focos. Le explicó los motivos que lo llevaron a dar el nombre que dio a su último álbum, por qué no había ido de gira y por qué no aparecía su fotografía en la cubierta y citó la supuesta falta de apoyo de Sony ante su cambio de imagen. Pero se negó a decir en voz alta cuánto valía, escribiéndolo en un pedazo de papel que fue entregado al juez. Se reveló que Michael había generado algo menos de cien millones de libras esterlinas para Sony. De esa deslumbrante cifra, a él se le había pagado un 7,4 por ciento y la discográfica se había hecho con el 52,5 por ciento. Sony respondió diciendo que él ya sabía que se trataba de un contrato en exclusiva y que había estado más que contento de aceptar el avance de once millones de libras que había firmado en los años ochenta.

Michael habló extensamente de su decepción por la falta de apoyo que percibía que se le había dado en la finalización de *Listen Without Prejudice Vol. 1.* «El principal motor de mi decepción con Sony Reino Unido en aquella época fue cómo gastaban el dinero, cómo apoyaban la publicidad regional del LP. Estaba atónito porque no hubiese anuncios en Londres y porque no hubiesen promocionado la cara B que yo había preparado para ayudarles en las listas con "Waiting For That Day"», le contó al juez. «Está claro que no sentía entonces que se hubiesen comprometido totalmente. Me sorprendía que esperasen antes de publicitar a su estrella con el mayor índice de ventas en Londres, que se suponía que tenía que ser una de sus principales zonas. Debo admitir que, aunque hicieron un muy buen trabajo con el álbum por el país, me sorprendió que sintieran que debían probar algunas áreas antes de invertir dinero en Londres.»

«Mi motivo para querer separarme de Sony es que no creo que una zona específica del mundo que es muy importante para mí tenga ninguna fe en mí ni ninguna motivación por explotar mi trabajo. Si hay una relación entre el artista y su empresa discográfica, debería ser recíproca. Si un artista quiere que se escuchen ciertas canciones en la radio, yo esperaría que la postura de la compañía de discos hacia el artista, especialmente después de casi diez años, fuese la de intentar apoyarlo.

»No me estoy quejando realmente. Digo que estaba satisfecho con el trabajo que habían hecho y, aunque creo que, con una publicidad más extensa, *Listen Without Prejudice* se habría vendido mejor en este país; sigo estando contento con la posición que ocupo aquí porque la música se escuchó en la radio. Me temo que debo recordar el hecho de que la promoción en la radio no tiene absolutamente nada que ver con la CBS del Reino Unido.»

Sony defendió que todo el caso era una tapadera para ocultar las dificultades de Michael para cumplir con el contrato porque estaba sufriendo un bloqueo mental creativo. Otros argumentos se centraban en el trato entre la dirección de Sony y el propio Michael. La discográfica tuvo que admitir que las relaciones se deterioraron cuando el cantante señaló que contaban con una conversación telefónica grabada en la que el presidente de la CBS, Don Ienner, se había referido a Michael como «ese cliente mariquita tuyo».

El caso se extendería hasta abril de 1994, provocando unas cuotas legales gigantescas para ambas partes. Pero el 1 de diciembre de 1993, Michael se tomó un tiempo para aparecer en el concierto del Día Mundial del sida en el Wembley Arena, a petición especial de la princesa de Gales. El *Concierto para la Esperanza,* organizado para recaudar fondos para el Fondo Nacional del Sida de la Princesa, lo presentó un David Bowie muy atildado, vestido con un traje gris, y él y Mick Hucknall tocaron como acompañantes de Michael, que apareció con un discreto y ajustado traje de tartán azul y verde con una sola fila de botones. El escenario circular se iluminó desde los cuatro rincones a la par que los gritos daban la bienvenida a las primeras notas de «Father Figure». Michael elevó el nivel de excitación un punto más con la siguiente canción, saltando por la periferia del escenario y batiendo palmas por encima de su cabeza mientras sonaban los primeros acordes de «Killer», de Seal. Cada pequeño movimiento de baile provocaba más gritos. Calmó las cosas con un par de baladas, dando las gracias a «la señora que ha hecho todo esto posible» antes de demostrar que todavía tenía lo que hacía falta para ser el hombre espectáculo por excelencia y poner a todo el público de pie para «Freedom 90».

De vuelta ante el juez, y después de que se hubiesen escuchado las conclusiones finales, el veredicto aún tardó dos meses mientras el juez deliberaba y planteaba sus motivos en un documento de 280 páginas. El 21 de junio, se volvió a convocar a las partes ante el Tribunal. Las colas comenzaron fuera del Alto Tribunal a la 7:30 de la mañana, con fans y fotógrafos peleándose por hacerse con un hueco. Cuando el juez leyó su veredicto, pronto quedó claro que Sony había prevalecido. Su decisión se basaba en dos hechos fundamentales: en primer lugar, George Michael había vuelto a negociar su contrato cuando firmó el avance de los 11 millones de libras y, en segundo lugar, siempre había contado con un asesoramiento legal completo y adecuado y había aceptado los contratos con pleno conocimiento. Michael salió del tribunal en silencio, pero, más tarde, realizó una declaración oficial para la prensa: «Estoy sorprendido y profundamente decepcionado. Significa que incluso aunque yo haya creado y pagado por mi trabajo, nunca me pertenecerá ni tendré derechos sobre él. Y tal vez lo más importante sea que no tengo el derecho a abandonar. De hecho, la posibilidad de dimitir no existe para los artistas en la industria de la música. Sin embargo, estoy convencido de que el sistema legal británico no apoyará la decisión del juez Parker ni lo que en realidad es una esclavitud profesional».

Prometió que nunca volvería a grabar con Sony y señaló que, aunque se le había deducido dinero de sus ganancias para pagar los costes de grabación, Sony seguía siendo la dueña de esas mismas grabaciones. Mientras tanto, a Sony, de alguna manera, le pareció correcto decir que esperaban con ilusión volver a trabajar con George Michael de nuevo.

Después de tomarse un tiempo para revisar sus opciones,

Michael habló con David Frost, de Carlton TV, sobre sus frustraciones con el caso. Comentó que su contrato era en esencia una expansión del primero firmado con Innervision. «No era un acuerdo perfecto porque, durante todo él, nunca firmé uno nuevo… cada uno de los acuerdos a los que he llegado, cada nueva negociación en la que he participado, bien sea con CBS o con Sony, han sido extensiones del acuerdo que firmé cuando tenía 18 años, lo que me ataba en la práctica, creo que para un total de diez álbumes. Eran cinco y otros cinco opcionales, lo que representa realmente toda mi carrera. Nunca he podido firmar un documento con un acuerdo nuevo. Toda mi vida he intentado actualizar el acuerdo que firmé cuando tenía 18 años, por lo que siempre se me ha mantenido atado a aquella parte del contrato que firmé a esa edad.» También señaló que, cuando se desveló en el tribunal que había cobrado once millones de libras esterlinas como «adelanto», en realidad se habían sacado de los derechos que ya había producido. Sony, según lo explicó, siempre operaba en la oscuridad.

«Casi siempre firman acuerdos con la gente en situaciones vulnerables, pero estaba claro que la mía lo era y mucho. Tenía 18 años, aunque hay muchos grupos que firman también así de jóvenes. Algunos firman algo más tarde pero, lo hagan cuando lo hagan, están desesperados. No hay ninguna industria que funcione sobre esa base. Si yo fuera un autor, y mi relación con mi empresa fuera la que tengo ahora mismo, lo peor que debería soportar es el hecho de que ellos tuviesen la primera opción sobre mi siguiente libro, por lo que estaríamos hablando de dos libros. Es ridículo firmar un contrato cuando tienes 18 años y que te ate durante toda tu carrera profesional. ¿Por qué, por qué, por qué aprobaría ningún tribunal una situación así? El juez parece haber considerado, en mi caso, que yo volví a negociar y aprobar este acuerdo en un momento dado, pero ¿realmente tenía otra opción? La única elección que me quedaba era seguirles el juego durante un plazo así de largo o hacer lo que acabo de hacer, lo cual ha resultado increíblemente difícil.»

Comprendía que no toda la gente de a pie sentiría lástima de él por ese argumento, ya que era tan rico, pero también quería señalar que su riqueza no evitaría que adoptara una postura con la que realmente creía que tenía razón: «Creía que era un veredicto muy extraño. El juez fue muy amable al señalar que consideraba que yo era muy sincero y franco en mis declaraciones, por lo que hice todo lo posible por mostrarme veraz. Simultáneamente, aceptó totalmente a todos los que representaron a Sony. Aceptó a todos los que comparecieron en defensa de Sony como dispuestos a contar la verdad. La verdad última es que Sony ni siquiera me necesitaba. Sony como corporación, o incluso como compañía discográfica, es tan enorme, que pueden sobrevivir con toda facilidad sin George Michael. La empresa del Reino Unido me echaría de menos, pero la global no, porque tiene tantos artistas importantes... Lo que pretendieron hacer en aquel caso ante los tribunales fue mantener su contrato estándar y con ese veredicto lo consiguieron». Obviamente, aquel era para la empresa el punto de discusión fundamental. Si permitían que George Michael se «saliera con la suya», ¿quién lo intentaría después?

Michael estaba decidido a que no le vencieran. Dijo: «Ahora estoy convencido de que, sin un compromiso artístico y personal total por mi parte, el triste deterioro de mis relaciones con Sony en todo el mundo resulta irreversible. Está claro que buscaré un asesoramiento legal completo, pero mi primera impresión es que disponemos de una base muy sólida con la que apelar».

En agosto de 1994, Michael presentó su apelación oficial pero, a pesar de que se debía resolver lo antes posible por el impacto tan profundo que tenía sobre su carrera, se le dijo que debería entrar en la dilatada lista de espera como todo el mundo. Después del veredicto, Michael decidió dejar de contar con los servicios de Rob Kahane, dejando entrever que había estado descontento con sus opiniones durante las batallas legales. (El juez había llamado a Kahane un «testigo profundamente informal y de poca confianza...».) En otoño, por fin, tenía las ideas claras para poder volver a escribir música, una música que se desbordó por sus sentimientos hacia Anselmo Feleppa. Con aquel traumático año casi terminado, George Michael volvía a estar en forma.

8

Dolor (1994-1997)

do-lor

1. un padecimiento agudo mental por una aflicción o pérdida; una profunda tristeza; un lamento lastimero;
2. causa u ocasión de angustia o pena profundas.

«Creía que era un castigo por haberme dado la vuelta al final de *Faith* y haber dicho: "¿Sabéis qué? Me estoy volviendo loco y sé que hay otra manera de hacer las cosas". No sé si se debía a que yo no agradecía lo suficiente el talento que me habían dado. Pero si me hubiera acercado a esa sensación en la que uno no tiene ganas de vivir, eso habría sido cuando murió mi madre. Ahí tuve una sobrecogedora sensación de que lo mejor lo había dejado atrás. ¡Quería y respetaba tantísimo a mi madre! Sin embargo, tendría que haber estado gravemente loco para haberme siquiera planteado el suicidio, por lo que hubiera hecho sufrir a quienes me rodeaban, que ya estaban devastados por la muerte de mi madre.»

GEORGE MICHAEL

«Ya no siento la motivación necesaria para mostrarme distante. Creo que estar distante me ayudó mucho, en particular, en aquella época de mi vida que fue una jodida pesadilla, cuando Anselmo estaba enfermo y mi madre murió y todo lo demás. Pero ya no.»

George Michael

George Michael escribió «Jesus To A Child» en otoño de 1994. En unos días la había grabado y estaba en el escenario tocándola en directo, con el apoyo de una orquesta. Y no en cualquier escenario... sino ante la puerta de Brandenburgo, en Berlín, desde donde el concierto estaba siendo retransmitido en directo a millones de espectadores europeos. La sede, elegida como anfitriona para los Premios a los Vídeos Musicales de MTV de 1994, fue testigo del valiente regreso de Michael con esa sorprendentemente bella canción sobre Anselmo Feleppa. Su primera nueva canción desde «Too Funky», en 1992, lo mostraba en su mejor momento emocional.

Esa fue la primera vez que hablaba de sus sentimientos por Feleppa en una canción. Y tal y como explicó después, incluso aunque la gente no supiera que era gay, la letra de su canción sobre una figura masculina de «Jesús» podía aclarar o no que estaba cantando acerca de una relación con un hombre. Sus seguidores podrían haber elegido creer que estaba cantando en nombre de otra persona pero, ¿cuántos hombres heterosexuales cantan fingiendo ser otra persona homosexual?

No es que la prensa no hubiese ya desvelado lo suficiente. En las entrevistas publicadas en aquella época, Michael habló por primera vez de su «amistad» con Feleppa. «No entiendo esa idea de que mi sexualidad estuviese envuelta en ningún tipo de misterio», comentó más adelante. «Quiero decir, que había artículos de tres páginas de extensión sobre Anselmo en los periódicos. Tony Parsons escribió uno, a pesar de que yo creía que era un buen amigo. Si Tony Parsons escribe un artículo en el que yo estaba involucrado y habla sobre mi amante fallecido, ¿dónde está el misterio? Me descubrió. Básicamente, yo le había contado todo eso como amigo, porque mi vida había cambiado tanto y quería contarle todo por lo que había pasado. Y lo publicó todo. Pero yo no lo negué, así que todas esas declaraciones quedaron impresas. De modo que, ¿por qué diablos no estaba fuera del armario? Hasta que te sientas ante la prensa y dices «soy gay» no consideran que hayas salido del armario. Y yo no iba a hacer eso.»

Durante el concierto en Berlín, el representante de Michael, Andy Stephens, se preguntó cuál sería la respuesta de Sony a la nueva canción. Seguía sin haber ningún cambio en su contrato y las relaciones con la discográfica estaban en un punto muerto, a pesar de que se mantuvieron unas negociaciones tentativas en un segundo plano durante 1995. Para

confirmar su propia postura, Michael también había elegido interpretar «Freedom 90» aquella noche. Antes de comenzar la canción, una selección de supermodelos aparecieron una a una en el escenario sobre una plataforma elevadora; iban envueltas en mantas, y se dedicaron a pasearse ante las cámaras de televisión.

En febrero, el lado compasivo de Michael volvió a la luz pública una vez más cuando, junto con Eric Clapton, ayudó a la familia de Nigel Browne a conseguir una sustanciosa compensación. Ambos músicos habían contratado con anterioridad a Browne como guardaespaldas; Michael lo había hecho durante su gira de *Faith* en 1988. Browne murió en un accidente de helicóptero y, durante la vista ante los tribunales, los abogados de la familia agradecieron públicamente a los músicos su ayuda.

A pesar de esos actos de amabilidad, su carrera seguía colgando del limbo mientras Michael luchaba contra la depresión, volviéndose cada vez más hacia el cannabis para aliviar la oscura nube que flotaba sobre él. Le llegó una oferta de ayuda desde un lugar muy inesperado. Michael se había cruzado por primera vez con la princesa Diana cuando ella le invitó a tocar en el concierto del Día Mundial del Sida en 1993. Michael, más tarde, reveló que la princesa le había invitado al palacio de Buckingham en diversas ocasiones. Finalmente aceptó reunirse con ella y durante un tiempo ambos fueron amigos cercanos.

«Creo que encajamos de una manera un tanto intangible», comentó. «Probablemente tuviera más que ver con nuestra educación que con ninguna otra cosa. Era muy parecida a muchas de las mujeres hacia las que me he sentido atraído en mi vida porque ven algo no amenazador. Tal vez porque cuido de mis hermanas y me muestro tan protector hacia ellas, las mujeres lo huelen. Ocurrieron una serie de cosas que me dejaron claro que ella se sentía atraída por mí.» Cuando le preguntaron si se habían acostado juntos, respondió: «Sabía que habría sido desastroso hacerlo».

Después de que sus vidas siguieran caminos diferentes, Michael, junto con otros veinte millones de personas, fueron testigos de la tristemente célebre entrevista de Martin Bashir a la Princesa en el programa de televisión «Panorama», de la BBC, en el que admitía el adulterio y sembraba las semillas de su futuro divorcio. Michael recordó haberse sentido muy molesto viendo el programa porque creía que se la veía mal y vulnerable. También sintió bastante culpabilidad por haberse mantenido alejado de ella hasta el punto de no devolverle las llamadas. Sabiendo que no le podía dar lo que ella quería, supuso que disponía de mucha ayuda y mucho apoyo a su alrededor, y que resultaría una intrusión por su parte ponerse en contacto con ella. Después de 1995, nunca la volvió a ver en persona.

Michael mismo estaba en peligro de desaparecer del mapa. Resultándole casi imposible escribir música, parecía estar viviendo de la marihuana y el Prozac. Con el tiempo, entre nubes de humo de cannabis, se volvió a lanzar a escribir canciones. Consiguió dejar el Prozac pero descubrió que la droga le ayudaba en su proceso creativo y en ese estado se encontró dispuesto a utilizar todo lo que necesitara para volver a recuperar su confianza en su capacidad para componer. «El álbum que nació de aquello fue el más creativo que había compuesto hasta ese momento. Desgraciadamente, es una herramienta que hoy utilizo para escribir, y ese es uno de los motivos por los que me resulta tan difícil de abandonar.»

Un año después de haber perdido el caso ante los tribunales, Michael finalmente negoció su liberación del contrato con Sony. Voló a Nueva York y acordó que el contrato sería puesto a la venta, tras lo que regresó a casa siendo un hombre feliz. Había condiciones: una cláusula le ataba a grabar tres nuevas canciones para una colección con «lo mejor de» que se

lanzaría antes del final de la década. En julio de 1995, firmó un nuevo acuerdo que hacía que su música fuese distribuida por Dreamworks SKG en Estados Unidos y por Virgin en el resto del mundo. El precio de adquisición fue de cuarenta millones de dólares, de los que se le ofreció un generoso 20 por ciento de las tasas de los derechos.

Se prepararon planes para que volviera al mundo público en 1996 y se apalabró un nuevo álbum para mayo. El único problema era que se estaba necesitando mucho tiempo para acabar completamente las canciones. El ingeniero Paul Gomersall, que había estado grabando con George desde la época de Wham!, trabajó muy de cerca con el artista en Studio Two, de Sarm, el elegido por Michael. «Comparado con lo que yo había vivido durante las sesiones de *Faith* en PUK, en Dinamarca, todo fue muy diferente esta vez», recuerda Gomersall. «George controlaba mucho más e interpretaba la mayor parte de los teclados y el bajo. Hemos utilizado muchos más ordenadores y sintetizadores en el álbum de lo que

George estaba acostumbrado y, ahora que la tecnología ha mejorado tanto, junto con su dominio de la misma, lo ha hecho mucho más él mismo, personalmente, en lugar de contratar a muchos músicos.»

«Llegaba con las canciones en la cabeza, y cada vez que estaba preparado para poner algo por escrito, llamaba a los chicos al estudio y pasaban unas pocas horas poniendo un tema básico en cinta, tras lo cual se iban. Después de trabajar con productores y artistas en muchas ocasiones, me resulta muy refrescante trabajar cara a cara, como he hecho con George. El artista produce y yo tengo línea directa con él. Siempre es sano para un artista en la posición de George escuchar y reaccionar ante una segunda opinión artística y yo suelo ofrecerle alguna palabra sabia, pero, como siempre ha sabido exactamente qué es lo que quiere, en particular en cuestión de fraseo vocal y musical, ¡me suele ignorar! Creo que la mayoría de la gente estará de acuerdo conmigo cuando digo que su lista de temas sugiere sobradamente que el propio George es su mejor productor.»

Las canciones del álbum resultante, *Older*, eran más introspectivas que cualquiera de las anteriores. Tal y como sugiere el título («más viejo»), Michael estaba planteándose que su vida y la de los demás estaban pasando y que acabarían en el último final, la muerte. La canción antes estrenada, «Jesus To A Child», fue el primer sencillo en enero de 1996 y pasó al número uno en el Reino Unido. El vídeo, sobre el que Michael ahora hablaba diciendo que era una forma clave de que la canción se recordara, mostraba diversas imágenes con un alto valor simbólico que incluían a dos modelos masculinos sobre cajas de madera que estiran los brazos para agarrarse de la mano. En otra escena aparece una figura masculina que cae abatida por una flecha. El propio Michael aparece en un primer plano, con la mitad del rostro oscurecido por las sombras, cantando con verdadero sentimiento.

Con el lanzamiento del álbum acercándose rápidamente, pronto se publicó un segundo y animado sencillo. Tal y como sugería su título, «Fastlove», trata de citas de una noche y de meterse en faena tan pronto como sea posible, sin ningún tipo de preámbulo. Esta canción, fácil de bailar, estaba un poco fuera de lugar en el LP, ya que era el único tema alegre de entre los once incluidos. Tras tres minutos y medio, la canción introducía la misma muestra melódica que Will Smith utilizaría más adelante en el superéxito «Men In Black».

El vídeo de «Fastlove» le dio a Michael su imagen visual más potente en algunos años, con una producción afilada y unas interpretaciones muy hábiles que demostraban que ahora se tomaba ese medio muy en serio. Vemos a Michael en lo que parece haberse convertido en el icónico «asiento de orador», eligiendo diversas figuras holográficas de fantasía que incluyen todo tipo de monstruos y fetiches. En un momento dado, se gira en su silla y vemos que lleva puestos unos cascos con la palabra «Fony» escrita en ellos, un pequeño codazo a su antigua discográfica. Las últimas tomas del vídeo también fueron las últimas filmadas. Los diversos modelos que aparecen en las imágenes se rodaron en una ducha, bailando al son de la música y al propio Michael se le convenció de que lo intentara.

Para cuando se lanzó *Older* en mayo, seis años completos después de *Listen Without Prejudice Vol. 1,* estaba claro que la prensa norteamericana se había cansado de esperar. Escribiendo para *Rolling Stone,* Al Weisel pronto rechazó los motivos del compositor, aunque tuvo que admitir que el álbum le gustaba. «Michael no ha perdido su talento para escribir canciones pop tan pegadizas como el virus del ébola, aunque solo sean un poquito más alegres», redactó en tono inexpresivo. «Michael busca desesperadamente el respeto, sin estar contento con ser un mero y consumado creador de tontas canciones odiosas sobre relaciones que salen mal. Aunque ocasionalmente suena como la reina del Prozac Elizabeth Wurtzel cantando "It's My Party" en un bar de karaoke vacío, para quienes consiguen superar la pretenciosa melancolía de Michael, *Older* es un disco sorprendentemente placentero.»

Michael admitió libremente que fumaba mucho cannabis durante el proceso de composición y en las sesiones de preparación del álbum. «Oh, sí!», dijo, «es la única forma de trabajar. Enciendo un porro al final de "Spinning The Wheel". Oyes un encendedor y, después, cómo se quema, y a mí haciendo [aspira], y después, fuuuuuuuuu, y comienza el nuevo tema. Pero no quiero cantar sobre drogas, qué aburrido. Los medios de comunicación y la industria de la música han sido increíblemente irresponsables al hacer que las drogas resulten esenciales para la cultura joven. No hay más que ver cómo se escribió acerca de Happy Mondays y Oasis. Está bien si se tiene un hábito y el dinero para mantenerlo, pero no le hace a nadie ningún favor comprender que se trata de una parte integral de la creación musical. Hice mucha música antes de tomar drogas y era igual de buena. Soy un hombre de hierba y éxtasis ocasional. Ojalá nunca hubiese consumido éxtasis, porque no sabría qué me estaba perdiendo. Nunca me ha producido vómitos. Nunca he tenido un dolor de cabeza. Soy muy bueno con las drogas. Pero la cocaína me resulta ofensiva, es el nuevo alcohol. Está de moda otra vez consumir heroína, por lo que hay personas perfectamente inteligentes haciendo cosas de lo más estúpidas. Se considera algo heroico. No importa lo horroroso que es *Trainspotting* si le das la banda sonora más guay de los últimos cinco años. Yo no consumí drogas hasta que me dejaron de crecer los malditos huesos. Por lo menos tenía la forma de un adulto».

La escena musical del Reino Unido estaba inundada de britpop, las guitarras eran lo último. Sin embargo, la revista *Q* estaba impresionada. Bajo el nombre del autor del artículo decía: «George Michael: más pura sangre que víctima de la moda»; Paul Du Noyer le concedió cuatro estrellas y escribió: «Mantiene decididamente su tono de soul anglófono, y está claro que algunas personas no perciben nada bueno en ello. Pero, si se ha de reconocer un talento poco habitual para mezclar la verdad y la belleza en la música pop generalista, George Michael seguirá siendo ese artista».

Comenzando con los dos potentes derechazos «Jesus To A Child» y «Fastlove», el álbum parece estar lleno de sencillos. «Older» y «Spinning The Wheel» aparecen a continuación, estando ambas pensadas para llegar a niveles muy altos en las listas del Reino Unido. De hecho, el álbum produciría seis álbumes allí, y todos alcanzaron por lo menos el tercer puesto en las listas. Gran parte del álbum resultaba oscuro y de ritmo lento, y reflejaba la vida personal del propio cantante durante los últimos tres años, algo que debía impregnar cada poro de las canciones, ya que Michael escribía, interpretaba y lo pro-

ducía prácticamente todo en persona. «It Doesn't Really Matter» era un mensaje de altas horas de la madrugada a un amante sobre las ventajas de seguir adelante con su vida, «The Strangest Thing» retomaba el ritmo de un sabor con influencias orientales y «You Have Been Loved» demostraba que todavía era capaz de llevar a quienes le escuchaban al borde de las lágrimas con un viaje a la tumba de su amante.

Older no solo volvió a colocar a Michael en el punto de mira del público, sino que también les dio a los comités de premios algo en que pensar. El vídeo de «Fastlove» fue nominado a Mejor Vídeo de Baile y Mejor Coreografía por MTV, y, más adelante, ese mismo año, Michael ganó el premio europeo de MTV a Mejor Artista Masculino. Después de recibir el galardón de manos de Björk y Richard E. Grant, Michael dijo: «La primera mitad de los noventa fue bastante basura para mí, pero 1996 ha hecho que todo mereciera la pena». Apreciaba realmente la reacción de los fans ante *Older*.

Más o menos en aquella época, Michael se estaba manteniendo ocupado montando su propia discográfica, Aegean, con Andros Georgiou. Su principal esperanza de que iban a conseguir introducirse en el mercado del pop vino por un hombre irlandés de 32 años llamado Toby Bourke. Michael le dio el apoyo suficiente para presentarle en *Top of the Pops*, pero Bourke no participó en entrevistas de radio o televisión, tal vez porque desvelaría la sexualidad de Michael. Sin embargo, los lectores ávidos ya habrían sabido que Michael era gay por los artículos publicados sobre la muerte de Anselmo Feleppa, aunque la prensa no lo «sacaría del armario» realmente hasta que Michael lo dijera con toda claridad. El funcionamiento diario de la discográfica parece haber estado en manos de Georgiou, pero, después de que se agotaran las copias del primer sencillo de Bourke y las tiendas se quedaran sin ejemplares, se corrió la voz. La discográfica dejó de hacer negocio poco después del milenio, con unas pérdidas que superaban las 100.000 libras esterlinas.

En junio de 1996, George Michael, de 33 años, conoció al tejano de 38, Kenny Goss en el balneario Beverly Hot Springs junto a la avenida North Western en Los Ángeles. «En realidad, tenemos dos historias», dice Goss. «Tenemos la que contamos a la gente y la verdadera de cómo nos conocimos. Hay un balneario realmente elegante llamado Beverly Hot Springs. Es un balneario muy heterosexual y transparente, pero, ya se sabe, si le decimos a la gente que nos conocimos en un balneario, la gente se hace una idea equivocada. Así que con frecuencia les decimos que nos conocimos en Fred Segal [una tienda favorita entre las celebridades de Los Ángeles], aunque sé que suena muy mariquita.» Goss era un millonario hecho a sí mismo en la industria del equipamiento deportivo. El cantante le pidió que salieran juntos a cenar, aunque no estaba seguro de si Goss era homosexual. De hecho, no estuvo del todo seguro hasta su segunda cita en Maple Drive en Beverly Hills.

Aquella noche, Michael se cayó por unas escaleras y se desgarró un ligamento, aunque eso no lo mantuvo alejado de un compromiso romántico.

La familia de Goss vivía en Coleman (Texas), justo a 160 kilómetros de Dallas. Su madre, Ozzell, era ama de casa (fallecida en 2000), su padre, Earl (fallecido en 2003), vendía equipos de protección contra incendios. Compartían su amor por los automóviles caros, aunque para Goss su mayor temor era «vivir en las sombras». Si eso implicaba las sombras de ser el compañero de una estrella internacional del pop rica y de éxito no quedaba claro. Pero, de cualquier forma, la pareja se formó.

Los triunfos en las listas se mantuvieron con el lanzamiento en agosto de «Spinning The Wheel», que alcanzó el número dos. Se trataba de una canción machacona de pop a medio tiempo con una introducción urbana, flautas de pan, ritmos funky y vientos por todas partes. La canción habla de un amante que pone al cantante en peligro por sus actividades sexuales con otros. Habiendo perdido una pareja por el sida, era un tema que Michael sentía que le tocaba muy de cerca. El vídeo en blanco y negro se ambientaba en un «cotton club» ajado de los años veinte. Michael y el grupo aparecen sentados en banquetas, con imágenes mezcladas de trapecistas y bailarinas.

Para terminar el ciclo de promoción del álbum, George Michael pudo cumplir su ambición musical de tocar en directo para la serie «Unplugged», de MTV. Entre los intérpretes pop, cantar en directo, sin instrumentos ni aparatos electrónicos, solía separar el grano de la paja; solo los verdaderamente geniales podían desnudar sus canciones hasta lo básico y demostrar que se mantenían en pie por sí mismas. El rodaje tuvo lugar el 11 de octubre en los estudios Three Mills Island del este de Londres, y Michael demostró que todavía era capaz de producir un espectáculo en directo decente, incluso aunque tuviese que vestir un traje y corbata y sentarse en una banqueta, en lugar de saltar de un lado para otro en el escenario, vestido con una cazadora de cuero y vaqueros. «Freedom 90» abrió el espectáculo ante un abigarrado público de unos pocos cientos. «Fastlove», sin sus equipos de baile en la versión del álbum, se interpretó con un acompañamiento de saxofón que le insufló nueva vida.

Una interpretación así de íntima permitió que se valorara el carisma de Michael. Bromeó con el público en uno de los descansos diciendo que habría preferido quedarse en casa que ver el culebrón que se estaba desarrollando en aquel escenario de Liverpool, *Brookside.* Cuando se produjeron un par de pequeños problemas técnicos y se le soltó el auricular dijo: «Ya no estoy conectado».

«Father Figure», «Hand To Mouth», «Star People», «One More Try» y «Waiting For That Day» sufrieron todas una transición acústica. Incluso mejoró el trabajo de Wham! en un entorno acústico con «Everything She Wants». Toda la noche parecía disfrutar de un aura mágica. Fue el único espectáculo en el que jamás se detuvo para saludar a su madre, que se encontraba entre el público con el resto de su familia. «Aquella noche me perdí cantando», declaró Michael. «Siento un gran afecto por aquella velada porque sé que ella estuvo muy orgullosa de mí.» Sería la última vez que le vería tocar.

Una semana después de conocer a Kenny Goss, George había llamado a su madre a Inglaterra para hablarle de su nuevo amigo. Desde que saliera del armario con su familia, ya no tenía ningún problema en comentar sus temas personales con ella. Durante la conversación, Lesley le contó a su hijo que habían descubierto un pequeño bulto en su hombro pero que lo estaban tratando y que todo estaba bien. Sin embargo, aquel pequeño bulto acabó siendo cáncer de piel. El tratamiento continuó y ella entró en remisión durante tres o cuatro meses y se le permitió regresar a casa para pasar las navidades de 1996 con su familia. Pero el melanoma era extremadamente virulento; regresó con fuerza y la mujer falleció al poco de volver. Parece ser que ella siempre supo que su probabilidad de sobrevivir era muy pequeña, pero (al igual que tendía a hacer su hijo cuando se enfrentaba a un problema grave) se lo había guardado para ella.

George, su padre y sus hermanas estuvieron junto a su cama en el hospital Charing Cross hasta el final. Aunque lo repentino del caso pilló a todos por sorpresa, George quedó devastado. No estaba preparado en absoluto para aquello y se encontró en una espiral de oscuridad a la par que su vida se volvía una nube turbia. En febrero, cuando ganó el Brit Award al Mejor Artista Masculino Británico por tercera vez, no estaba en condiciones de aparecer en la ceremonia de entrega de los premios. En su lugar, Elton John leyó una nota disculpándose por su ausencia: «Me habría encantado estar allí y dar las gracias a todos los que han hecho que la música haya formado parte de mi vida estos últimos quince años».

Poco después de la muerte de Lesley, George Michael apareció en el programa de Chris Tarrant, en Capital Radio, para donar 166.000 libras esterlinas a la cadena para su campaña de fin de semana «Ayuda a un Niño de Londres», que llevaba funcionando desde 1980. Michael ya había escrito y grabado «Waltz Away Dreaming» para una institución benéfica, tema por el que había que pagar para escucharlo en las ondas y cuya recaudación iba destinada a dicha institución. Recaudó 35.000 libras, a las que Michael añadió otras 70.000 primero y 96.000 después para intentar llegar a la cifra de 200.000. «Espero que todos los que escuchen la canción sean conscientes de qué significa para mí», dijo Michael. «No creía que pudiera pasar un día tan bueno como este en mucho tiempo. Me lo pasé genial solo escuchando la radio.»

«Tras la muerte de mi madre, vi que había tenido suerte al conocer a Kenny», explicó en otra ocasión. «Era mi boya de salvación. Creo que, de no haber estado Kenny ahí, no sé si habría podido pensar así, realmente no lo sé. Porque, desde el día en que me enteré de lo de mi pareja [Anselmo] hasta el día en el que verdaderamente pude decir que estaba camino de recuperarme de la muerte de mi madre, sufrí un temor constante; o bien tenía miedo a la muerte o bien tenía miedo al siguiente luto. Me lo tomé muy, muy, muy mal, fatal. Sentía que había perdido una parte enorme de mi vida por ese tipo de luto. Valoro tanto lo que tengo ahora, valoro tanto las cosas pequeñas, que realmente veo la diferencia.»

Años más tarde, Michael comentaría su creencia de que el fallecido Anselmo Feleppa le había mirado desde el cielo y enviado a Kenny Goss justo en el momento en el que más lo necesitaba, cuando se diagnosticó el cáncer de su madre. Kenny fue vital para ayudar a Michael a salir adelante en el momento más duro de su vida. El cantante sentía que los mayores poderes de la vida le estaban diciendo que no lo podía tener todo. El dinero y el éxito por un lado se estaban equilibrando con la pérdida de quienes tenía más cercanos, por el otro.

«También estaba convencido de que iba a perderla, y, a mi manera, ya estaba llorando su muerte mucho antes de que se fuera», dijo. Michael concedió una entrevista a su biógrafo en *George Michael desnudo*, Tony Parsons, para lo que creía que iba a ser una biografía para una discográfica, aunque terminó apareciendo en capítulos en tres ediciones del *Mirror*. «Hablé con él como si fuera un amigo», comentó Michael. «Aunque le estaba contando la verdad, quedaba degradante publicado en la jerga del *Mirror*.» Nunca quise hablar de cosas importantes en ese periódico. Perdí mi dignidad.

«Cuando mamá murió, fue la única vez en la que visitar mis páginas en internet me hacía sentir bien, ya que el deseo genuino de la gente por tu bienestar es una bendición. Desde el momento en el que me aclaré, todo pareció caer hecho pedazos. Es una suerte que las cosas ocurrieran así. De haberlo vivido cuando era joven, habría sido demasiado. Pero cuando ya has pasado por toda la mierda que yo he pasado, entiendes el valor de la música pop, lo fantástico que es triunfar con un gran disco e ir a donde te lleve. En los últimos dos años yo lo necesité en unas cantidades jodidamente grandes. Realmente entiendo qué significa poder hacer eso por la gente. No quiero volver a escribir más canciones sobre miserias, ya que escribir sobre eso no parece evitar que me sigan cayendo encima.»

Mientras Michael intentaba aceptar la muerte de su madre, la bola de nieve de las promociones continuaba creciendo. Se lanzó «Older» como sencillo en enero de 1997 y «Star People '97» le siguió en abril. En un entorno de percusiones muy suaves y una cadenciosa trompeta, Michael utilizó «Older» para reflexionar acerca de la vida y del pasar de los años. Las melancólicas vibraciones también impregnaron el vídeo, que mostraba a Michael caminando por una aldea ubicada en las faldas de una colina en lo que parecía ser Nuevo México. Las tomas en tonos sepia estaban llenas de imágenes religiosas que incluían atisbos de una estatua de la Virgen María.

«Star People '97» atacaba el culto a las celebridades. «No creo que jamás pudiese haber formado parte de eso», declaró. «Siempre quise ser famoso por ser bueno en algo. Quería ser tan bueno en algo que resultara intocable. La mayoría de las estrellas comienzan siendo niños que se sienten descontrolados u oprimidos y quieren demostrar al mundo y a sus padres que valen algo. Hay tantas personas ahí afuera que ahora mismo estarían dispuestas a vender la vida por hacerse famosas que eso las convierte en totalmente vulnerables. Yo no digo que esté bien o mal. Solo digo que no lo comprendo.»

El 31 de agosto, el mundo se quedó atónito por la noticia de que la princesa de Gales, su acompañante Dodi Al-Fayed y el conductor Henry Paul habían muerto en un accidente de automóvil. Al igual que todos los demás, Michael estaba estupefacto. «No la había visto en un par de años cuando murió», recordaba. «Casi coincidimos en aquel viaje a St. Tropez [donde le habían fotografiado junto a Al-Fayed]. Se suponía que yo debía subir a aquel barco y estoy bastante contento de no haberlo hecho porque todo habría estado muy fresco cuando ella murió. Quiero decir que ya solo con eso estaba muy afectado. Si la hubiese visto justo antes, creo que me habría afectado todavía más.» Apenas unas semanas después de su muerte, salió otro sencillo de *Older*, la emotiva «You Have Been Loved». Resultaba casi irónico que esa canción, con sus descripciones gráficas de las visitas de Michael a la tumba de Anselmo Feleppa, se lanzara cuando todavía estaba llorando a su propia madre, recordando el fallecimiento de su amante y enfrentándose a la pérdida de la Princesa. No resulta sorprendente que Michael, más tarde, dijera que sentía que estaba rodeado de muertes. «You Have Been Loved» fue donada a un álbum con fines benéficos que se lanzó como tributo a la princesa Diana.

George Michael pasó el resto de 1997 en privado, sufriendo las muertes que parecían derribarlo una tras otra. Continuó manteniendo un perfil muy bajo a principios de 1998. El ciclo de sencillos de *Older* había terminado su ruta y seguían sin aparecer señales de una gira. Se mantenía tan alejado de la prensa como podía. Pasaba la mayor parte del tiempo en Los Ángeles. ¿Quién podría haber predicho qué iba a ocurrir a continuación?

9

Fénix (1998-2002)

fé-nix

1. (a veces con mayúsculas) ave mítica de gran belleza que, según la leyenda, vivía unos quinientos o seiscientos años antes de ser quemada en una pira funeraria, tras lo cual renacía de sus cenizas y vivía otro ciclo de años; su presencia mitológica se localizaba entre Oriente Medio e India, pero también en Egipto; a menudo representa la inmortalidad o el renacer del idealismo o la esperanza;
2. una persona o cosa renovada o restaurada tras padecer una calamidad o una aparente aniquilación.

«En el Reino Unido, desde que mi mano izquierda desvelara mi homosexualidad a un público de millones de personas aquel fatídico día de 1998, mi vida personal, o más bien la vida personal que yo había imaginado, pocas veces ha aparecido en la prensa sensacionalista.»

George Michael

«Me gusta bastante el hecho de ser la última persona que se esperaba que lo hiciera. Verme humillado tan profundamente por la prensa fue un buen punto de partida para obligarme a ser sincero. Me dio el coraje para hacerlo. Pero ahora me parece una misión. Decir: "Mira, ya sé que te gusto y sé que te gusta mi música, pero al final de todo, soy gay. Y soy un putón". Algunos de nosotros lo somos y deberíamos aceptarlo.»

George Michael

No resulta extraño ver a celebridades en el Will Rogers Memorial Park. Rogers, vaquero, filósofo, estrella del cine y alcalde de Beverly Hills, hizo que se pusiera su nombre al parque en 1952. Previamente, había formado parte de los jardines delanteros del Hotel Beverly Hills, hoy ubicado en la acera de enfrente. Es por ello que los famosos lo visitan. Su suave paisaje, sus inmaculados jardines y estanques con peces lo convierten en el lugar perfecto para reunirse con un amigo o disfrutar de un pícnic. Se dice que John Wayne aterrizó una vez en el parque con su helicóptero, mientras Rod Stewart le pidió matrimonio a Rachel Hunter allí en 1990. Pero, el 7 de abril de 1998, aquel parque quedó unido para siempre a George Michael.

Justo un año después de la muerte de su madre, Michael estaba pasando mucho tiempo con Kenny Goss en su casa de Los Ángeles. También había hecho de anfitrión para la Spice Girl Geri Halliwell. Algunos periódicos habían lanzado rumores de un romance, en particular después de que los dos aparecieran fotografiados cogidos de la mano. «No es una "amistad de famosos"», declaró Halliwell a la revista *Q*. «No soporto ese "¡hola!, querida, cielo, cielito". Ambos somos famosos y parte de la industria de la música, pero ambos hemos perdido a un progenitor, ambos somos de Watford, ambos tenemos sangre mediterránea, ambos fuimos niños feos que, luego, florecieron. Nadie quiere hablar sobre la muerte. Entonces, le oí a Michael hablando sobre perder a su madre…, yo era una fan, creía que me iba a casar con él y estaba muy atraída hacia él. Le di mi número de teléfono, abrí mucho los ojos e intenté coquetear con él, pensando que tenía una oportunidad. ¿Cuán equivocada estaba? Me quedé con el mejor segundo plato y nos hicimos amigos.»

Durante 1998, Halliwell estaba viviendo fuera del Reino Unido por motivos fiscales. Michael la invitó a quedarse con él y Kenny durante una temporada, y ella aceptó. «Éramos colegas por teléfono y, cuando abandoné el grupo, me invitó a que me quedara tres días. Pasé allí tres meses. No sé qué habría hecho sin él, fue un verdadero ángel. Para empezar, ni siquiera me conocía tan bien, pero yo no tenía a nadie. Estaba tan sola. Necesitaba que alguien me diera un abrazo y me dijera que todo iba a salir bien. George y Kenny lo eran todo para mí, el apoyo moral que necesitaba para ayudarme a superar aquella temporada. Compartí mis dudas y temores con él, que me dijo: "No hay prisa, nadie te va a olvidar. Si lo que estás haciendo está bien, superará la prueba del tiempo". Yo le toco canciones, pero es como llevártelo a casa de tus padres esperando desesperadamente su aprobación. Siempre me cago de miedo. Es brutalmente sincero: a veces salgo con la cabeza entre las manos y otras grito "¡sí!". Nunca había tenido un amigo famoso antes.»

Pero los artículos del corazón sobre George Michael y Geri Halliwell pronto se olvidaron de ellos debido a lo que ocurrió a continuación. Aquel día en cuestión, Michael había estado trabajando en su casa en el tema adicional para el compilatorio de «Lo mejor de». Aquella tarde condujo hasta el parque. Ya había estado allí antes. Un *paparazzo* británico le había fotografiado por allí el año anterior, pero nunca se habían publicado las fotos.

Había unas pocas personas en el parque, dedicadas a sus propios asuntos. Una de ellas, un policía de paisano, el agente Rodríguez, estaba de «patrulla de orinales» (buscando a hombres homosexuales que se emparejaban en los baños públicos). Se suponía que su departamento «actuaba basándose en la información recibida», según la cual, el parque era un semillero de actividades homosexuales, a pesar de que durante el año anterior solo se hubiesen realizado dos arrestos.

Después de un tiempo, Michael pensó que solo quedaban dos personas, él mismo y un tipo muy mono al que le había echado el ojo. Los informes varían sobre qué ocurrió a continuación, pero parece ser que Michael se fue al aseo de caballeros, a donde le siguió el policía de paisano. Michael estaba ante el lavabo, lavándose las manos, cuando el agente entró. Michael dijo después: «No envían a Colombo, sino a alguien realmente atractivo». El policía permaneció de pie mirando al cantante desde uno de los retretes mientras se daba placer a sí mismo. Michael comenzó a hacer lo mismo, en cuyo momento el policía salió. Cuando Michael le siguió unos momentos después, fue arrestado. Si el policía no le hubiese seguido, no se habría cometido ningún crimen ni le habrían arrestado. Desde esa perspectiva se podría decir que aquello era una trampa.

«Fui un estúpido», contó Michael a MTV. «Fue algo estúpido que hice, pero nunca he sido capaz de rechazar una comida gratis. El hecho es que no había absolutamente nadie más en los alrededores, diga lo que diga el informe del arresto. Estaba solo. Bueno, realmente había dos policías de paisano, aunque yo solo podía ver a uno. Si alguien se agita los genitales ante ti, no supones de manera automática que se trate de un representante de la ley.»

George Michael pasó las siguientes tres horas en la inmaculada estación de policía de Beverly Hills. Cuando le pusieron en una celda de detención, no se podía creer lo irónico de su situación; sobre el hormigón, junto a la cama, había una copia de la revista del corazón *National Enquirer*. «Estaré en la portada de eso la semana que viene», se dijo a sí mismo. Arrestado bajo su nombre real, se acusó a Michael de comportamiento lascivo. Salió bajo una fianza de 500 dólares y se le ordenó que se volviera a presentar en comisaría al mes siguiente.

El uso del nombre real de Michael significó que los teletipos no se lanzaran sobre el arresto, además de que la acusación de comportamiento libidinoso era muy vago como descripción de aquello que se suponía que había hecho. Debido a la diferencia de ocho horas entre el Reino Unido y Los Ángeles, la declaración oficial de la policía sobre el incidente no llegó a los noticiarios británicos hasta la noche siguiente, cuando un representante del Departamento de Policía de Beverly Hills declaró: «Había miembros de nuestra unidad contra los delitos controlando el parque ayer, entraron en los cuartos de baño y observaron al señor Michaels [sic] realizando un acto lascivo. Estaba solo. Los agentes observaron el acto y arrestaron al señor Michaels [sic]».

Al salir, Michael llamó a Kenny para contarle qué había ocurrido. Andros Georgiou estaba en la ciudad y fue a casa de Michael aquella noche a cenar. Michael les explicó que era algo que llevaba tiempo haciendo, algo que entonces no habían necesitado saber. Sin embargo, no le apetecía hablar de ello con su padre (cuando le telefoneó, Jack Panos le apoyó en todo momento, aconsejando a George que les dijera que se «fueran a freír puñetas».) El cantante recibió mucha fuerza de sus amigos y familiares aquel día.

Cuando saltó la noticia en casa, la respuesta de la prensa sensacionalista fue la predecible. El *Mirror* dijo que Michael había atraído al agente hasta los aseos, mientras que el *Sun* gritaba: «Zip Me Up Before You Go Go» (súbeme la cremallera antes de irte). Al día siguiente, el parque estaba lleno de reporteros que intentaban averiguar qué había ocurrido exactamente. Los aseos de hombres pronto se convirtieron en los más fotografiados del mundo. Rodearon la casa de Michael y hasta la sobrevolaron los helicópteros. Incluso se entrevistó a sus vecinos.

En retrospectiva, el incidente fue la manera subconsciente que tuvo Michael de salir del armario. Había vivido toda la vida sin sentarse jamás en una entrevista cara a cara para decir: «Soy gay». Todavía muy deprimido por lo de su madre, sabía que no debería haber entrado en aquellos aseos (dijo que tenía un mal presentimiento), pero de todas maneras lo hizo. Y eligió hacerlo en Beverly Hills, lo que le dio al incidente un aspecto inherentemente «espectacular». «De no haber ocurrido aquel día, lo habría hecho muy pronto», comentó Michael. «Pero padecer dos pérdidas de seres queridos te da una perspectiva sin parangón. El primer día me sentí alucinado porque había salido de la depresión. Pensé, alguien está intentando acabar conmigo, no puede ser que tenga tan mala suerte. ¿Cuándo diablos me van a dar un respiro? No me podía creer que hubiese ocurrido.»

Con los sabuesos de la prensa afuera, Michael decidió desafiar la ley no escrita que dice que las celebridades, en esas situaciones, deberían ocultarse detrás de las cortinas. Por el contrario, salió a cenar al cercano Spargo's. A las diez de la noche, una limusina negra aparcó junto a su casa y Michael se subió apresuradamente en el asiento trasero. Los cámaras se lanzaron a una frenética persecución por las carreteras llenas de curvas, saltándose los semáforos en rojo, decididos a estar presentes y sacar la madre de todas las fotografías cuando Michael saliera del vehículo.

El cantante cenó, saludó a Lionel Ritchie y Tony Curtis, que estaban cenando allí aquella noche, y regresó a su casa hacia medianoche. Fue la primera indicación de que Michael no pensaba rehuir aquel incidente.

Al día siguiente, dio un paso más. En un intento por hacer una huelga preventiva con la prensa dominical británica, se ofreció a conceder una entrevista a la CNN. Sabía que su grabación del viernes en Los Ángeles saldría en la televisión del Reino Unido el sábado por la noche, mientras la CNN también le ofrecía una plataforma mundial desde la que contar su lado de la historia.

Estaba claro que el artista estaba estresado cuando comenzó la grabación. Después de unos pocos minutos pidió que hicieran un descanso, tras el que volvió a entrar y se retomó la entrevista. Lo que tenía que decir era intensamente personal y brutalmente sincero. «Este momento es tan bueno como cualquier otro», le dijo al entrevistador, Jim Moret. «Quiero decir que no tengo ningún problema con que la gente sepa que en la actualidad estoy manteniendo una relación con un hombre. Hace casi diez años que no mantengo ninguna relación con ninguna mujer.»

«No me avergüenzo. Me siento un estúpido, un descuidado y un débil, por haber permitido que mi sexualidad se expusiera de esta manera. Pero no siento ningún tipo de vergüenza.» Nunca se había mostrado reticente, explicó, a la hora de expresar su sexualidad a través de sus canciones. «Escribo sobre mi vida. Quiero que la gente sepa que las canciones que escribí cuando estaba con mujeres realmente tratan de mujeres. Y que las canciones que he escrito desde entonces han sido bastante claramente canciones sobre hombres.»

La propia entrevista llegó a los noticiarios de televisión del Reino Unido. El secreto peor guardado del mundo del espectáculo salía por fin a la luz del todo, pero, al enfrentarse a la situación cara a cara, la manejó de forma perfecta. A principios de la semana siguiente los titulares se centraron en la vida amorosa de Anthea Turner.

George Michael no compareció realmente ante los tribunales. Su equipo legal presentó una alegación de culpabilidad y aceptó la pena de 810 dólares y ochenta horas de servicios a la comunidad, así como la prohibición de volver a entrar en el parque Will Rogers. Aquel año, durante la fiesta de cumpleaños de Michael, las invitaciones decían: «Visiten el cuarto de baño antes de venir, ya que todas las instalaciones estarán cerradas con llave para proteger a nuestro anfitrión».

Cuando George Michael volvió al Reino Unido, todo un capítulo televisivo de «Parkinson» estuvo dedicado a él. Era la primera vez que aparecía en el veterano programa de entrevistas de Michael Parkinson y, según anunciaban su presencia, recibió una de las ovaciones más fuertes y duraderas de la historia del programa. George, que estuvo de buen talante todo el tiempo, comenzó contándole al entrevistador cómo solía dejarle su madre quedarse levantado para verle cuando era un niño. Añadió, con humor, que tal vez a ella no le hubiese hecho tanta ilusión que le concedieran un programa en exclusiva porque «tuve que sacar mi "pitilín" a dar un paseo para poder entrar». Explicó que había hablado tanto sobre el incidente para garantizar que no necesitaría seguir hablando de él en el futuro. Si alguna vez las circunstancias, las personas o la propia historia le presionaban para adoptar una postura ante algo, reaccionaría contra ello de tal forma que no tuviera que ocultarse dentro de una residencia privada rodeada de muros.

La entrevista fue amplia y profundizó en el pasado emocional de Michael. Dijo que no era una persona depresiva, aunque en los años noventa había pasado por una década de pérdidas: Feleppa, el caso ante los tribunales, su madre y, ahora, su dignidad. Dijo que nunca se había sentido confuso sobre su sexualidad, aunque la combinación de disponer de tanto a su alcance por ser una estrella del pop, el hecho de que se hubiese sentido infradesarrollado emocionalmente y que nunca sintiera ninguna verdadera atracción ni enamoramiento en la escuela habían significado que le costara más tiempo comprender su situación. «El día que supe que era gay fue el día que fui consciente de que me había enamorado de un hombre», reveló. «La confusión terminó cuando tenía unos 26. Pensé que, especialmente en Inglaterra, la mayoría de la gente tenía una idea bastante clara. La prensa sabía que era gay, pero seguirían jugando el juego hasta que tuvieran algo desagradable que contar.»

Finalmente, explicó que, aunque recién cumplidos los veinte años le habría gustado tener hijos, al envejecer había cambiado de idea, pensando que sentiría una responsabilidad tal que no sería capaz de hacer lo que quería. Básicamente, había perdido su deseo de ser padre y, su vocación musical había dominado todo sentimiento de propósito.

Con eso se marchó. Hablar de una gira que coincidiera con «Lo mejor de» se dejó para otro momento, tras lo cual retornó a su vida privada, por lo menos por aquel entonces.

La respuesta final de George Michael a la saga del parque Will Rogers fue una canción que compuso para su «Lo mejor de», *Ladies & Gentlemen*. «Outside» es básicamente una aprobación del sexo al aire libre a ritmo de disco, aunque lo que llegó a los titulares fue el vídeo. La grabación comienza con una sátira de las películas porno. Un hombre de negocios de mediana edad se lava las manos en un aseo público, observado por una joven pechugona de cabellos rubios. Según se desarrolla la escena, se van mostrando los créditos falsos en un idioma inventado en la zona superior de la pantalla. Se identifica a la joven como Heidi Kockenblauer, y el director imaginario es Marchelo Uffenvanken. Cuando la chica hace un mohín con los labios para besar al hombre, de pronto se convierte en una vieja mujer policía que arresta al hombre. Hay helicópteros de la policía sobrevolando la zona y se oyen sirenas en la banda sonora, hasta que se llevan al hombre arrestado. Entra la pista de baile, con cuerdas rugiendo a lo Filadelfia mientras el clip nos enseña diversos actos sexuales que están teniendo lugar al aire libre, incluyendo el de dos estibadores besándose en la cima de una grúa y dos hombres en la parte trasera de una camioneta. Después aparecen los mugrientos váteres de la primera escena transformados en una brillante discoteca con urinarios cubiertos de cristales que asemejan bolas de baile. Un puñado de falsas agentes de policía se arrancan los uniformes para participar en un número de danza con George Michael, resplandeciente con un uniforme de policía y gafas con cristales, clavadito al extra de Village People.

«Outside» no fue más que uno de los temas que no formaba parte de los álbumes que se incluyeron en *Ladies & Gentlemen*. «As», de Stevie Wonder, con Mary J. Blige, «Desafinado», con Astrud Gilberto, y «Too Funky» fueron algunos de los extras que llenaron la colección hasta alcanzar el impresionante número de veintinueve temas en dos CD. El primer disco estaba diseñado «para el corazón», mientras que el segundo, que contenía los temas más bailables, se titulaba «para los pies».

Para relacionarlo con su mayor lanzamiento de éxitos, Michael acordó hacer la ronda de los medios de comunicación. Sus apariciones también estaban orquestadas de tal forma que pudieran contribuir a la rehabilitación de su imagen. El 9 de noviembre apareció en el veterano y muy respetado *Late Show* con David Letterman, rodado en el teatro Ed Sullivan de la ciudad de Nueva York. Michael fue el primer invitado de la noche y estaba claro que su entrevistador no se había puesto totalmente al día con el pasado reciente del artista. Primero se mostró confuso sobre si Michael ya había sido entrevistado en el programa con anterioridad o no. «¿Es esta tu primera vez en el programa?» Después, creía que el incidente de los aseos en Los Ángeles había ocurrido un año antes, en lugar de hacía siete meses. Finalmente le pidió a

Michael que cantara, lo que no estaba incluido en el plan.

Pero solo había un tema del que Letterman realmente quería hablar: el parque Will Rogers. Cuando le preguntó directamente a Michael qué había ocurrido, este respondió: «La forma más agradable en que lo puedo contar es la siguiente. Lo diré así porque no quiero ser gráfico y desagradable. Él empezó jugando un juego al que yo le llamo enséñame la tuya y yo te enseñaré la mía y, luego, te llevaré a la comisaría. En realidad, el informe policial dice que estaba intentando simular que orinaba. Lo siento, pero, ¿cómo se puede simular que se orina y no hacer ningún ruido? Si alguien intenta fingir que está orinando, y lo hace con las manos, acabaría cubierto de orina por todas partes. No lo intenten en casa. No, mejor, inténtenlo en casa. ¡Allí están seguros!».

Durante la primera mitad de 1999, George Michael se reservó su opinión. En octubre hizo una breve aparición en el concierto *Net Aid* organizado para recaudar fondos para los refugiados, aunque pasó la mayor parte del tiempo dedicado a un LP de versiones con el productor Phil Ramone, que había producido a todo el mundo, desde Bob Dylan a Rod Stewart, Frank Sinatra y Madonna. El álbum, *Songs From The Last Century*, se lanzó en diciembre. Con una mezcla de normas antiguas y nuevas, provocó críticas mediocres pero alcanzó el segundo puesto en las listas del Reino Unido, apoyando la opinión de Michael de que las críticas nunca afectan a los índices de ventas. El primer tema, «Brother Can You Spare A Dime», se había originado en el musical de 1932 *New Americana*, aunque Bing Crosby ya era famoso por interpretarlo. La versión de George Michael era fresca y a lo jazz, lo que encajaba con su voz; y utilizó un estilo similar para «Roxanne», de Police, que se basaba totalmente en escobillas sobre la batería y contrabajos. El tema contaba con un vídeo preparado para él. Comenzaba con el mensaje:

«Este vídeo se rodó en el distrito rojo de Ámsterdam. Ninguna de las personas que aparecen en él son actores. Les agradecemos su espíritu y buena voluntad»; y, luego, mostraba a un grupo de prostitutas paseando en ropa interior fuera de una casa en una calle de una ciudad. Al final del videoclip se nos dice que la prostituta negra identificada como «Roxanne» se ha retirado desde entonces del negocio.

«My Baby Just Cares For Me» se presentó como número de swing de gran orquesta, aunque no funcionaba del todo y su estilo vocal no encajaba bien. Por otro lado, «The First Time Ever I Saw Your Face», de Roberta Flack, podría haber sido escrita especialmente para Michael. «I Remember You» acababa de ser mejor versionada por Björk, aunque la gran banda «Secret Love» fue un éxito. En general, el álbum era un popurrí que no exigía lo suficiente de las habilidades de Michael como para resultar satisfactorio.

Al comenzar el siglo XXI, George Michael no había compuesto un álbum con material nuevo desde hacía cuatro años. Estaba manteniendo una feliz relación, *Ladies & Gentlemen* se seguía vendiendo bien y *Songs From The Last Century* no hacía mucho que había salido. No le estaban presionando mucho todavía, aunque estaba teniendo problemas para escribir nuevas canciones.

En cuestiones públicas, 2000 fue un año tranquilo para Michael. En abril actuó junto a Garth Brooks y Melissa Etheridge en Equality Rocks para un acto gay y lésbico con el objetivo de recaudar fondos en Washington D. C.

Por lo que sí tuvo que salir en los titulares fue por una subasta. En octubre se vendió el piano con el que John Lennon había compuesto «Imagine». No se trataba del gran piano blanco de cola hecho para el famoso videoclip con el montaje de la casa de Lennon en Tittenhurst Park, sino el vertical que se podía ver durante las sesiones de la película *Gimme Some Truth*. Las pujas comenzaron en 500.000 libras esterlinas, y George Michael, por teléfono, no era el único famoso en pujar; Noel Gallagher y Robbie Williams también participaron. Después de que abandonaran en el nivel de un millón de libras, Michael acabó poniendo sobre la mesa la puja definitiva de 1,45 millones de libras, convirtiéndolo así en el instrumento más caro de la historia. Pero Michael no lo ocultó. Además de utilizarlo después para componer canciones, lo envió a Estados Unidos en 2006 como parte de una exposición organizada por Kenny Goss contra la guerra, siendo esa la primera vez que el piano salía del Reino Unido. «Decidimos hacerlo en Dallas porque, ¿qué mejor lugar para reiterar lo importante de la paz?», comentó Goss. «Dallas es el hogar de George Bush. Es un gran lugar para recordar a la gente lo importante que resulta encontrar la paz.»

Durante 2001, Michael siguió intentando componer. Iba al estudio, trabajaba un poco, volvía a casa, habitualmente sin haber hecho grandes progresos. Estaba todavía manteniendo esa rutina en septiembre, cuando, el día 11, vio por la televisión del estudio el derrumbe del World Trade Center. «[Mi productor] entró corriendo y dijo: "No os vais a creer lo que vais a ver". Cuando lo vi, fue justo después de que el primer avión chocara, por lo que tan solo parecía un trágico accidente. Entonces, llegó el segundo avión y todos en el estudio nos dimos cuenta de que era algo deliberado y comenzamos a alucinar. En una hora, además de estar tan aterrados como el resto del mundo, yo estaba absolutamente desencajado porque había estado escribiendo sobre lo que estaba ocurriendo ante mí.» Los ojos se le llenaron de lágrimas mientras las imágenes televisivas se volvían cada vez peores. Había estado trabajando en una nueva canción que trataba sobre el caos en el que se encontraba inmerso el mundo en el nuevo siglo y cuyo título era «Shoot The Dog». «Lloraba, simplemente, porque se trataba de un ataque increíble y escalofriante contra la humanidad, ya sabes, más allá de cualquier acto despiadado que pudiéramos recordar. Era lo peor, algo que ni tan siquiera podíamos imaginar de lo malvado que resultaba. Pero me sentía confuso porque había escrito aquella canción por un motivo, aunque ahora ese motivo fuera tan desconcertante. Estaba claro que no quería parecer un oportunista, así que no hice nada con la canción. No sabía qué hacer con ella.»

Transcurrirían otros seis meses hasta marzo de 2002, antes de que demostrara a sus fans que había comenzado a superar su bloqueo mental lanzando «Freeek!». Este potente sencillo de música sensual y bailona que mezcla ritmos urbanos calientes y trata del sexo del futuro, no se parecía a nada que Michael hubiese compuesto en el pasado. ¿Iba a ser esa la nueva dirección de su próximo álbum o se trataba tan solo de un experimento? Si solo era eso, iba a salirle muy caro. Se dice que firmó un talón por valor de un millón de libras esterlinas para un vídeo, del que la mitad se gastó en efectos visuales informáticos. Ese precio superaba incluso los costes de los vídeos de «Fastlove» (250.000 libras) y «Outside» (500.000 libras). En un paisaje urbano parecido al de *Blade Runner* y utilizando efectos similares a los que aparecían en el vídeo «Spice Up Your Life», de las Spice Girls, en 1997, Michael viste diversos trajes gigantes de goma a la par que se desarrollan un puñado de extraños encuentros sexuales ante el espectador. Los trajes fetichistas de «Freeek!» fueron la respuesta de Michael a la comercialización de imágenes sexuales extremas. Eso le enfadaba, comentó, y de ahí toda la canción al completo.

El *Sunday Express* reveló en su «Lista de los más ricos» de 2002, que sir Paul McCartney era el primer «multimillonario pop» de Gran Bretaña, con un supuesto patrimonio de mil cien millones de libras, y que George Michael se encontraba entre los diez primeros, con un valor que se suponía que superaba los 210 millones. Con ese dinero en el banco, se le podía perdonar que no se preocupara en exceso por sus futuras ganancias; tal vez sintiera que disponía de la libertad financiera para hacer, y lo que es aún más importante, decir, lo que pensaba. Aunque en el pasado había apoyado causas como la de las familias de los mineros en huelga, el hambre en África y los derechos de los homosexuales, nunca había hablado directamente de eso con la prensa. En su lugar, había dejado que la música hablara por él, realizando calladas contribuciones financieras cuando le parecía adecuado. Ahora, por primera vez, Michael comenzó a hablar sobre cuestiones políticas.

Para finales de 2002, más de una década después de la primera guerra del Golfo, la situación en Irak se estaba convirtiendo en tema de preocupación para Estados Unidos, la última superpotencia del mundo. Los inspectores de las Naciones Unidas habían estado jugando al gato y al ratón con Saddam Hussein a la par que buscaban sus supuestas armas de destrucción masiva. Estaba empezando a quedar claro que Tony Blair y George W. Bush estaban decididos a ir a la guerra y, en marzo de 2003, comenzó la segunda guerra del Golfo (o guerra de Irak) con la invasión de Irak por parte de la coalición occidental. George Michael había pasado los meses previos a la guerra hablando en cuantos medios de comunicación pudo sobre la situación, tomando parte en debates políticos con pesos pesados como Tim Sebastian, de «Hardtalk», de la BBC, así como discutiendo con sir David Frost y apareciendo en el programa favorito de la tarde en la televisión, «Richard & Judy». Y, en mayo de 2002, finalmente, lanzó la canción en la que había estado trabajando el 11 de septiembre, «Shoot The Dog». Pero se había preparado para el contragolpe que iba a sufrir por hablar sobre la guerra, tanto por sus opiniones como por atreverse a expresarlas.

El vídeo de «Shoot The Dog» pareció ofender a algunos. Con una animación producida por los autores de 2DTV, el videoclip satiriza tanto al Gobierno estadounidense como la postura aduladora de Tony Blair. La primera escena muestra a George W. en el despacho oval recibiendo una lección de uno de sus generales que, para ello, hace uso de una marioneta fabricada con un calcetín; luego, Blair hace el papel de perro, el «perro» del título («pégale un tiro al perro»); al son de las palabras «buen cachorro, buen cachorro», Bush lanza una pelota para que Blair la persiga en los jardines de la Casa Blanca. La animación no carece de una cierta dosis de humor basado en la autodesaprobación. Michael entra en escena desde los aseos de hombres con un volante de bádminton metido en los pantalones antes de unirse a Bush y a su general en un cutre número de baile. También aparece como clon de Homer Simpson (de hecho aparece como todos los miembros de la familia Simpson, completa en un momento dado, con Marge Simpson sobresaliendo con su elevado peinado). Más tarde, cabalga sobre un misil hasta el dormitorio de los Blair, donde se encuentra con Cherie y Tomy en la cama, y Tony se coloca un antifaz para dormir con la bandera estadounidense, mientras que George W. aparece entre ellos con una visible erección bajo las mantas.[4]

«Simplemente quería escribir una canción que le dijera a todo el mundo: "Mirad, debemos ser conscientes de cuál es la situación y comprender que ahí afuera hay algunas personas realmente cabreadas y que América (y nosotros, tanto da uno que otro) debe comenzar a escucharles un poco"», dijo. «Yo veo la política en términos muy humanos. En otras palabras, aunque haya mucha complicación y complejidad en la política, realmente se reduce a la reacción humana entre di-

4. Esta es la versión que se ve en YouTube.

ferentes facciones, por lo menos cuando estamos hablando acerca de la posibilidad de que haya una guerra. [...]. Solo espero que este disco ayude aunque sea de manera muy pequeña a consolidar la idea de que no hacemos automáticamente lo que se nos dice en nuestra relación con América. Esto es lo más político que he hecho en mi vida, y me plantea un riesgo gigantesco e innecesario. No sé cómo lo aceptarán, especialmente en América. Pero, para mí, es importante tener la libertad de expresarme. Esta es la primera vez que he tenido el auténtico valor de hacer algo sabiendo que me van a criticar a lo bestia por ello. Siempre he tenido esa molesta preocupación por que la gente diga: "Mira, chico, eres una estrella del pop malcriada y rica, ¿qué coño sabes sobre esto?". Pero ahora siento la suficiente confianza para limitarme a ir por ello. Y debería tener el derecho a decir estas cosas sin que se me haga pedazos.»

Tuvo razón en todos los frentes. Estaba claro que tenía el derecho a expresar sus opiniones, y millones de personas estuvieron de acuerdo con él. Pero también se vio apaleado por la prensa y criticado por hablar como estrella del pop, incluso por otras estrellas del pop. Noel Gallagher fue uno de los que cuestionaron la actitud abierta de Michael. También tuvo razón sobre la reacción estadounidense. Se había clavado el último clavo en el ataúd de su carrera americana, aunque siempre había mantenido un núcleo duro de más o menos un millón de fans en aquel país. «Era perfectamente consciente de las repercusiones, pero llevaba tanto tiempo sin carrera en Estados Unidos que no me importaba. Creo que allí me ven como un mariquita comunista», comentó.

Al salir «Shoot The Dog», Michael concedió una entrevista a Piers Morgan del *Mirror.* «Sé que estoy en territorio peligroso», comentó. Admitió que había pasado años debatiendo ese tipo de temas en las sobremesas, pero solo ahora era capaz de dar a sus ideas una expresión más pública.

«Realmente, sentí que era un momento tan serio para todos nosotros que mantenerme callado no resultaba una opción a elegir. Me estaba dedicando a fregar mi casa, fumar porros, beber demasiado y ver un montón de programas serios de madrugada en la televisión tipo "Question Time" y "Newsnight" porque no podía dormir. Y me había dado cuenta de muchas cosas sobre el creciente temor a una guerra entre el mundo seglar y el fundamentalista. Era algo en lo que nunca me había parado a pensar con detenimiento, pero que, cuanto más aprendía, más miedo me provocaba; temía que pudiera convertirse en realidad y que Gran Bretaña se viera en medio de todo eso. Tony Blair estaba siendo visto como el más potente aliado de Estados Unidos en un momento en el que Oriente Medio se estaba sintiendo cada vez más apaleado por Occidente y América en particular, y en el que muchos países en vías de desarrollo estaban haciéndose con algunas armas de destrucción serias. Muy pocas veces estoy de acuerdo con lo que leo en los periódicos sensacionalistas, pero entonces sí que estaba de acuerdo con mucho de lo que estaban publicando. Si nos limitamos a entrar allí a la desbandada, provocaremos un desastre que destruirá cualquier posibilidad de alcanzar la estabilidad en aquella región durante mucho, mucho tiempo.»

También le concedieron una hora en MTV y participó en un debate con el líder del Partido Conservador, Iain Duncan Smith, en BBC Radio Five Live. Al final, la guerra siguió adelante, Michael dejó de ver los noticieros y leer los periódicos. En 2006 dijo: «Al pasar los años, el señor Blair está convirtiendo una palabra en la canción de protesta perfecta».

El apaleado Michael, con su postura antibélica, se vio arrastrado todavía más hacia el borde. Incluso sus asesores más cercanos temían que hubiese acabado con su carrera comercial. «Era tan estúpido no esperar lo que recibí, no solo a nivel político, sino también al de: "Escucha, a esta gente no les caes bien, les parece ya duro de por sí aceptarlo de una estrella del pop, y aún mucho más de una que creen que es demasiado esnob para hablarles en general". Sabía que muchos de esos periódicos eran del centroizquierda y, en realidad, estaban de acuerdo conmigo, pero me seguían criticando. Así que comencé a tomármelo como algo personal.» Como estaba sufriendo por la reacción de los medios de comunicación, y al no haber sacado un disco nuevo en los últimos siete años, iba a tener que volver por todo lo alto.

10

Supervivíente (2003-2006)

su-per-vi-vien-te

1. persona u objeto que sobrevive;
2. una persona que sigue funcionando o prosperando a pesar de la oposición, de los apuros o de los problemas.

«He padecido este tipo de ilusiones por parte de la prensa, y lo que en realidad quieren decir es: "Bueno, no estaba mal antes de salir del armario, y ahora vive esa depravada vida gay y es un desgraciado y está gordo, ¿no?"»

George Michael

«[La sinceridad] es mi problema. La sinceridad en sí misma crea más relaciones públicas en la actualidad, porque, en los últimos 20 años, todo el mundo se dedicaba a dar respuestas preparadas a preguntas preparadas. Como hay una guerra entre la izquierda y la derecha, entre el pasado y el futuro, algunas personas están intentando deshacerse del liberalismo. Algunas de las ideas con las que crecí, considerándolas totalmente ordinarias (y si fueras una persona inteligente no deberías plantearte la pregunta), están siendo hoy cuestionadas una vez más. El hecho de que sea un hombre homosexual, y el hecho de que políticamente no tema arriesgar mi carrera a la hora de hablar con claridad, me hace sobresalir por encima de los demás como una luciérnaga.»

GEORGE MICHAEL

Más de quince años después de su lanzamiento, el álbum *Faith* seguía siendo reverenciado por los críticos musicales. En 2003, el álbum apareció incluido en la lista de «Mayores Álbumes de Todos los Tiempos» de *Rolling Stone*, y el tema «Faith» se incluyó en «100 Best Songs of the Past 25 Years», del canal VH1. Pero la época de los movimientos de cadera a lo años ochenta hacía mucho que había pasado cuando, en marzo de 2003, George Michael hizo su primera aparición en directo en *Top of the Pops* en 17 años. La última vez, en 1986, había interpretado «Edge Of Heaven», de Wham! Ahora, presentado por el cómico y escritor Ben Elton como «...un verdadero genio del rock y del pop, [un] funky, [un] provocador», Michael versionó la canción de protesta de Don McLean «The Grave», compuesta por el norteamericano años antes de hacer pública su postura sobre la guerra de Vietnam.

La BBC informó a Michael de que no le permitirían vestir una camiseta en la que apareciera escrito «No a la guerra. Fuera Blair». Una declaración oficial de la BBC decía: «No le ofrecemos a George Michael una plataforma desde la que airear sus opiniones políticas sino que ofrecemos a nuestros espectadores la fantástica oportunidad de ver a una estrella internacional tocando en "Top of the Pops" por primera vez en

17 años». Había alguien en Beeb[5] que no lo pillaba (Michael solo aparecería en el programa si podía ofrecer un punto de vista político). Los cantantes acompañantes también llevaban las camisetas y, como no tenían otra ropa, se les eliminó de la retransmisión. A pesar del problema de vestuario, Michael ofreció una potente interpretación, apareciendo con gafas tintadas y sentado sobre una banqueta. Las guitarras acústicas y españolas sonaban preciosas contra la sección de cuerda, a la par que el cantante narraba la historia del terror de un joven al encontrarse en un campo de batalla.

Estaba claro que Michael no necesitaba más dinero. El programa de televisión de la BBC «Liquid Assets» declaró que el artista valía 95 millones de libras esterlinas en 2003, añadiendo que sus donativos benéficos habían superado los cinco millones. En 2001, había comprado una casa de campo del siglo XVI. Ubicada a una hora de Londres, antiguamente incluía una pintura de Turner. Los techos de vigas a la vista, la cocina Aga y la biblioteca repleta de libros antiguos se alejaban mucho de lo chic urbano de sus videoclips recientes. En el exterior contaba con unos extensos jardines y una gran piscina cubierta donde se podía relajar con Kenny y sus dos perros labradores dorados; cuando se le preguntó cuáles eran sus posesiones más preciadas, Goss respondió: «Mis perros Meg y Abby, y, por supuesto, George».

Michael pasó gran parte de 2003 en los estudios AIR, de George Martin, trabajando en su siguiente álbum, pero su progreso era lento. Aunque el trabajo llevaba avanzando y deteniéndose desde 1999, todavía le quedaba mucho por hacer. Los primeros frutos de su trabajo fueron evidentes cuando se lanzó el sencillo con el que iba a volver, «Amazing», en marzo de 2004. Demostró que Michael todavía te-

5. *Beeb*: término del argot británico para designar a la BBC.

nía el toque mágico cuando se trataba de fusionar ritmos de baile con un rock suave y un poquito de soul blanco. El single alcanzó el número cuatro en el Reino Unido; en Estados Unidos dominó la lista de bailables *Billboard*, pero no dejó huella en los puestos de la lista de principales.

El vídeo era sencillo, pero efectivo. En él aparecía Michael sentado en un salón lleno de jóvenes de ambos sexos, bellos y de caras inmaculadas. Todos iban vestidos de blanco, y los muros y los asientos también eran blancos. Entonces alguien conecta un vídeo holográfico de Michael vestido con tejanos, cazadora y gafas oscuras, tocando una guitarra, una imagen con reminiscencias de *Faith*. Acompañado por un pequeño grupo de músicos vestidos de negro, interpreta la canción como si fuera una transmisión futurista a tamaño real y en 3D, a la vez que todos se divierten con candor.

El álbum tanto tiempo esperado llegó finalmente. Titulado

con acierto *Patience*, subió directamente al número uno en el Reino Unido, desbancando a Norah Jones. En los 14 años entre 1990 y 2003, Michael solo había publicado otro disco de material nuevo, en parte por el caso de Sony ante los tribunales. Ahora, tras alcanzar un acuerdo exclusivo, *Patience* apareció bajo el sello de Sony. Una vez consiguió garantizar una liquidación de Virgin que le permitiera dejar a Sony, había aceptado lanzar su siguiente álbum con su discográfica original después de que Virgin solo hubiese publicado uno, *Older*.

Después de una ausencia tan larga, el cantante sabía que tenía mucho trabajo por hacer. Aceptó promocionar el disco una vez más a través de entrevistas. «Realmente, creí que nunca sería capaz de volver a hacer esto», comentó. «He pasado por tantas cosas para poder llegar a este álbum. He trabajado durante períodos de tanta depresión, miedo y ansiedad. Mi vida ha sido realmente como un mal culebrón estos últimos diez años. Todo me iba bien. Y estaba entrando alegremente en los libros de historia, cuando mi mundo se vino abajo.» Explicó que había ido a trabajar a los estudios a diario, pero que la música se negaba a fluir. Una y otra vez volvía a casa sin haber avanzado ni un ápice. Ya no podía crear como en el pasado y esa situación duró casi la totalidad de tres años. El momento del cambio lo alcanzó cuando volvió a vivir en una casa en la que ya viviera en el pasado. Su madre solía visitar aquella casa para limpiarla y, con anterioridad, él ya había escrito allí mucha música. Era el sitio que más relacionaba con su madre en su período adulto. Ese simple cambio de escenario provocó su catarsis, y las canciones volvieron a fluir una vez más.

«Hay algo en lo vocal de este disco que resulta mucho más confiado, que demuestra más certidumbre», dijo. «Aunque me encantan *Songs From The Last Century* y *Older*, hay un nivel de energía en este disco que no he tenido desde que comenzó toda esta mierda, desde antes de conocer y perder a Anselmo y de que muriera mi madre. Y ese es el motivo de que «Amazing» me recuerde a Wham! más que ninguna otra cosa que haya hecho. El trabajo que he realizado en los últimos doce años tal vez haya tenido cierta intensidad o profundidad, pero no hay nada que haya tenido la energía de mis primeros trabajos. Creo que [esa energía] me ha vuelto con el alivio de volver a sentirme bien.»

A fin de apoyar el álbum al máximo, Michael volvió a las rondas de deberes promocionales de las que se había alejado hacía casi 15 años. Apareció en programas de televisión, concedió entrevistas en la radio e incluso hizo apariciones en persona y firmó autógrafos en las tiendas. Odiaba hacerlo, pero funcionaba. El álbum llegó a los primeros puestos de las listas, y era noticia por los motivos adecuados. Como parte del trabajo de promoción, volvió al programa de televisión «Parkinson» por primera vez desde el especial de una hora de 1998, apareciendo junto al actor Bill Nighy y el imitador Jon Culshaw. El cantante, con una poblada barba, pronto se encontró hablando sobre su sexualidad, explicando lo positiva que había sido su experiencia de salir del armario. Del lapso de ocho años entre álbumes con material nuevo dijo que, aunque había estado «en forma» en su última aparición en 1998, el incidente de los aseos en Los Ángeles le había causado una distracción subconsciente debido al dolor que todavía estaba padeciendo; una vez se calmó el alboroto debido a su arresto, se encontró inmerso en una espiral descendente. Aunque no confiaba en ninguna religión organizada, sí que tenía creencias, y su espiritualidad se había visto dañada hasta tal punto que le había dominado un bloqueo mental. Cambiando de tema, habló sobre su apoyo a la idea de aplicar una fiscalidad más alta a los ricos y dijo que le gustaría crear una página web en la que la gente pudiera bajarse su música gratis. Después de todo, dijo, ya no necesito más dinero.

En 2004, Michael aceptó que un equipo de cámaras le siguiera mientras realizaba algunas de sus tareas de promoción de *Patience*. A mitad del rodaje, Michael no estaba satisfecho por cómo se estaban haciendo las cosas. En un paso típico del lado controlador de su naturaleza, compró la película inacabada a la empresa de producción y terminó el trabajo él mismo, tal y como quería.

Si cualquier otra megaestrella hubiese dado ese paso, habría sido de esperar que el producto acabado fuese un retrato adulador de un artista angustiado. Sin embargo, con George Michael, la película se convirtió en una mirada íntima a su vida, a su infancia y a los altibajos tan públicos de los últimos años. El corte final, titulado *A Different Story*, se vendió a los fans en los conciertos de Michael de 2006. Concedió mucho tiempo a sus detractores; por ejemplo, vemos a Noel Gallagher diciendo: «Este es el tipo que ocultó quién era realmente de la mirada pública durante veinte años y ahora, de pronto, tiene algo que decir sobre cómo funciona el mundo. ¡Me resulta jodidamente gracioso!». También le vemos reencontrarse con un Andrew Ridgeley con problemas capilares para hablar de la época de Wham! En un momento conmovedor, a Michael se le pregunta qué vida habría preferido. Responde que habría sido la de Ridgeley.

Gran parte de *Patience*, incluyendo su título, se compuso con el «piano de John Lennon», un instrumento que fue una constante inspiración para Michael. El álbum cubría mucho terreno; algunos decían que incluso demasiado (excesos sexuales con «Freeek!», asuntos familiares, novios, la guerra en Irak y mucho más). Haber recortado una o dos canciones podría haber sido una buena idea. Con setenta minutos, hace falta mucho tiempo para digerirlo todo. Y hay trozos que no son fáciles de escuchar al principio; algunas de las letras son sumamente personales. «My Mother Had A Brother» habla del suicidio de su tío. «Cuando tenía 17 años, mi madre me hizo sentar y me habló de su hermano, que se había suicidado el día que yo nací», explicó. «Me dijo que creía que probablemente fuera gay, y que no fue capaz de enfrentarse a la situación familiar. Así que siento que esta canción es un agradable mensaje para que mi tío sepa que la vida es ahora mucho mejor y que, de alguna forma, yo soy su reencarnación que le dice cuán feliz me siento y que comparto mi vida abiertamente con un hombre.»

«Round Here» habla tanto del pasado de su familia como de su propia infancia, haciendo referencia a antiguos héroes musicales como los Specials, The Jam y The Beat, cuya «música caía como lluvia de las calles». El folleto del CD incluía una fotografía para cada canción del disco y para «Round Here» había una imagen de George y sus hermanas jugando cuando eran niños. «Amazing» muestra dos anillos de oro con la palabra «amore» grabada en ellos, mientras «American Angel» no nos sorprende al ilustrarse con una imagen de Kenny Goss. También hay sitio para una canción dedicada a Anselmo Feleppa, «Please Send Me Someone». El trabajo de producción es brillantemente pulcro, tal vez demasiado. Una pequeña errata aquí o allá podría haber dado a la música una sensación más natural.

George Michael continuó con su éxito de bailables y mezclas para clubes con el lanzamiento en junio de la pegadiza «Flawless (Go To The City)». El sencillo salió en un puñado de mezclas diferentes que incluían el «Shapeshifters Remix», el «Hot Fridge Vocal Mix», el «Jack'n Rory Vocal Mix» y el «Boxer Mix». El vídeo, que recrea una habitación de hotel poblada por numerosos personajes alojados allí que van y vienen, cada uno a lo suyo, como si no fueran conscientes de la presencia de los demás, fue nominado a un Grammy en febrero de 2005. «Round Here» completó el lanzamiento de sencillos para 2004.

En junio de 2005, Michael probó el mercado en internet lanzando un single que solo se podía obtener para descargar, «John And Elvis Are Dead»; era una canción contemplativa sobre alguien que despierta de un coma de 30 años y roza lo místico, lo religioso y lo que tiene la vida de fragilidad. El vídeo estaba empapado de imágenes de la cultura pop, desde el alunizaje en 1969 e imágenes de la guerra de Vietnam, hasta Phil Daniels en el filme *Quadrophenia*, además de tomas de The Jam, Blondie, la princesa Diana, Nelson Mandela y hasta la madre Teresa de Calcuta (por no mencionar a Lennon y Presley, cuyos nombres formaban parte del título).

En febrero de 2006, Michael volvió a ser noticia por motivos no deseados otra vez. Había chocado contra unos automóviles aparcados, se había dormido al volante, le habían fotografiado a altas horas de la madrugada en Hampstead Head… lo había hecho todo.

«Si tengo algún tipo de altercado con el tráfico, si choco contra su coche de alguna manera, la gente me ve y sonríe porque piensa "seguro que puedo sacar algo de esto"», comentó. «A todos los desafortunados cuyos coches aparcados se han visto afectados se les ha dicho que pueden utilizar uno de alquiler, y supongo que no habrán contratado coches como el Nissan Micra.» Michael explicó el suceso diciendo que se disponía a marcharse de casa de un amigo muy temprano una mañana cuando, habiendo aparcado en una empinada colina, chocó por accidente contra un automóvil que, a su vez, lo hizo contra otro... Se marchó conduciendo él mismo y, luego, le pidió a alguien que volviera y tomara nota de los datos personales de los dueños afectados. La prensa dijo que «había huido»; en realidad, solo había querido evitar una escena en una calle pública en la que se podría haber alertado a los fotógrafos de los periódicos, y lo que en realidad era un incidente menor se habría extendido a toda la prensa. «Para cuando envié a alguien a obtener los datos de lo que creía que había sido un leve incidente, el *Daily Mail* ya estaba allí y, desde ese momento, todo creció y creció. Había gente llamándome a casa, gente que intentaba por todos los medios saber si yo estaba en el hospital o no. Y lo único que había sido, literalmente, fue un accidente de aparcamiento.»

Todavía se echó más leña al fuego de la prensa cuando la policía le arrestó por haberse dormido al volante de su automóvil mientras esperaba delante de un semáforo. «Estaba en el semáforo de la esquina de Hyde Park», contó, riéndose, a Michael Parkinson. «No sé si alguna vez ha estado usted ante los semáforos de la esquina de Hyde Park, pero es bastante fácil quedarse dormido allí. No sé durante cuánto tiempo estuve dormido, supongo que fue algo momentáneo. Pero estaba ante el semáforo, con el pie en el freno y creo que me quedé dormido. Me despertó un policía dando golpes a la ventana y, obviamente, debía comprobar si yo estaba en condiciones de conducir. Tal vez no hubiese estado fuera de control, pero sí dormido. Me hicieron la prueba de alcoholemia. Todo bien. El conductor de la ambulancia que me hizo las pruebas allí mismo dijo que estaba bien, pero uno de los agentes quería asegurarse. Ya sabemos que estaban haciendo su trabajo, pero el hecho de que aquello se fuera a convertir en un incidente internacional, realmente, no le preocupa al policía en cuestión. Así que me llevaron... En realidad, no era nada, pero, una vez más, se convirtió en un drama gigantesco.»

Tras asegurarse de que contaba su versión de la historia en voz alta y clara en los programas de entrevistas, se le preguntó a Michael sobre su relación con Kenny Goss. Siendo uno de los hombres gay más famosos del Reino Unido, con una pareja desde hacía años, era inevitable que se le preguntara si tenían planes de boda. «Creo que, sin duda, formalizaremos lo nuestro, porque creo que desde un punto de vista legal resulta esencial contar con las mismas salvaguardas que tienen las parejas heterosexuales», comentó. «Llevamos juntos diez años y creo que tenemos derecho a ello. Debo admitir que me gustaría alcanzar un éxito ligeramente superior al 50 por ciento. Así que no creo que vaya a emular el matrimonio [de Elton John] en ese sentido. No creo que vaya a haber una ceremonia, probablemente lo hagamos en nuestro décimo aniversario. Creo que, simplemente, haremos lo formal y legal y, luego, daremos una fiesta. Pero nadie se va a poner un vestido. ¡Ninguno de los dos tiene cuerpo para ello!»

Está claro que George Michael parece tener una vena autodestructiva. ¿Por qué, si no, tentaría de manera constante a una jauría de periodistas, a veces sangrienta, con el tipo de historias que habrían acabado con las carreras de hombres menos fuertes? Ocultar su sexualidad durante años; salir del armario, literalmente, en unos baños públicos; hablar en contra de la guerra de Irak; rayar su coche y quedarse dormido al volante; todo se iba acumulando en la mente de los periodistas. Entonces, en julio de 2006, el siempre fiable *News of the World* le hizo unas instantáneas suyas yendo de caza.

Como siempre, la prensa se apresuró a dar las puñaladas.

El titular del *News of the World* proclamaba, «La Vergüenza Sexual de George», tras lo cual, el periódico explicaba que sus «investigadores» habían «pillado al cantante *in fraganti* y ruborizado al salir de entre los arbustos tras retozar con un conductor de camioneta desempleado de 58 años y prominente barriga». Por qué consideró el periódico que era de interés público acechar en Hampstead Heath a altas horas de la madrugada a la espera de una primicia es algo que cualquiera puede imaginar. Pero, esta vez, resultaron «afortunados», y fueron tan lejos como para seguir a la supuesta pareja de George durante la noche en Brighton y pagarle para que contara su versión de la historia, que se reprodujo con todo lujo de detalles gráficos.

Cuando lo pillaron, Michael se mostró comprensiblemente molesto, y se supone que hasta le gritó al fotógrafo: «¿Eres gay? ¿No? ¡Pues lárgate! ¡Esta es mi cultura! Yo no estoy haciendo nada ilegal. La policía ni siquiera sigue viniendo por aquí. Soy un hombre libre y puedo hacer lo que quiera. No le hago daño a nadie». También se citó a un supuesto amigo (anónimo) que decía: «Estamos realmente preocupados. Hace tiempo que se sabe que es un gran consumidor de cannabis pero estamos empezando a temer que la hierba le haya afectado a la mente. Ha perdido la capacidad de decidir. Debe buscar ayuda profesional o las cosas podrían terminar muy mal para él». Esta cita sin confirmar probablemente se incluyera por el mero hecho de justificar el ángulo adoptado por el periódico que decía que estaba perdiendo la cabeza por las drogas. «Al final, no se trata de acontecimientos que alteren la vida de nadie, y a la prensa le gustaría que se tratase de acontecimientos radicales», comentó. «No soy el único al que le están tratando así. Ya sabemos que se está tratando a todo el mundo así, pero parece que les gusta jugar a este juego conmigo.»

Michael habló con Nina Hussein, de ITN, sobre la «caza»

a que estaba sometido, pero le molestó su línea de interrogación y perdió los estribos. Como no formaba parte de la comunidad gay, le preguntó él, ¿qué sabía sobre los riesgos? «Incluso con mi terapeuta, a quien había comenzado a visitar cuando descubrí que Anselmo era seropositivo en 1991 y a quien sigo viendo hoy en día, yo hablaba sobre todas las cosas. Pero no podía hablar de mis aventuras, porque era algo estúpido», admitió Michael. «Es un hombre increíble y me ha ayudado a cambiar mi vida. Pero una de las mejores cosas sobre lo que ocurrió en LA [el incidente en el parque de 1998] es que le hablé de ello, y así dejó de ser algo tan oculto y compulsivo. Y divertido, si he de ser sincero. Lo que me hacía seguir adelante era esa tonta sensación de que estaba obligado a hacer alguna estupidez. Tendía a hacerlo cuando me sentía mal por algo. Tendía a hacerlo como forma de autocastigo. Ahora ya no lo hago. ¡Ojalá pudiera emocionarme así! Tampoco debemos hablar mal de sentir un poco de culpa. Según cuentan, los católicos son quienes disfrutan del mejor sexo del mundo.»

La consecuencia de estos informes fue que Kenny anuló su boda, por lo menos, según «una fuente» del *Daily Mail.* «Su Amante Gay le dice a George: se anula la Boda», decía el titular del 25 de julio. George, como siempre, fue rápido en aclarar la situación. Esta vez llamó al programa «Richard & Judy» para poder hablar de ello en directo. «La verdad es que *News of the World* sabe que no tengo ningún tema con la caza. Lo he comentado varias veces», dijo. «Así que no deben hacerme parecer como el marica Wayne Rooney. A pesar de que no quiero discriminar por edad ni obesidad, y aunque allí arriba está oscuro… ¡no está TAN oscuro!» Para ese momento de la entrevista ya tenía a marido y mujer, Richard Madeley y Judy Finnegan (los presentadores), riendo a carcajada limpia. Eso no sonaba a un hombre que estuviera al borde de una ruptura.

«No tengo ni idea de quién era el tipo», continuó. «Ni siquiera creo que la gente de la calle Fleet[6] crea que las palabras "vergüenza" y "depravado" sean reales. No puede haber ningún tipo de vergüenza en una situación si las personas implicadas no la sienten, y yo está claro que no la siento. Creo que resulta muy triste para los jóvenes homosexuales que haya gente como Rupert Murdoch que hace uso de palabras como "depravado" cuando quiere atacar a una persona gay. Creo que eso debería cambiar, sinceramente lo creo. Pero, desde mi propio punto de vista, no quiero que la gente crea que tengo problemas en la vida, cuando no es así. Y creo que debería poder ser lo que soy para los jóvenes gays, es decir, un hombre que ha conseguido mantener el éxito en esta industria durante veinticinco años. Sabéis, acabo de realizar la gira que más rápidamente se ha vendido, tal vez, en toda la historia de Gran Bretaña. Y no se me permite ser eso para los jóvenes homosexuales; debo ser alguien con problemas.»

La boda, dijo, no se había anulado. Simplemente habían decidido posponerla para evitar el inevitable circo mediático. «No celebramos la boda porque sabíamos que, en este momento de nuestras vidas, conmigo a punto de salir de gira, con toda la basura que he tenido que aguantar durante los últimos seis meses, no íbamos a conseguir disfrutar de una agradable, privada e íntima boda; que es lo que yo quería. Yo no quería una gran boda, una boda deslumbrante. Quería algo pequeño y tranquilo. Pero no creo que ni siquiera pudiéramos conseguir eso. Así que la pospusimos por esos motivos.»

Sobre sus encuentros más casuales, explicó: «Nunca se duda cuando se sale con alguien de copas o a cenar [...]. Tiene que haber algunos límites en alguna parte. Y esos son los nuestros». (Es decir, los suyos y los de Goss.) «Nunca se plan-

6. Fleet Street es la calle londinense donde, tradicionalmente, se concentraba la mayor parte de las sedes de la prensa y las agencias de noticias británicas, hasta inicios del siglo XXI.

tean dudas cuando se pasa la noche con alguien. Es solo sexo. A mí me sorprenden los hombres gay que se mienten y engañan los unos a los otros. Sí, para Kenny y para mí fue más duro al principio. Pero creo que se debió más al hecho de que no teníamos ninguna experiencia. Creo que se malgasta una oportunidad si no se es directamente sincero con una persona en la vida. Kenny es la persona de mi vida con quien puedo ser totalmente sincero sobre absolutamente todo. Y creo que esa oportunidad se brinda a los homosexuales, pero no estoy seguro de si también existe para los "heteros". Los hombres se entienden mejor entre sí de lo que se entienden los hombres con las mujeres.»

En 2004 se había producido un distanciamiento entre Michael y Elton John; John no se había mostrado demasiado amable sobre *Patience* en su lanzamiento, y se publicó en muchos medios que John había dicho: «George se encuentra en un lugar extraño. Parece existir una tristeza muy profundamente enraizada en su vida. Necesita salir más». Ese tipo de comentarios parecían especialmente curiosos, porque Michael donó los derechos de su álbum en Estados Unidos a la Fundación Elton John contra el Sida. Michael decidió responder a través de la prensa, remitiendo una carta abierta a la revista *Heat* a fin de ofrecer su versión de la historia:

> Elton John conoce muy poco a George Michael, y eso es un hecho. Contrariamente a la impresión que tiene el público, en los últimos diez años, hemos hablado pocas veces, y probablemente sorprendiera a la mayoría de la gente saber que nunca he comentado mi vida privada con él. Jamás. Es una lástima que siempre haya sido consciente de que el círculo de amistades de Elton es el mayor núcleo de cotilleos de la ciudad y allí no se garantiza exactamente mi vida privada. Así que nunca hemos estado realmente cercanos, lo que resulta muy triste. Y hasta el día de hoy, la mayor parte de lo que Elton cree saber sobre mi vida se limita bastante a los coti-

> lleos que oye en su «radiomacuto gay» que, como todos imaginarán, resulta encantador. Aparte de eso, sabe que no me gusta ir de gira, que fumo demasiada "maría" y que mis álbumes tienen la costumbre de alcanzar el número uno. En otras palabras, sabe tanto sobre mí como la mayoría de mis fans. Lo que no sabe es que pocas veces me he sentido tan feliz y confiado como en la actualidad. He viajado por el mundo varias veces y, a los 41 años, creo que me he ganado el derecho a una vida tranquila, lo que realmente me encanta, y eso es algo que Elton tal vez no pueda comprender. Gana millones interpretando los viejos clásicos día sí y día también, mientras mi motor y mi pasión siguen siendo el futuro y las canciones que aún estoy por escribir para el público.

Se dice que superaron ese desencuentro. Desde su disputa pública, ambos se reconciliaron debido a los esfuerzos pacificadores del famoso chef Gordon Ramsay, entre otras personas. Michael invitó a John a su casa, donde Ramsay les cocinó una comida, tras la cual les dejó solos para que arreglaran las cosas.

Julio de 2006 fue la fecha en la que se lanzó «An Easier Affair», una de las nuevas pistas grabadas para el CD múltiple con la recopilación «Los mejores de» que se iba a publicar en la celebración de los veinticinco años de George Michael en el negocio de la música. Un doble DVD y, tal y como se había anunciado, una gira mundial también se basaban en ese hito.

«Es increíble», comentó Michael. «Creía que tenía claro que las cosas iban a durar unos dos o tres años, pero nunca había soñado con algo así cuando era niño. Veía "Top of the Pops", pero nunca me lo planteaba más allá. Pensaba en ser una estrella, pero nunca contemplé la posibilidad de ocupar ese puesto durante veinticinco años porque, en 1980, había muy pocas personas en esa posición, mientras que hoy hay bastantes. Ya solo las cifras, la posibilidad de redondear las cosas a un cuarto de siglo, me suenan a triunfo. Y me da la sensación de que son las cifras adecuadas para colgar lo que yo considero mi verdadera carrera comercial generalista. Porque está claro que yo realmente quiero que las cosas cambien de dirección después de esto. Quiero explorar cosas nuevas.»

El anuncio de una gira había tomado a casi todo el mundo por sorpresa, en particular después de los preocupantes titulares en las noticias sobre el cantante y su falta de discos nuevos. Era su primera gira de cualquier tipo desde las fechas de *Cover to Cover*, hacía quince años, y la primera en la que cantaría su propio material en dieciocho años, desde la de *Faith*, en 1988. Hoy, seguro en su relación con Kenny y habiendo llorado el tiempo necesario a su madre y a su amante, sintió que había llegado el momento de volver a actuar una vez más.

Pero todavía no estaba preparado para volver a saltar a una aventura mundial. «La gira cubrirá toda Europa. Si he de ser sincero, todavía me siento un poco nervioso con las giras mundiales, así que he pensado que lo que haré será empezar por una europea que me permita volver a casa si lo necesito», admitió. «Incluye unas cincuenta fechas en un plazo de aproximadamente tres meses. Siempre dije que no lo volvería a hacer. Pero tengo la sensación de que voy a disfrutar de ello esta vez, y también se trata de una alternativa a la vida que llevo en la actualidad. En otras palabras, si puedo establecer una relación en directo con mi público otra vez, tal vez no deba preocuparme por volver a lanzar sencillos y ponerme a tiro de los medios de comunicación constantemente.

»Creo que cualquier artista verdadero tiene esa duda. No creo que se pueda seguir durante veinticinco años si no se está lleno de dudas. ¿Qué te motivaría? Tienes que probarte a ti mismo una y otra vez. Ahora, en cuestión de grabar discos y escribir canciones, no necesito pensar que deba volver a probarme. Pero sí que necesito demostrar que todavía sigo vivo y estoy bien.»

El 15 de septiembre, la inauguración de la gira *25Live* en Barcelona, estaba abarrotada con 18.000 fans y una muchedumbre de representantes de los medios de comunicación. Había una intensa sensación de anticipación. Después de una ausencia tan larga de los escenarios, ¿podría George Michael seguir consiguiéndolo? La respuesta fue un resonante sí.

«Debo haberme estado manchando los pantalones, realmente, aunque no me dio esa sensación», explicó. «Cuando estoy preparado para salir al escenario, hay algo en mí que se hace con el control. No es miedo, es otro marco mental. El miedo domina toda la anticipación, creo yo, durante varios de los meses previos. Hasta mediados los ensayos estaba real y verdaderamente asustado. Una vez me di cuenta de que mi voz iba a estar genial, que sonaba como ya sonara antes, a partir de ese momento, me comencé a relajar. Y después de tres o cuatro conciertos, ha sido un paseíllo.»

Musical y visualmente fue una producción espectacular. Vestido con un traje gris brillante que abrazaba su figura, Michael parecía un poquito más pesado y mostraba algo de gris en la barba y las sienes. Pero ahora tenía 43 años. A ambos lados del escenario había gigantescas pantallas de vídeo y unos andamios de tres plantas en las que se situaban la gran banda de músicos y los cantantes acompañantes. Descendiendo desde las alturas por detrás del escenario y cruzando la pista hasta situarse sobre el público había una descomunal pantalla de vídeo a la última, ante la cual Michael actuó y, sobre la cual caminó durante el largo concierto. Esa pantalla pulsaba y brillaba de colores y destellos, además de mostrar fotos, videoclips y animaciones. La primera noche, el concierto se extendió durante casi dos horas y media e incluyó más de veinte canciones, pero estaba claro que Michael contaba con mucho material que nunca había incluido antes en sus giras. «Flawless» se ganó al público y provocó que todos bailaran, y fue seguida de «Fastlove», acompañada en la pantalla gigantesca por una enorme bola de discoteca. Pero el montaje que, comprensiblemente, se hizo con los titulares tuvo lugar durante «Shoot The Dog». La pantalla mostró el videoclip animado a la vez que interpretaban la canción, ante un gigantesco George W. Bush hinchable que había surgido de un hueco en el escenario. El presidente de plástico se alzó allí con un vaso en una mano y un puro en la otra durante aproximadamente un minuto. Michael se acercó tranquilamente caminando hasta él, agarró la parte delantera de sus pantalones y se los arrancó, ante gritos de deleite del público. Al hacerlo provocó que un segundo globo apareciera, este con forma de bulldog que portaba un chaleco con la bandera británica y simulaba estar practicando sexo oral con Bush. Junto con el retrato poco adulador que ofrecía el vídeo sobre el primer ministro británico Tony Blair, quedaban pocas dudas sobre quién se suponía que representaba el perro.

Hubo otros momentos especiales durante el concierto. Para «Father Figure», aparecieron seis cantantes acompañantes que ofrecerían un arreglo vocal glorioso de la antigua canción de Wham! Durante «Too Funky» se mostraron imágenes de doce metros del vídeo de las supermodelos, mientras «Faith», «I'm Your Man», «Careless Whisper» y «Outside» provocaron, todas ellas, la locura del público al ir avanzando el concierto. El espectáculo terminó con «Freedom 90», a la par que se mostraban créditos como en las pantallas de los cines. La gente salió del concierto pensando, ¿por qué no ha existido esto en dieciocho años?

La gira terminó de vuelta en Gran Bretaña, con conciertos en Manchester, Glasgow, Birmingham y dos períodos contratados en Londres, en Earls Court y en el Wembley Arena. Preparado para que se enganchara a las fechas británicas, la recopilación *Twenty Five* se convirtió en el octavo álbum de Michael en alcanzar el número uno, por delante de toda una inundación de discos con «Lo mejor de». Junto a la colección *High Times*, de Jamiroquai, la *Singles Collection*, de Sugababes, y *The Sound of…*, de Girls Aloud, los cuatro principales eran recopilatorios. ¿Quién había dicho que la nueva música estuviera muerta?

«Con solo mirar a la gente divertirse tanto, dado el mundo en el que vivimos hoy día, los veo y cada noche, cuando salgo al escenario, me encuentro con esta increíble reacción. La gente, realmente, se va con la sensación de haber pasado una gran noche. Y yo comprendo que, de alguna manera, al envejecer, tengo el gran privilegio de poder hacerlo; el privilegio de poder cambiar la noche de muchas personas y convertirla en algo genial. Creo que eso no era capaz de percibirlo cuando era más joven. Por eso, esta vez sí lo he hecho. Pero, además de eso, creo que me acabo de dar cuenta de que he debido ser un hombre muy solitario. Eso es lo único que se me ocurre, porque esto no ha resultado atemorizante ni difícil en absoluto. Esto, realmente, ha sido como una experiencia sin ningún tipo de preocupación. Kenny y yo nos lo hemos pasado en grande…, todo ha sido realmente agradable, por lo que no tengo ninguna duda de que lo repetiré bastante pronto.»

El acto musical final de George Michael en 2006 fue emotivo. El 20 de diciembre interpretó en un concierto especial gratuito para los trabajadores sanitarios del Roundhouse londinense en agradecimiento a los empleados que habían cuidado a su madre durante sus últimos meses. Se sortearon dos mil entradas gratuitas entre todos los empleados del Servicio Nacional de Salud británico: fue, sin duda, el menor aforo ante el que tocase en muchos años. La comediante Catherine Tate comenzó el espectáculo con un disfraz completo de enfermera irlandesa, a la par que Michael lo presentaba diciendo: «Esta noche todo trata sobre mi madre. Esta sala está llena de héroes. La sociedad dice que lo que vosotros hacéis es vocacional, y eso significa que no se os paga en absoluto lo que se debería. Esta noche yo os quiero dar las gracias. ¡Si tan solo consiguiéramos que el Gobierno hiciera lo mismo!». El concierto consistió en otro puñado de grandes éxitos y echó la casa abajo, especialmente cuando comenzó a caer nieve artificial desde las vigas del techo durante «Last Christmas», tan adecuada para esas fechas.

Durante el otoño, George Michael apareció en más programas televisivos. Channel 5 retransmitió el tristemente célebre documental *Careless Whiskers* que se comercializó con la colaboración del antiguo confidente de Michael, Andros Georgiou. En una nota más de peso, Michael permitió que Melvyn Bragg y el equipo del magazine televisivo «South Bank Show» (de ITV) grabaran sus preparativos para la gira en los estudios AIR en agosto. Al principio de la retransmisión, apareció un mensaje en la pantalla durante varios segundos que decía: «George Michael desea informar a los espectadores que nunca ha dado positivo en pruebas de alcoholemia o drogas al volante». Aunque había cogido miedo a vivir en el ojo del huracán, como ya le ocurriera en los años ochenta, no quería hacerse viejo y lamentar no ir de gira una vez más. Necesitaba que el sello «George Michael» volviera a ser sinónimo de música. La percepción que tenían los medios de comunicación de él era la de un hombre al borde de algo inconcreto. ¿Qué mejor manera de demostrar que seguía vivo y estaba bien que salir ahí afuera en persona y demostrárselo a la gente?

Sin embargo, la entrevista provocó otra tormenta en los periódicos. «Debería aprender a cerrar la boca», comentó durante el espectáculo, aunque está claro que no seguía sus propios consejos. Habló de forma abierta durante el programa sobre cuánta marihuana fumaba y le grabaron haciéndolo. «Si bebiera tanto como he fumado me parecería a Keith Richards», añadió. «Esto me mantiene cuerdo y feliz.» Al día siguiente estaba en todos los periódicos. Mientras *The Guardian* señalaba que se le había grabado fumando en Madrid y que, en España, fumar cannabis era legal, un representante de Rethink, una institución benéfica de salud mental, comentó: «Como gigantesca estrella internacional, cualquier comentario público suyo atraerá una enorme atención. Sus comentarios son estúpidos e ingenuos. El cannabis no es una droga sin riesgos. Para una importante minoría de personas, el cannabis se convierte en el detonante de graves enfermedades mentales a largo plazo, como la esquizofrenia».

Michael acabó el año con un concierto triunfante y muy lucrativo en Moscú en Año Nuevo. El multimillonario ruso Vladimir Potanin le pagó la escalofriante cifra de 1,7 millones de libras esterlinas por una actuación de setenta y cinco minutos con sus mayores éxitos, y el *Daily Mail* calculó que eso representaba un sueldo de 23.823 libras por minuto. Michael, entonces, voló directamente de vuelta a Londres en un jet privado.

Al final de la gira de 2006, Michael se había sentido tan contento por su decisión de volver a ir de gira, que quería más. «Me planteé, ya sabes, agarrar al toro por los cuernos. No recuerdo haberme sentido inspirado por nada en particular. Solo recuerdo haber pensado, mientras estaba sentado sobre un enorme balón de goma que utilizo para mantener la espalda equilibrada, que por fin comprendía el miedo a las recriminaciones. Siempre he planificado el futuro de una manera extraña y nunca he vivido el momento, porque siempre me ha aterrado arrepentirme después. Y se me ocurrió que lo que me iba a recriminar era no tocar, por lo menos antes de llegar a una cierta edad. No recuerdo por qué me llegó esa especie de epifanía, pero en cuanto ocurrió, me pareció muy claro que lo que tenía que hacer era planificar la vuelta. No estaba seguro de en qué punto quería volver, pero hoy no se me ocurre ningún motivo por el que no vaya a retomar los estadios. Fue toda una revelación.»

En el año nuevo, la noticia de que se estaba organizando una gira por los estadios llenó de renovada alegría a sus millones de fans en Europa, centrándose las fechas británicas en el estadio de Wembley. Los nuevos conciertos comenzarían en el estadio Aarhus, en Dinamarca, el 18 de mayo, y de allí se desplazarían a cinco estadios británicos y, luego, a Francia, Italia, Bélgica, Alemania, Dinamarca, Eslovaquia, la República Checa, Suecia, Holanda y Hungría. Desconcertando a la prensa popular, estaba emergiendo con más fuerza de la que había mostrado en años.

A principios de 2007, el espectro de las acciones policiales seguía acechando a Michael. A finales del año anterior, la Policía Metropolitana le había acusado de «no estar en condiciones de conducir» tras haberse quedado dormido al volante de su automóvil, a la par que se le amonestaba por posesión de cannabis. La BBC reveló que se presentaría ante los magistrados del Tribunal de Brent el 11 de enero de 2007 para responder de los cargos. En marzo de 2007, tuvo lugar la vista previa en la que el equipo defensor de Michael señaló que era difícil elegir una fecha para el juicio por sus próximos compromisos con la gira. También intentaron defender que la fiscalía debería ser desestimada por un «error de proceso» puesto que no se había tomado ninguna muestra sanguínea de su cliente en la escena del incidente. El juez dijo: «Va a tocar en el Wembley el 9 de junio, ¿verdad? Así que, de todas formas, estará en la zona. Lo voy a tratar como si estuviera trabajando, y tal vez se tenga que coger un día libre». Y se añadió un cargo adicional, el de estar al mando de un vehículo motorizado bajo el efecto de las drogas.

En otro giro de la historia, la vista para la sentencia se estableció para el viernes 8 de junio, justo un día antes de que debiera tener lugar el trascendental concierto en Wembley. Los informes previos indicaban que un caso de esa naturaleza podía implicar una pena de prisión (algo que no solo acabaría con el concierto en Wembley, sino con toda la gira en los estadios). Pero sus fans no deberían haberse preocupado. La jueza Katherine Marshall explicó que se había planteado tanto la cárcel como una orden con toque de queda, aunque ambas opciones habrían resultado desastrosas. Finalmente, decidió que cien horas de servicios a la comunidad y dos años de retirada del carné de conducir serían castigo suficiente. Michael salió del Tribunal de los Magistrados de Brent al norte de Londres feliz y aliviado. Leyó una breve declaración a la masa de periodistas en la que aceptaba toda la responsabilidad por sus acciones antes de añadir que se iba al mayor concierto de su vida.

A pesar del tiempo cambiante previo al fin de semana, el 9 de junio amaneció cálido y seco para el primer concierto pop que iba a tener lugar en el nuevo estadio de Wembley. Se consideraba que el concierto era un acontecimiento tan importante que Channel 4 cubrió en directo parte del espectáculo, incluyendo una entrevista con Chris Evans y algunas tomas de archivo. La gira demostró que los conciertos de George Michael en directo podían pasar con comodidad de aforos gigantescos a estadios. Se añadieron un par de pantallas de vídeo enormes y una pasarela que salía desde el escenario hacia el público en forma de semicírculo, la cual ayudaba a que los momentos tranquilos resultaran más íntimos. Se trató de otra recopilación de grandes éxitos con canciones elegidas muy cuidadosamente para su retransmisión en directo a través de la televisión (debido a las noticias de los días anteriores), incluyendo «Outside» (para la que el cantante se vistió con un uniforme de policía estadounidense) y

«Freedom 90». Se utilizaron muñecos hinchables, incluyendo uno de la estatua de la Libertad con la cara de Tony Blair y un misil en lugar de antorcha.

Todavía bendecido con el conjunto de principios transmitidos por su madre y por un sentido de la autonomía arraigado por la lucha de voluntades con su padre durante la adolescencia, para George Michael todavía seguía siendo difícil equilibrar esas características y ser a la vez una celebridad en los medios de comunicación. «Es casi como si tuviera la misma relación con la prensa que con mi música. Cuando analizo mi carrera me doy cuenta de que nunca quise que fuese una montaña rusa, ni musical ni éticamente. Quiero ser constante. Quero ser capaz de decir que me defendí a mí mismo como individuo y como hombre gay (y como músico, tal y como hice ante Sony.) Quiero que se me recuerde por esas cosas sin altibajos.

»Ese es realmente mi problema. Creo que uno no puede mostrarse selectivo con la verdad y la sinceridad, por lo que siempre voy un poco más allá de donde va mi generación y me meto en líos. Pero esa es también mi propia disfunción. Si hay una manera difícil de hacerlo, hazlo. Ese soy yo también.»

George Michael no se hundió yéndose de gira. Su vida no se deshizo en jirones, más bien todo lo contrario. Ahora es un hombre muy rico que hace lo que quiere, como quiere y cuando quiere. Eso no le tiene que importar un ápice. Su vida personal es feliz. Ha superado el dolor personal de los años noventa, vive con el hombre de sus sueños y la música sigue siendo su vida. «La dificultad», explica Michael, «es cambiar y crecer como persona a la vez que se mantiene el control de lo que era la motivación original». Tal y como demostraron sus últimas giras, está consiguiéndolo bastante bien.

TERCERA PARTE

De 2007 al presente

11

La vuelta (2007-2008)

vuel-ta

1. regreso a un lugar o una persona;
2. devolución de algo a quien lo tenía o poseía;
3. retorno o recompensa.

«Recuerdo que estaba ahí sentado y me di cuenta con gran claridad de lo mucho que iba a lamentar no salir y cantar ante la gente, después de los veinte años. Y de repente pensé: "Lo vas a lamentar. Dentro de diez años no podrás ni tenerte en pie sin que alguien te ayude. Pero de momento, todavía puedes salir al escenario y dar un buen espectáculo". Y tuve esa sensación abrumadora de urgencia ante el hecho de darme cuenta realmente de lo que debía hacer».

George Michael

«Decidí volver. No sabía todavía cómo iba a ser la gira; fue algo que se me ocurrió hace un par de años, no antes. Y al final, me di cuenta de que las cosas que me preocupaban, porque las había perdido en América, habían dejado de preocuparme. Y estoy mucho menos enfadado que antes. En los años 90 estaba furioso. Me enfurecía haber perdido a mi pareja y a mi madre. Pero también tenía rabia por el rechazo que había sentido en América, y esos sentimientos coléricos ahora han desaparecido por completo».

GEORGE MICHAEL

Después del espectáculo de Wembley, Michael tuvo que pagar una multa por haberse excedido trece minutos del tiempo que le habían concedido. La multa se calculó en función de una tarifa de 10.000 libras por minuto de más, de modo que le costó la enorme suma de 130.000 libras. Aun así, no representó demasiado dinero en el cómputo total de ingresos de la gira, ya que la venta de entradas ascendía a varios millones; solo por las dos actuaciones en Wembley, se obtuvo una ganancia de veinte millones de libras. Además de Wembley visitó Norwich, Manchester, Glasgow y Plymouth, antes de dirigirse a la Europa continental, y acabó en Gran Bretaña, en Belfast, el 4 de agosto.

La gira del verano de 2007 fue un gran éxito, y George se tomó un tiempo libre en otoño para planear sus siguientes movimientos. Tras una pausa larga sin *tournées*, le había resultado muy emocionante volver a la carretera y quería más. Mientras tanto, aprovechó su aparición en distintos programas de televisión antes de Navidad para seguir en el candelero.

En *The Catherine Tate Show* se enfrentó al desenfrenado personaje que interpretaba la comedianta, una enfermera irlandesa llamada «Bernie» que preparaba una fiesta de Navidad con karaoke para su sala del hospital. George se interpretó a sí mismo y apareció en una cama separada por una mampara, pidiéndole a Bernie que no hiciera tanto ruido, ya que ella estaba empezando a cantar canciones de Wham! ¿Y cómo reaccionó la enfermera ante su aparición? «¡La madre que lo parió!» Después, se unían los dos en el escenario del hospital y acababan cantando a dúo «Fairytale of New York», de los Pogues, con su pijama a rayas; todo ello entre los escandalosos vítores del público.

George también apareció representándose a sí mismo en el *Extras Christmas Special* de Ricky Gervais, con una parodia en la que no vacilaba en burlarse de su pasado reciente. Gervais y otro hombre estaban sentados en un banco del parque cuando aparecía Michael diciendo que le habían dado un rato libre en los servicios comunitarios y estaba buscando «un poco de acción». Más adelante explicaba cómo le había cogido la policía: «Sting llamó al puto ayuntamiento porque es un puto benefactor». Cuando Gervais ganó el British Comedy Award en 2008 no pudo asistir, pero envió un vídeo para que lo emitieran. En él aparece en la cama con George, en una escena que recuerda mucho a *Morecombe and Wise*. Gervais pronuncia su discurso ante la cámara mientras George, sentado a su lado y con una camiseta de malla, lee un periódico sensacionalista.

Las últimas intervenciones televisivas de George Michael fueron cuatro episodios de la serie policíaca estadounidense *Eli Stone*, junto con Johnny Lee Miller. El personaje de Miller sufre un aneurisma cerebral y empieza a imaginar que George es su ángel de la guarda. En la primera temporada, cada uno de los episodios llevaba por título una canción de George Michael. Los episodios en los que aparecía el cantante se emitieron en ABC en 2008.

En marzo de 2008 se anunció lo que muchos estaban esperando. George llevaría su espectáculo *25Live* a Norteamérica. La gira empezaría en California a mediados de junio, duraría 22 días y viajaría de costa a costa, incluyendo tres actuaciones en Canadá. Una semana más tarde se publicó la recopilación *25* en Norteamérica, dos CD que contenían veintinueve canciones. Wham! y sus años en solitario formaban el grueso del material, mientras que las nuevas canciones y algunos temas que no estaban en sus álbumes en solitario se añadieron con colaboraciones especiales: «Feeling Good», «Too Funky», «Outside», «As», con Mary J. Blige; «An Easier Affair» y «Heal the Pain», con Paul McCartney; «Don't Let the Sun Go Down on Me», con Elton John, y «This Is Not Real Love», con Mutya Buena. Esta recopilación alcanzó el número 12 en el *Billboard 200*.

Con el álbum en las listas y las entradas para la gira a la venta, Michael se embarcó en una campaña publicitaria, como no había hecho en muchos años. El 21 de mayo apareció en el programa *American Idol* y cantó «Praying for Time». En el espectáculo, los doce finalistas cantaron un popurrí de temas de George Michael, y luego él mismo salió al escenario para dar una lección de sobria potencia vocal, a pesar de sufrir un resfriado.

Llamó la atención su honestidad acerca de sus frecuentes apariciones en público: «Hago estas entrevistas porque necesito vender entradas», decía. «Nunca antes me había visto en la necesidad de hacer cosas para vender entradas. Porque claro, he esperado a que vosotros, chicos [Estados Unidos] estuvierais en plena recesión para volver de gira con unas entradas muy caras, porque se trata de un espectáculo caro. Pero estoy aquí para agradecer al millón de personas en América que seguían buscando mi música, aunque ya no la pusieran por la radio. Y de alguna manera, que eso suceda aquí, para mí es más especial que en otros sitios. Es algo muy extraño, porque por una parte, la industria de Estados Unidos me ha rechazado, hasta cierto punto. Y fue una cosa programada, no creo que tuviera mucha elección, en realidad. Pero esa combinación de rechazo, porque no salgo por la radio y no vendo álbumes como en Europa, y sin embargo cada vez que tengo un nuevo proyecto hay un millón de personas dispuestas a comprar mi música incluso sin oírla antes, me demuestra que las cosas siguen en marcha. Y eso es muy especial para mí».

Muchos de esos fans estuvieron presentes para apoyar la gira. La noche del estreno en San Diego, Michael dio las gracias a los legisladores por legalizar el matrimonio gay en California y ofreció un espectáculo similar a los presenciados en Europa. La actuación en Norteamérica se iniciaba con «Waiting (Reprise)», «Fastlove» y «I'm Your Man», y la primera mitad acababa con «Too Funky» y «Star People´97», en lugar de «Shoot the Dog», que había ocupado ese lugar en todo el mundo. De hecho, esta última canción se eliminó de todos los conciertos en Norteamérica, por completo. «Faith» era la canción que iniciaba la segunda parte, y los bises habituales, «Careless Whisper» y «Freedom! '90» cerraban la actuación.

En el Inglewood Forum de Los Angeles, el 25 de junio, Bo Derek subió al escenario con un pastel de cumpleaños para George; cumplía 45 años. *Entertainment News* publicó la crónica del concierto de aquella noche y dijo: «Hacia la mitad del concierto, Michael tenía a todo el mundo bailando y cantando, sin necesidad de tener un batallón de bailarines y números especiales con miles de cambios de vestuario. La puesta en escena realmente era impresionante, llena de brillo, chispa y luces que proyectaban un arcoíris sobre las vívidas imágenes de las pantallas.

»Sin embargo, a pesar de todas las luces y los brillos, la música fue en todo momento lo primero, con magníficos y exquisitos arreglos, que sorprendieron por su discreción en las canciones más suaves».

Igual que en Europa, a medida que avanzaba la gira, las críticas eran mejores. El *Twin Cities Pioneer Press* informaba de la actuación en el St. Paul, el 7 de julio, diciendo: «A pesar de su tendencia a excederse en teatralidades vocales (debió contagiarse en la final de *American Idol*) Michael demostró ser un artista impresionante, y no exhibió ni pizca del rencor que había expresado con anterioridad hacia el negocio del espectáculo. También fue muy hábil al elaborar el programa, intercalando sus numerosas baladas (incluida una magnífica «A Different Corner» y un tema góspel, «One More Try») entre los temas más bailongos.

«La cosa no decayó en casi ningún momento, gracias a un escenario de alta tecnología muy atractivo y al obvio entusiasmo de Michael».

Una crítica algo tibia en el *New York Times* subrayaba el discurso que dio George en el escenario sobre sus batallas legales con Sony. Según comentaban, dijo: «Los artistas están perdiendo todo el control mientras los grandes se vuelven cada vez más grandes, y a mí no me parecía justo un contrato de treinta años por quinientas libras. Y perdí esa batalla.

»Básicamente, pasé de tener una exitosa carrera en América, como en el resto del mundo, a tener una carrera fantástica en Europa y aquí ser casi invisible. Y eso no fue porque a los americanos no les gustara mi música, sino porque nadie se la mostraba».

Mientras estaba en Nueva York, Michael apareció en una entrevista en *Good Morning America* hablando de su relación con las mujeres («Me crié con dos hermanas, ¡y salía con ellas!»), de no salir de gira («Llevo unas varillas de titanio en la espalda debido a problemas en la espalda»), y de Kenny Goss («Alguien a quien agarrarse cuando todo carece de sentido y vas por ahí a la pata coja, esperando que haya algún sitio donde apoyar el otro pie, y así fue como me sentí durante ocho años»).

La última noche de la gira, en Miami, el cantante sufría un resfriado y sin duda estaba muy cansado por el ajetreado programa. La opinión que dio el *Miami Herald* del concierto fue que el público añoraba los años 80, y George Michael, al menos por una noche, les ayudó a recrearlos. «Fue saludado con una veneración acorde con el segundo Advenimiento de disco-Cristo», decían. «Toda la cultura popular moderna estaba allí, de una manera gloriosa, a lo Elvis-gay, desde "One More Try" teñida de góspel, con Michael en medio de un círculo formado por un batallón de cantantes de coro afroamericanos, a "Outside", su respuesta a los tabloides.

»El concierto fue la velada ofrecida por un auténtico profesional, un artista que comprende que todos queremos que nuestras estrellas sufran para luego poder redimirse con mucho fasto en sus retornos».

Después de las últimas actuaciones de Estados Unidos en Florida, a principios de agosto, Michael volvió a casa para descansar y cargar pilas antes del último gran asalto, el concierto de Londres, «The Final». La venta de entradas era tan nutrida que se organizaron dos «finales» en London's Earl Court, y «The Final» se convirtió en «The Finals». En realidad no eran espectáculos finales en absoluto, ya que tocaba en Copenhague cinco días después («The Final One»). En Earl's Court, Michael dijo a la multitud casi histérica que había practicado más de cien veces para el concierto; el resultado era evidente. El *Independent* escribía: «Canciones optimistas se mezclaban con números más lentos como "Father Figure", que demostraba que su voz todavía tenía un tono perfecto, aunque estuviera sentado en un taburete y pareciera un cuarentón de Westlife». Y ahí era donde estaba Michael exactamente. Sabía muy bien de qué iban las cosas, todavía podía con el pop y el rock y combinaba lo mejor de ambos estilos. Su catálogo era impecable, pero en realidad era un hombre de mediana edad, aunque no temía hacerse viejo. Tenía millones de fans que le adoraban precisamente por eso.

«No podía imaginarme la enorme experiencia que iba a ser volver aquí», dijo Michael, recordando la gira. «Me quedé absolutamente alucinado. Era una sensación totalmente distinta a lo que sentía en los conciertos cuando era más joven. Tengo el privilegio de aparecer aquí y hacer que toda esa gente sonría... y joder, ya lo creo que sonríen. Es un espectáculo estupendo. Nunca he visto que un público se lo pase mejor. La respuesta de la gente a esta gira es lo más extraordinario que he visto en mi vida. Y después de dos años, creo que mi actitud hacia todas las cosas es mucho más alegre».

Por desgracia, y a pesar de las buenas vibraciones de la gira, George pronto se volvió a meter en problemas legales. Esta vez fue una nueva acusación por posesión de drogas. Se le había visto merodeando por los aseos subterráneos de Hampstead Heath y un guarda del parque llamó a la policía. Los agentes encontraron al cantante en los aseos y tras registrarle, resultó que estaba en posesión de drogas tanto de clase A (crack) como C (cannabis).

El *Daily Telegraph* citó a un portavoz de la Policía Metropolitana que dijo: «Puedo confirmar que el 19 de septiembre fue arrestado un hombre de 45 años bajo sospecha de posesión

de drogas en la zona de Hampstead Heath. Se le llevó a una comisaría de policía del norte de Londres, donde recibió una amonestación por posesión de drogas de clase A y C». Cuando llegó a la comisaría, Michael se preocupó mucho porque se dio cuenta de que una acusación podía acabar con la función benéfica contra el SIDA a la que iba a asistir en Estados Unidos.

El consenso general, tal y como se transmitió, es que Michael fue muy afortunado al haber recibido solo una amonestación, en lugar de una acusación más formal. La decisión de cómo proceder con las amonestaciones corresponde al inspector a cargo de la comisaría; aunque este oficial puede obtener consejo legal, al final su opinión es la que cuenta. En este caso, el hecho de que llevase unas cantidades relativamente pequeñas de droga, demostrara sus remordimientos y obviamente no pudiera impugnar el hallazgo de las drogas significaba que se le podía tratar con más indulgencia. Sin embargo, parece que el juez retirado Keith Matthewman QC había dicho: «No puedo comprender cómo o por qué alguien en su posición, y con sus antecedentes, pudo quedar libre solo con una amonestación. Da una mala imagen a los jóvenes que piensan en tomar drogas o que son adictos. Creo que fue una decisión errónea».

En el *Telegraph* citaban al antiguo comandante de la Brigada Móvil, John O'Connor: «Deberían haberle acusado. ¿Qué tenía que haber hecho para que le trataran como debían?» También se señaló que solo una semana antes, una madre drogadicta fue sentenciada en Reading Crow Court a cinco días en la cárcel por posesión de una cantidad similar de crack. «Quiero disculparme ante mis fans por haberlo jodido todo de nuevo, y prometo que voy a ver si me aclaro de una vez», declaró Michael. «Y debo decir a todos los demás que siento ser tan pesado», añadió.

Tras evitar una condena de prisión, George acabó el año en un torbellino de actividades. Voló a Abu Dabi para dar un concierto, en el marco de las celebraciones de su Día Nacional. El espectáculo fue recibido con fervor por 30.000 fans en el Zayed Sports City, y sorprendió a todos con un nuevo tema, «December Song», que se podía descargar gratuitamente desde su página web. Si 2008 había sido muy movido, ¿cómo lo remataría? Sería un periodo de dos años que nunca olvidaría, pero por razones muy negativas.

12

Encarcelamiento (2009-2011)

En-car-ce-la-mien-to

1. acción y efecto de encarcelar, meter a alguien en la cárcel.

«Cuando fui a los tribunales sabía que iba a pasar lo mismo otra vez. Que iba a perder el carné. Me aseguraron que no iba a ir a la cárcel, pero yo pensaba que sí, y así fue mucho más fácil de sobrellevar, porque tenía la sensación de que me lo merecía. Me dio mucha vergüenza haber hecho lo mismo repetidamente, de modo que pensando en el karma, sentía que tenía que pagar un precio. Fui a la cárcel y pagué. Es curioso… conozco a gente que debe pensar que fue una experiencia horrorosa, pero es mucho más fácil aceptar un castigo si crees que te lo mereces realmente, y en mi caso fue así».

George Michael

Tras dos años de giras y promociones, durante la primera mitad de 2009 no se supo demasiado de George Michael. En ese periodo, Kenny Goss y él rompieron, aunque George no lo hizo público hasta 2011. De hecho, cuando se lo preguntaban lo negaba.

En agosto de 2009, justo después de que hubiese expirado su prohibición de conducir y solo once meses después de su amonestación por posesión de drogas, Michael estaba de nuevo bajo custodia policial. Conduciendo por la A34 junto a Newbury, Berkshire, a la una de la mañana, chocó con la parte trasera de un camión de siete toneladas. El conductor del camión dijo al *Sun:* «Cuando salió, no podía andar derecho. Yo conducía a unos 70 km/h por el carril interior cuando vi un coche que venía a toda velocidad detrás de mí, con las luces largas. Debía de ir casi a 160 km/h y hacía eses por toda la carretera, como si estuviera intentando adelantar y luego se echara atrás. Chocó contra la parte de atrás de mi cabina y noté un golpe muy fuerte. Su coche empezó a dar vueltas por el carril exterior y dio contra la barrera frontal, y acabó rebotando de nuevo en mi cabina. Luego volvió a dar con la barrera».

Los recuerdos de George del incidente eran muy distintos a los del conductor del camión.

«Fue él quien se metió en mi carril», decía el cantante a *The Guardian*. «No tenía sitio donde meterme, y acabé todo abollado entre la mediana y él, en el centro; tengo que decir que es un puto milagro que esté vivo».

Michael fue conducido a la comisaría de Lodden Valley para ser interrogado, sospechoso de conducir bajo los efectos del alcohol o las drogas, pero fue liberado al cabo de cinco horas sin cargos. Michael negó estar borracho en una declaración poco después. «No nos acusaron de nada porque los dos estábamos completamente sobrios», dijo. «Ambos pensábamos que la culpa la tenía el otro, así que ha sido una cuestión de pugna entre aseguradoras. No quiero que mis fans o mi familia se preocupen por lo que leen por ahí». Desgraciadamente, aquel no fue ni de lejos el último incidente automovilístico, y los fans y la familia tuvieron que leer más cosas en poco tiempo.

A medida que se acercaba la Navidad de 2009, se empezó a promocionar un DVD de la gira *25Live*. *Live in London* eran dos discos; el primero incluía 23 temas de los conciertos de Earl's Court filmados en agosto de 2008, mientras que el segundo disco incluía escenas complementarias y tres canciones más. George dio una amplia entrevista al periódico *The Guardian* y habló extensamente de su historial con las drogas. «Probablemente me fumo siete u ocho [canutos] al día, ahora mismo», explicaba, cuando anteriormente había admitido que se fumaba nada menos que 25 al día. Habló también de su expediente policial. «Aunque corren por ahí fotos retocadas, todas y cada una de las pruebas de alcoholímetro que he hecho en mi vida han dado 0,0; nunca he dado positivo en una prueba de alcohol», dijo. «Sin embargo, tengo que añadir lo siguiente: "me merecía perder el carné de conducir; tenía que perderlo". Tuve un problema con las pastillas para dormir durante un año y medio, más o menos; estaba fatal. Me metí en el coche un par de veces olvidando que me había tomado algo para dormir. No importa que no lo hiciera a propósito... el caso es que lo hice, y podría haber matado a alguien. Pero sigue siendo cierto que nunca me han acusado de conducir bajo los efectos de ninguna droga. Me cogieron por estar exhausto y por haber tomado pastillas para dormir».

El DVD *Live in London* vendió más de 50.000 ejemplares y fue número 3 en las Music Video Charts de Gran Bretaña. Además, apareció por primera vez un nuevo CD single, «December Song (I Dreamed of Christmas)», respaldado por «Jingle (A Musical Interlude)», «Edith & The Kingpin» (en vivo en Abbey Road), «Praying for Time» (en vivo en Abbey

Road) y el vídeo del tema del título. Este single llegó al número 14 en las listas de Gran Bretaña, y estuvo entre los Top 30 de varias listas europeas (Bélgica, 26; Holanda, 18).

A principios de 2010, George parecía haber superado el miedo a disponer de demasiado tiempo libre entre gira y gira, y en febrero voló a Australia para las que fueran sus primeras actuaciones en el país después de veintidós años. La minigira de tres conciertos, titulada imaginativamente «George Michael Live in Australia», congregó a un público de más de 100.000 personas, y la taquilla ascendió a quince millones de dólares americanos, en los conciertos de Perth, Sídney y Melbourne. Como no tenía planeado ningún concierto más aquel año, Michael se tomó un tiempo de descanso para relajarse, antes de volver a casa en verano.

El desfile del Festival del Orgullo Gay de Londres tuvo lugar el sábado 3 de julio, y el alcalde Boris Johnson aprovechó la oportunidad para encabezar las festividades posando para la prensa con el Frente de Liberación Gay, que celebraba su 40º aniversario. El desfile empezó en Baker Street y llegó hasta Trafalgar Square. George Michael asistió con unos amigos y el acontecimiento fue bien.

Michael se fue a casa en coche desde el acto a primeras horas del 4 de julio, a una de las casas que tiene en Londres, y luego decidió ir a la otra, siempre en coche. No llegó a completar ese viaje, ya que se subió con su coche a la acera y embistió una tienda de fotografía de la cadena Snappy Snaps en la esquina de Hampstead High Street y Willoughby Road. El 4 x 4 de Michael dejó una marca en el escaparate amarillo de la tienda. Encontraron a Michael caído sobre el volante, le arrestaron allí mismo y luego lo pusieron en libertad bajo fianza, pendiente de posteriores investigaciones. El lugar del accidente pronto se convirtió en una mini atracción turística. Un fan con mucho sentido del humor escribió «wham» en la parte exterior de la tienda, en el lugar donde había impactado el coche.

El juicio que siguió al incidente resultó un calvario para George Michael. El 12 de agosto le acusaron de posesión de cannabis y el juicio tuvo lugar el 24 de agosto en el tribunal de primera instancia de Highbury Corner.

Durante la instrucción del proceso, el tribunal se enteró de que, cuando llegó la policía, Michael no se dio cuenta de que estaban allí e intentó poner en marcha su vehículo. Según afirmaba un oficial que dio unos golpes en la ventanilla del coche, el cantante estaba «ausente», «sudaba y respiraba pesadamente». Michael consiguió dar su nombre, pero cuando le dijeron que había tenido un accidente, respondió: «No, no lo he tenido. No he chocado con nada».

Durante el interrogatorio policial, Michael admitió que había fumado una «pequeña cantidad» de cannabis la noche anterior, y que también había tomado un sedante que le habían recetado para ayudarle a dormir. Dijo que había decidido ir en coche desde su casa en Highgate a Hampstead, y se había olvidado de que había tomado el sedante. Cuando le llevaron a la comisaría de Hampstead, las pruebas que le hicieron dieron positivo. No había bebido, pero un análisis de sangre mostraba que tenía en el organismo productos químicos vinculados con el cannabis. La acusación estableció que «no conseguía recordar la ruta que tomó, ni que se había estrellado con el coche. Solo recordaba que el oficial de policía llamó a su ventanilla». La defensa reveló que el día anterior al accidente, Michael había empezado un programa de desintoxicación de catorce días, y que había empezado también a asistir a sesiones de terapia por las drogas, varias veces por semana. La sentencia se retrasó tres semanas, pero se advirtió a Michael que podía enfrentarse a la prisión.

El circo mediático volvió al mismo tribunal el 14 de septiembre para enterarse del destino de Michael. Su abogado rogó que se tuvieran en cuenta determinadas atenuantes. Explicó que su cliente «sentía una profunda vergüenza y horror» después del accidente. «Reconoce sus actos, y que conducir bajo el efecto de las drogas ha provocado que otros usuarios estuvieran en peligro, y ese simple hecho le ha causado una enorme vergüenza», dijo. El abogado añadía también que Michael había empezado a escribir de nuevo, «su creatividad, que se había visto perjudicada durante tanto tiempo por su dependencia de las drogas, está volviendo a emerger».

En la sentencia, el juez de distrito John Perkins le dijo a Michael que por la noche había tomado una «mezcla peligrosa e impredecible» de drogas y cannabis. Explicaba que había tenido en cuenta que Michael asistía a rehabilitación después del accidente, sus remordimientos y sus obras de caridad. «Su historial nos preocupa. Aparecen amonestaciones por posesión de cannabis dos veces en 2006, una condena en Brent Magistrates en 2007, se le retiró el carné de conducir durante dos años por conducir cuando no estaba en plenas facultades para hacerlo, y de nuevo otra amonestación por posesión tanto de drogas de clase A como C, en septiembre de 2008. A pesar de los recursos que tiene a su disposición, no parece que emprenda los pasos adecuados para tratar su adicción al cannabis. Es un error que le pone a usted en peligro, y en esta ocasión también al público», acabó Perkins. «Está bien que haya mostrado remordimientos por el delito cometido, que esté avergonzado de él, que lo haya admitido».

El juez dictó una sentencia de ocho semanas en prisión, una multa de 1.250 libras (más las costas) y la retirada del carné de conducir por cinco años. Como respuesta, Michael se limitó a suspirar y se lo llevaron de allí, mientras Kenny Goss, al fondo de la sala, se cogía la cabeza con las manos.

Nick Freeman, abogado defensor que había representado a muchos famosos y personalidades del deporte, criticó la sentencia. «Este es un hombre que está expuesto a la vista del público, y que está claro que tiene problemas», dijo. «¿Qué bien le puede hacer esta sentencia? Necesita ayuda, desde luego. Encerrándolo no conseguirán nada. Es obvio que la gente lo toma como ejemplo. Una condena a prisión es un resultado terrible para él. El gobierno nos está diciendo que las condenas cortas no funcionan, así que, ¿por qué se aplica en este caso, cuando la mejor solución es el tratamiento?».

Michael fue conducido de inmediato a la prisión de Pentonville, un edificio de la época victoriana situado en Islington, al norte de Londres. No era el primer famoso que acogía la prisión. Oscar Wilde había estado también allí en 1895, y en tiempos más recientes, George Best, Boy George, Pete Doherty y Hugh Cornwell de los Stranglers fueron encarcelados en el mismo lugar.

No tardaron en filtrarse historias del tiempo que pasó George en la cárcel. Después de su primera noche en Pentonville, el *Express* informaba de que los presos le vitoreaban cuando lo acompañaron al bloque de celdas, antes de llevárselo a un ala de máxima seguridad. Los periodistas enseguida empezaron a hacer preguntas a los reclusos que liberaron al día siguiente, y a los visitantes que iban a ver a otros presos, en busca de cualquier información. Aparecieron unos cuantos datos aislados. «No podía ni abrir el frasco de champú», «No ha salido todavía de su celda», «Ha llorado en el comedor».

Como era de esperar, muchos de los presos encontraban divertido que un famoso estuviera entre ellos, y le cantaban versiones de sus canciones: «Freedom» era su favorita. Durante las 48 primeras horas en prisión, a Michael solo se le permitió hacer una llamada de tres minutos, que usó para hablar con Kenny Goss. El *Sun* observaba que un preso había dicho: «Cuando fue a usar el teléfono de la zona común, estaba encorvado encima del aparato... muy alterado y lloroso. Hablaba en voz baja y estaba muy afectado».

Los presos habían apodado la celda de Michael como «El Ritz». El *Daily Mirror* habló con otro preso que explicó: «Es la mejor celda de toda la cárcel. Tiene un edredón nórdico, cojines, incluso un televisor digital propio. Le han tratado como a un rey, y los guardias remolonean a su alrededor todo el rato. No quieren que le pase nada. Pentonville es un sitio duro y algunas personas no soportan estar encerradas».

Los abogados del cantante empezaron a preparar la batalla legal para conseguir la libertad bajo fianza, pero las autoridades accedieron a trasladarle a una cárcel de grado C, de modo que abandonaron sus argumentos. Le transfirieron a la prisión de Highpoint, en Suffolk, donde se albergaban mil convictos más. Era el mismo lugar donde estuvo encarcelada Myra Hindley, «la asesina de los páramos», hasta su muerte.

Poco antes de su liberación de Highpoint, el 11 de octubre, Michael hizo una declaración en contra de los artículos de prensa más insultantes que se habían publicado sobre su condena:

> Aunque preferiría quedar por encima de la basura habitual que leo día tras día sobre mi condena en prisión, creo que es justo para mis fans, familia y amigos responder de alguna manera, aunque pronto estaré en casa.
>
> Por favor, créanme cuando les digo que en las tres últimas semanas no ha habido lágrimas, ni ansiedad, ni acoso: de hecho, no he pasado ni una sola noche sin dormir. Por el contrario, he sido tratado con gran amabilidad por mis compañeros los presos y por los guardias, todos por igual, y por lo que yo sé, no he recibido ningún trato especial, en absoluto, excepto quizá por parte de alguno de los chicos que igual me ha dejado ganar en la mesa de billar.
>
> He pasado la mayor parte del tiempo leyendo los miles de cartas y postales de gente de todo el mundo, que me han dado un apoyo increíble. Prometo corresponder a su amabilidad con nueva música, tan pronto como pueda.

Cuando lo soltaron fue por la puerta de atrás, la de servicio, y a una hora más temprana de la habitual (las 10:00 h de la mañana) para poder salir sin verse acosado por la prensa. Tras hacer unas breves declaraciones en la puerta de su casa de Londres, pasaron cinco meses hasta que Michael habló en público del tiempo que pasó en la cárcel.

«Bueno, era Pentonville», dijo. «No es una excursión, digámoslo así. ¿Qué pienso? Pues la verdad es que no sentí compasión de mí mismo. No pensé: "Dios mío, este sitio es horrible" porque era Pentonville. Solo pensé: "tú agacha la cabeza". Todo eso que cuentan de que iba llorando es mentira. Les habría gustado que lo hubiera hecho, pero no lo hice». En cuanto a Highpoint, explicó que la última noche fue estupenda, que firmó autógrafos para todos y cada uno de los miembros del personal y los presos, a menudo en papel de la propia prisión.

La primera publicación musical de Michael desde que salió de la cárcel tuvo lugar en marzo de 2011. Sacó una versión de «True Faith», de los New Order, para la organización benéfica Comic Relief. Es una versión mucho más lenta, con la voz de Michael distorsionada a través de un dispositivo electrónico, que no consiguió buenas críticas, y el single apenas entró en el Top 30. Por una vez, una versión suya no había conseguido igualar al original.

También filmó un vídeo que debía proyectar la organización benéfica con el personaje Smithy, de James Corden. Se convertiría en modelo para el posterior Carpool Karaoke de Corden, que tuvo un éxito tremendo. «Mi idea original fue recoger a George Michael en la cárcel en un coche», explicaba Corden. «Pero luego pensé: bueno, igual nos hemos perdido la cárcel, pero qué demonios, Michael y yo podemos divertirnos en el coche y cantar algunas canciones de Wham!»

La escena empieza con Corden diciéndole a Michael que no puede asistir a Comic Relief. Cuando el cantante le pregunta por qué, Corden responde: «¡Porque lo tuyo es muy fuerte, George! ¡Quedaría muy raro! No puedo entrar en Comic Relief contigo. ¡Comic Relief intenta ayudar a la gente como tú! No te pongas tan triste... Vamos a oír un poco de música». Corden entonces pone la radio hasta que aparece «I'm Your Man» de Wham! Y empieza a cantar hasta que George abandona su mal humor y se une también.

George Michael tuvo otra aparición en televisión por esa época que resultó bastante rara. El programa diario de entrevistas de Channel 5, *The Wright Stuff*, estaba hablando de un artículo en el que se decía que George y Kenny Goss habían roto. En un extraño giro de los acontecimientos, George llamó al programa y en directo discutió aquella afirmación: «Es una absoluta tontería eso de que Kenny y yo hemos roto», dijo. «No se crean esa historia. Tenemos nuestros problemas, pero a él nunca le ha parecido mal mi estilo de vida. Quiero mucho a Kenny».

En aquella declaración en *The Wright Stuff*, Michael le dijo al presentador que había visto su programa todas las mañanas, mientras estaba en la cárcel. También se sabe que vio todos los episodios de *Coronation Street*, lo que contribuyó a crear la leyenda urbana de que se pasaba todo el día viendo la tele, liándose petardos y buscando compañía ocasional por Hampstead Heath. Aunque algo de todo eso podía ser cierto, la verdad es que cuando no iba de gira estaba muy ocupado. Era bastante habitual que hubiera fans esperándole en la puerta de casa. Dónde vivía era un secreto a voces. Y a él le gustaba firmar autógrafos y hacerse selfies con ellos. No era extraño ver a los paparazzi merodeando en busca de exclusiva cuando George sacaba a pasear a los perros. En 2009 declaró en el *The Guardian* en qué consistía su actividad un día cualquiera: «Normalmente me levanto sobre las 10 de la mañana, y mi ayudante personal me trae un café de Starbucks y echo una mirada a los mensajes de correo», decía. «Luego, si estoy de humor, subo al despacho en Highgate, trabajo un poco, escribo pistas de acompañamiento o lo que sea. Vuelvo a casa. Kenny está allí, los perros también. A veces como en casa, pero otras salgo». Después del trauma de la cárcel, a George no le había costado demasiado volver a una vida hogareña estable, al menos en apariencia. Para una megaestrella como él, era una vida sorprendentemente discreta, pero se sentía muy a gusto así. Tomar una copa de vino frente a la chimenea en compañía de su pareja, le atraía mucho más que aparecer en la alfombra del último estreno cinematográfico. Pero a pesar de su vida hogareña, siempre acababa saliendo en la prensa sensacionalista.

13

Vivo (2011-2013)

vi-vo

1. que tiene vida, que existe, que no está muerto;
2. viviente;
3. activo, en estado de acción;
4. lleno de energía y vitalidad.

«Tengo que decirles que estoy cagado de miedo.»

GEORGE MICHAEL

La siguiente gira de Michael, que sería la última, fue muy distinta a cualquier otra que hubiera emprendido con anterioridad. Ampliando las raíces jazzísticas que había explorado en *Songs from the Last Century* (más de media docena de las canciones de ese álbum las cantaría en la gira), Michael se llevó su banda habitual y la amplió con orquestas sinfónicas de todo el continente.

Un público completamente entregado y numerosos reporteros de medios de comunicación de toda Europa vieron subir al escenario a George Michael, un 22 de agosto, en la Ópera Estatal de Praga. «Bienvenidos a una noche distinta con George Michael», dijo. Más tarde añadió: «Tengo que decirles que estoy cagado de miedo». No tenía que haberse preocupado. La mezcla de materiales y la singular potencia de su voz despejaron cualquier duda sobre si aquel espectáculo sería un karaoke algo pijo. Michael estaba a gusto parloteando entre canción y canción (explicó que él y Kenny Goss se habían separado en 2009, se emocionó mucho al hablar de la difunta Amy Winehouse y contó que se durmió al teléfono mientras hablaba con Rufus Wainwright; esas fueron algunas de las cosas que dijo), y el público se deleitó con los arreglos de las canciones. La noche del estreno se unió a la Orquesta Nacional checa, y fue toda una experiencia oír esa orquesta, en ese teatro, tocando «True Faith», de New Order en voz de Michael. «Going to a Town», de Rufus Wainwright, «Roxanne», de Police y «Russian Roulette», de Rihanna contribuyeron al eclecticismo del espectáculo. Más tarde, George presentó «Where I Hope You Are» como canción dedicada a Kenny Goss. El punto álgido del espectáculo llegó con el potente arreglo de cuerdas para «A Different Corner», y un bis que incluyó «I'm Your Man» y «Freedom! '90», que condujo a una larga ovación, puestos en pie, que el *The Guardian* calificaba de «enteramente merecida».

La gira recorrió Europa y después de 34 espectáculos en 12 países distintos volvió a Londres cuatro noches, en el Royal Albert Hall. La segunda de esas actuaciones fue cancelada porque Michael sufría una infección viral, su ritmo cardíaco era elevado y tenía mucha fiebre, pero se puso lo suficientemente bien para cantar las dos noches siguientes. «Cancelé ese espectáculo, pero no fui al médico», explicó más tarde. «Di por sentado que era una gripe y que había pasado. Salí y actué tres semanas más en Europa. Una tarde estaba comiendo y de repente me encontré mal; le dije a todo el mundo que tenía que retirarme y echarme media hora a solas. Y eso es lo último que recuerdo, durante cinco semanas. Las tres primeras semanas estuvieron intentando salvarme, y luego estuve dos semanas despierto».

Diez actuaciones después, y tras viajar a Viena desde Alemania, fue cuando Michael se encontró mal. Horas antes del espectáculo en Viena, el 21 de noviembre, llevaron al cantante al hospital AKH de la ciudad, al quejarse de dolores en el pecho. Un par de días después parecía que estaba respondiendo al tratamiento, pero luego empeoró, debido a la neumonía. Su salud cayó en picado hasta un nivel muy peligroso, que él solo reveló mucho más tarde. «No hay otros asuntos relacionados con la salud del paciente, aparte de la neumonía subyacente, y no hay que tomar más medidas», decía una declaración del hospital, para acallar los rumores de drogas. «El señor Michael está recibiendo el mismo tratamiento que cualquier paciente normal en Austria recibiría en un hospital por su enfermedad».

Se canceló el resto de la gira y, aunque nadie lo decía en público, existía la preocupación de que fuera algo más grave que lo que se había dicho. Los días se convirtieron en semanas, y aparecían pocas noticias, pero tras darle el alta, se anunció de repente que estaba en casa, en Londres. Un par de días antes de Navidad se había recuperado lo suficiente como para recibir a la prensa ante su casa.

Fue una rueda de prensa breve, pero muy emotiva, en la que explicó la gravedad de la situación por la que había pasado. Vestido con un grueso abrigo de invierno y un pañuelo, y lógicamente con un aspecto frágil, ante un gran árbol de Navidad, George dijo: «Han pasado tres semanas básicamente intentando mantenerme con vida. No quiero contarles todo esto porque hay cosas que no quiero que sepa mi familia, y estoy seguro de que si lo cuento se acabará publicando, pero ha sido con mucho el peor mes de toda mi vida. Tengo la suerte increíble de estar aquí, y soy increíblemente afortunado por haber cogido esa enfermedad justo donde la cogí, porque parece ser que el hospital de Austria al que me llevaron a toda prisa es el mejor sitio del mundo donde podía haber estado para tratarme la neumonía. De modo que tengo que pensar que alguien cree que todavía tengo un trabajo que hacer aquí. He pasado los diez últimos días, desde que me desperté, dando gracias a la gente por salvarme la vida, algo que nunca había tenido que hacer antes, y no quiero volver a hacer nunca más. De verdad, de verdad, de verdad, desde lo más profundo de mi corazón, gracias a todos los que me han enviado mensajes, a todos los de la unidad de cuidados intensivos que se han asegurado de que hoy todavía siga aquí. Realmente, no puedo decir nada más porque todavía no estoy repuesto de la traqueotomía. Se supone que no debo hablar demasiado. Me siento estupendamente, débil, pero estupendamente».

Los conciertos cancelados se volvieron a programar para abril y mayo de 2012, pero como su recuperación costó mucho más de lo que se esperaba, tuvieron que posponerlos hasta septiembre. La primera aparición pública de George en 2012 fue en febrero, y lo hizo por sorpresa, para entregar a Adele el premio Best British Album en la ceremonia Brits en el London's O2 Arena. Recibió una ovación.

A lo largo del verano concedió algunas entrevistas y habló con detalle del drama del invierno anterior en Austria. Resultó que había estado en coma y en tratamiento de cuidados intensivos, y cuando finalmente salió del coma tenía acento del West Country. «Les preocupaba que tuviera esa enfermedad tan rara por la que la gente se despierta del coma hablando francés o algún otro idioma», dijo. «Lo mío fueron solo dos días con un poco de acento de Bristol, y temían que se me quedara así de por vida. El acento del West Country no tiene nada de malo... pero resulta un poco raro cuando eres del norte de Londres».

Tras el síndrome del acento extranjero tuvo que enfrentarse a otros asuntos. «Tuve que aprender a andar de nuevo y cosas muy raras, porque cuando te tienen sedado tanto tiempo, tus músculos se atrofian a una velocidad increíble. Y yo me desperté como un viejo débil. Creo que el motivo por el cual todavía se me hace un poco raro hablar de esto es porque fue muy inesperado. Cuando te pasa algo así, de una manera tan repentina, creo que cuesta un poco de tiempo volver a creer que la vida es segura».

Esos miedos marcaron a Michael durante bastante tiempo, aunque por suerte tenía un nuevo amor que le apoyaba. Se trataba de Fadi Fawaz, un peluquero y fotógrafo australiano de origen libanés, que había conocido en 2011 o 2012 y que se había convertido en su pareja.

La aparición más importante de George durante el verano fue en la ceremonia de clausura de los Juegos Olímpicos de 2012 de Londres. La ceremonia estaba anunciada como una sinfonía de música británica, y en ella aparecieron Annie Lennox, Thake That, las Spice Girls y Ray Davies, entre otros. Michael cantó «Freedom! '90» y la nueva canción «White Light», escrita tras su enfermedad en Viena. Muchos criticaron el que hubiese cantado un tema nuevo, porque lo veían como una promoción fuera de lugar, pero Michael no se arrepentía. «Era mi única oportunidad en televisión de daros las gracias a todos por vuestra lealtad y vuestras oraciones, y la aproveché», escribió en Twitter. «Y no lo lamento». Con 80.000 personas en el estadio y más de veinte millones viéndole en televisión, ciertamente llegó a un público mucho mayor, y sin duda eso ayudó a que la canción entrase en todas las listas de Europa y llegase al número 15 en Gran Bretaña.

La gira Symphonica se reinició allí donde se había detenido bruscamente, con dos actuaciones en Viena. George se aseguró de que 1.000 entradas se repartían entre los médicos y el personal del hospital AKH. Las actuaciones de septiembre y octubre fueron bien, sin ningún efecto negativo visible de su enfermedad que pudiera entorpecer la presencia de George en el escenario. Su voz sonaba igual que siempre, incluso mejor.

Sin embargo, todavía sufría de ansiedad y de las secuelas de ese problema de salud grave que, como él había dicho, había resultado imprevisible e inesperado. En 2017 Fadi Fawaz reveló por Twitter que en 2013 apoyó a George durante los durísimos dos meses que pasó en una clínica de rehabilitación australiana. El Santuario de Byron Bay, en Nueva Gales del Sur, que costaba 37.000 libras por semana, fue el lugar donde el cantante se trató su ansiedad.

En mayo de 2013, George volvió a los titulares: no podía evitarlo. Esta vez fue una de las historias más extrañas con las que se le ha asociado. Se cayó del asiento del pasajero de un coche que iba en marcha por la autopista M1, mientras viajaban a unos 100 km/h. Sorprendentemente solo sufrió heridas leves. Parece que estaba comprobando si tenía la portezuela bien cerrada, pero no llevaba el cinturón de seguridad puesto, la puerta se abrió y cayó fuera, en un momento de mucho tráfico. Milagrosamente, ninguno de los coches que venían detrás lo atropelló.

La autopista quedó cerrada durante sesenta minutos en hora punta, mientras acudían ambulancias por tierra y aire al lugar del accidente. Michael sufrió una herida en la parte trasera de la cabeza, y fue estabilizado antes de que lo llevaran al hospital en helicóptero. «Ha sido», dijo George Michael, «un accidente muy, muy desafortunado. Pero ya lo he dejado atrás, gracias a Dios. He decidido deliberadamente no pensar más en lo que ocurrió».

14

Redención (2014-2015)

re-den-ción

1. acto y efecto de redimir o expiar por una falta o error;
2. rescate (del pecado, de la salvación);
3. expiación de una culpa;
4. rescate, nueva compra de algo que se había vendido.

«Todo tiene que ver con la voz… esta parte de mi carrera tiene que ver con la voz. A un nivel subconsciente [ponerse enfermo en Viena] resultó aterrador, y probablemente nunca volveré a sentirme seguro del todo. Pero estaba tan agradecido de haber salido con vida… Me sentía muy honrado de estar haciendo una gira como Symphonica. Me gusta desafiarme a mí mismo… mejorar como vocalista. Y créanme, cantar con una orquesta es la forma de hacerlo».

GEORGE MICHAEL

El primer álbum de George Michael en diez años. Dicho así, con toda sencillez, resultaba bastante chocante. ¿Había pasado tanto tiempo? Desde *Patience* en 2004, habían pasado muchísimas cosas en su vida personal (Kenny, Fadi, la grave enfermedad...), su vida pública (incidentes policiales, cárcel) y su vida musical (dos grandes giras).

El nuevo disco, *Symphonica,* era la culminación de la ambiciosa gira que había acabado frustrada por el problema de salud en Austria, y la vuelta al espectáculo después de una enfermedad grave. Aunque *Symphonica* solo llegó al número 60 de la lista *Billboard* de Estados Unidos (la gira no llegó a Norteamérica), le fue mucho mejor en Europa. Fue álbum número 1 en Gran Bretaña, Polonia, Irlanda y Croacia, y estuvo entre los Top 10 en las listas de Bélgica (Valonia y Flandes), aunque en Dinamarca, Holanda e Italia no llegó a entrar por poco.

Se describía como un álbum en vivo, pero la voz de George Michael se había grabado en el espectáculo del Royal Albert Hall y los arreglos de cuerda se habían añadido después en grabaciones de estudio en AIR, en Londres, y Legacy, en Nueva York. Se sustituyeron seis canciones originales de George Michael por versiones que iban desde apolillados clásicos de los viejos tiempos hasta Terence Trent D'Arby.

La colección la producía Phil Ramone, que tenía una lista de clientes inigualable. Con setenta y muchos años en la época en que trabajó en *Symphonica,* había producido a Bob Dylan, Stevie Wonder, Frank Sinatra, Billy Joel, Ray Charles, B.B. King, Barbra Streisand, Paul Simon y Dusty Springfield, por nombrar solo unos pocos.

Estaba claro que Michael idolatraba al productor. «La primera canción que canté para Phil fue "Roxanne", de Police», recordaba. «Pensé para mí: ¡Dios mío, será mejor que lo haga bien! En cuanto acabé me llenó de cumplidos. Fue uno de los momentos más importantes de toda mi vida».

Desgraciadamente, tras haber trabajado en *Symphonica,* Ramone enfermó y murió el 30 de marzo de 2013, un año antes de que saliera el álbum. George Michael le dedicó el álbum, y escribió en las notas de la funda: «Era uno de los hombres más grandes que he conocido. Siempre le estaré agradecido».

Las críticas de *Symphonica* fueron buenas en general, aunque no entusiastas. «Competentemente organizado y realizado con confianza, es un álbum interesante, pero a fin de cuentas, como todos los álbumes en vivo, en realidad se trata más bien de un *souvenir*», decía el *Independent*. «El recurso a las versiones en lugar de dar oportunidad al descubrimiento de material nuevo, como sería la costumbre, no hace gran cosa para acallar los rumores de que el cantante ha colgado los micrófonos para siempre».

Rolling Stone le daba tres estrellas, cuando el máximo son cinco, y el *The Guardian* hacía lo mismo diciendo: «Michael va pasando por las canciones como un cisne pop, poniendo en primer plano su elegancia como baladista. En realidad el álbum está basado en la técnica, tanto la suya como la de la orquesta. Para ser justos, puede cantar con mucha suavidad hasta las versiones más trilladas, pero a expensas de la espontaneidad».

Una de las críticas más extensas apareció en *Vogue*, que pidió a Kate Moss que probara a hacer de crítica musical. «La capacidad comunicativa de George como intérprete y para hacerte sentir parte de un viaje es un don extraordinario», escribía ella. «Es esa capacidad lo que define a los grandes de la música, y para mí, también define lo que convierte *Symphonica* en un álbum tan bello». Moss escribió también sobre su larga amistad con Michael: «Cuando yo era más joven bailaba con "Everything She Wants", y todavía la pongo sin parar. La bailamos también en su casa después de los Juegos Olímpicos de Londres, cuando actuó en la ceremonia de clausura. ¡Yo imitaba todos los movimientos de George Michael! Cuando tenía unos 12 años, intenté conseguir entradas para ir a ver "Wham! The Final", su último concierto. Estuve al teléfono horas y horas, pero no lo conseguí. Estaba tan triste que lloré y todo. Así que cuando pude bailar con George "Everything She Wants", y él fue haciendo todos los pasos de baile, compensó aquellos años de decepción».

Como complemento al álbum, se estrenó una película de una hora sobre la gira. *George Michael at the Palais Garnier, Paris,* se grabó el 9 de septiembre de 2012. Actuar en el teatro de la ópera no fue tarea fácil y Michael debió mover varios hilos para que le permitieran tocar en él. Fue el primer artista contemporáneo al que se permitió actuar en el teatro. «Fue un enorme honor», dijo Michael, cuya amistad con la antigua primera dama, Carla Bruni, fue lo que inclinó la balanza. «Fui a comer con ella al palacio presidencial», explicaba. «Todos los demás cantantes pop que habían solicitado actuar allí habían sido rechazados». Donó todos los ingresos de la actuación a la organización benéfica contra el sida más importante de Francia, Sidaction.

Toda esta actividad frenética no impedía a Michael trabajar en los temas de un nuevo álbum que esperaba publicar en 2015. Dijo a *Ham & High,* «Creo que es una colección de canciones muy optimista, y algunas de ellas son muy bailables. Muchos de mis *hits,* incluso los de baile, te dan un toquecito en el hombro y dicen: "Eh, escúchame unas cuantas veces y lo pillarás". Las que he escrito para este álbum, sin embargo, son más bien del tipo: "Aquí estamos... ¡bang!" Pero en este momento tengo el álbum demasiado cerca para calibrar dónde se encuentra con respecto al resto de mis obras, de modo que me interesaría mucho saber, cuando se publique, cuáles son los temas que la gente cree que podrían convertirse en clásicos».

Las cosas iban bien, pero no pasó mucho tiempo antes de que se publicara un nuevo drama en la prensa sensacionalista. A finales de mayo de 2014, Michael alimentó a las masas hambrientas con otro pequeño episodio de salud. El 22 de mayo, alguien llamó a una ambulancia desde casa de George a las 8 de la mañana por un «misterioso desmayo». Mandaron dos ambulancias y después de tratar al cantante en su casa durante cuatro horas, decidieron llevárselo al hospital, donde pasó varios días antes de que le dieran el alta.

Según una declaración inicial, parecía que se había sometido a unas «pruebas de control», pero al aumentar la cobertura periodística acabó por aparecer esta declaración: «Como respuesta a las informaciones aparecidas en los periódicos de hoy, confirmamos que George ingresó en el hospital el 22 de mayo. Le dieron el alta el fin de semana pasado, y está bien y descansando. Espera con ilusión la aparición de su nuevo *single* en julio. Dado el carácter personal de este asunto, no haremos ningún comentario más».

El coautor David Austin declaró ante la casa del artista que las preocupaciones por la salud de George eran «ridículas». «No está enfermo», añadió. «Ha pasado el fin de semana mezclando su disco y está perfectamente bien. Hemos trabajado en Air Studios, muy cerca, en Hamsptead, y allí es donde haremos todas las grabaciones. Lleva todo el fin de semana mezclando la cinta de demostración».

Después del último incidente, George se apartó de la vista del público; pasaría más de un año hasta que volviera de nuevo a los titulares, y no eran los que a él le habrían gustado. En una «exclusiva mundial», el 11 de julio de 2015, el *Sun* publicó: «George es adicto al crack». Esa afirmación procedía de Jackie Georgiu, la mujer de Andros, primo segundo de George Michael. El artículo decía que George Michael «todavía recibe tratamiento en la Kusnacht Practice, una clínica que cuesta 190.000 libras al mes». Según Jackie, George fumaba crack y se desmayaba en las fiestas, y más cosas. También aseguraba que algunos miembros de la familia habían viajado a Suiza para el cumpleaños de George, pero vieron que seguía bebiendo. «Todo el mundo decía que ya no era el mismo. La chispa había desaparecido», aseguraba el periódico por boca de Jackie. «Ha cambiado, después de abusar de las drogas. Y sé que todavía sigue bebiendo, aunque lleva un año en rehabilitación». Andros y George estaban muy unidos de jóvenes, pero no está claro qué tipo de relación tenían cuando Jackie hizo esas revelaciones.

Días después, el *Daily Mail* informaba de que Michael había ingresado por voluntad propia en una «clínica exclusiva contra las adicciones en Suiza», y se le había visto en un restaurante de Zúrich. El *Mail* también decía que el periódico alemán *Bild* aseguraba que Michael estaría «meses» en el centro. Unos vecinos anónimos de Londres decían que no habían visto a George en su casa desde 2015, y que otra persona paseaba a sus perros. En la segunda parte del artículo del *Mail* se decía: «Fuentes de Zúrich aseguran que ha pasado por un programa de rehabilitación de larga duración. Dicen que ahora se está tomando un descanso, pero que se espera que vuelva pronto a la clínica para completarlo. Él decía que ya había pasado tres me-

ses de tratamiento en la Kusnacht Practice, cerca de Zúrich. Cuesta la increíble cantidad de 200.000 libras al mes, y tiene fama de ser el establecimiento más exclusivo de este tipo del mundo». La clínica Kusnacht era muy exclusiva, eso es verdad, y no aceptaba más que dos o tres pacientes a su cuidado simultáneamente, cada uno de ellos con su propio chef.

Los amigos de Michael respondieron a las afirmaciones del periódico con una declaración que suscitaba más preguntas de las que respondía: «No comentaremos asuntos privados y confidenciales, como cualquier cosa relacionada con anteriores tratamientos médicos que George quizá haya recibido, y también esperamos que respeten su privacidad en tales asuntos. Sin embargo, sí podemos decir que contrariamente a algunas de las informaciones aparecidas en la prensa, George no ha iniciado ninguna rehabilitación, sino que está pasando una temporada en Europa. Está bien y disfruta de un largo periodo de descanso, como ilustran claramente las fotos recientes en un periódico nacional».

También respondían directamente a lo que contaba Jackie Andros diciendo: «Nos referimos a informes que han aparecido en los periódicos de hoy concernientes a George Michael. Aunque nuestra política general es no comentar ningún asunto privado, querríamos observar en este caso que estas historias, absolutamente erróneas, al parecer se las proporcionó a la prensa la mujer de un miembro lejano de la familia. Ninguna de esas personas tiene tratos con él desde hace muchos, muchos años.

»Por lo tanto, no resulta sorprendente que sean tan incorrectos. Aparte de todo esto, no tenemos ningún comentario más que hacer, ya que ahora mismo todo el asunto está en manos de los abogados del señor Michael».

George publicó un tweet que decía: «Para mis seres queridos: no creáis esa basura de los periódicos de hoy, que viene de alguien a quien no he visto desde hace 18 años».

No sabemos cuál es la verdad, pero es cierto que George estuvo apartado de su hogar muchos meses, que no hubo continuidad al relativo éxito del álbum y la gira *Symphonica,* y que el nuevo álbum parecía más alejado en el tiempo que nunca.

15

Memorial (2016-2017)

me-mo-rial

1. algo destinado a conservar la memoria de una persona o hecho;
2. relato escrito de hechos.

«He conseguido lo que quiere todo artista, que es que algo de su trabajo le sobreviva».

George Michael

No se sabe gran cosa del último año de vida de George Michael. Lo poco que se ha desvelado es sobre cosas muy corrientes, como una disputa porque querían demoler una casa de su barrio y construir en su lugar unos pisos con aparcamiento subterráneo. Cuando se sometió la propuesta al Consejo municipal de Camden, los abogados de George Michael se opusieron al proyecto. «Esta urbanización tendrá un impacto negativo en el carácter de la comunidad local. El tamaño propuesto, junto con el aumento de tránsito y la pérdida de árboles y espacio verde, establece un precedente no deseado para futuras urbanizaciones, que tendrían un impacto adverso en la zona, y que no cuadra con las mejoras realizadas en los edificios locales. Sería abrumador, visualmente. El aparcamiento subterráneo es excesivo, puesto que está claro que la propiedad ya se beneficia de instalaciones de aparcamiento en la calle». El enorme jardín de la parte trasera de la casa de Michael, con árboles japoneses, sauna y piscina eran un santuario que protegía mucho, incluso después de afirmar que la casa podía convertirse en una prisión. «Si vas a vivir en una cárcel, al menos que sea buena», bromeaba.

No había noticia alguna de nuevo material o de alguna aparición pública. El *Daily Mail* aseguraba que Michael había vuelto al hospital AKH en Viena en un avión privado, en noviembre de 2016. Se decía que habían viajado juntos Fadi Fawaz, su padre y George. Según el *Daily Mirror,* Fawaz explicaba que el viaje era para «vender un objeto», pero el *Mail* decía que el doctor Zielinski y el doctor Staudinger eran los médicos que habían tratado a Michael en ese viaje.

En noviembre de 2016, el *Sun* informaba de que George estaba una vez más cerca de Kenny Goss. Un «amigo íntimo» sin especificar, decía: «George y Kenny han vuelto a pasar ratos juntos, y es un momento muy emocionante para aquellos que estábamos tan preocupados por él los últimos años. George ha tenido unas épocas muy oscuras, especialmente el tiempo que estuvo separado de Kenny. Cuando estaba con él, siempre parecía que algo le mantenía por el buen camino. Kenny es el amor de su vida y es realmente bueno para él, de modo que su reencuentro es una buena noticia». Una vez más, aunque George Michael no hiciera ni dijera nada, la prensa buscaba noticias. El apetito que sentían por George Michael parecía no tener fin.

El *Sun* publicaba unas fotos tomadas por un fan italiano

el 9 de diciembre en el exterior de unos estudios en Londres, donde se veía a George dentro, sonriendo y algo más delgado que en una foto que supuestamente se había tomado en un restaurante de Oxfordshire, en septiembre. Las fotos del estudio fueron las últimas publicadas del cantante.

Faltaba poco para Navidad y George estaba en su casa de Londres. Nile Rodgers (de Chic) dijo que había visitado a Michael el 23 de diciembre, pero aquel mismo día George y Fadi viajaron a la casa del cantante en Goring-on-Thames, en Oxfordshire. Aunque George intentaba ser discreto, se vio entrar y salir a diversos visitantes, junto con entregas de flores, otra de un supermercado y un trabajador que arreglaba unas luces del exterior.

La Nochebuena de 2016 cayó en sábado, y ese día Fadi fue fotografiado entrando y saliendo de la casa de Goring; un fotógrafo estaba instalado fuera. Era el día de la procesión anual con antorchas por todo el pueblo y se vio a George mirándola desde su ventana. En 2015 había asistido al servicio religioso de medianoche en el pueblo, pero ese año no fue.

Al día siguiente, la mañana de Navidad, Fadi fue a despertar a George para ir a comer juntos. Fadi entró en el dormitorio para ver si ya estaba despierto, pero el cantante no le respondía. Había muerto durante la noche. Fawaz llamó a urgencias, una llamada que más tarde se filtró a la prensa.

«Ha muerto. Está azul. Está muerto», decía Fadi al operador. «Está en la cama. Muerto. Está frío y azul... Sí, está muy tieso. Está muerto... Está muerto». Fadi también le dijo al operador que había pasado una hora intentando revivir a Michael (presumiblemente antes de hacer la llamada). «Esperaba que se despertara, he esperado horas y horas y él no se despertaba, y entonces he ido a llamarle y había muerto, ¿sabe? Ya no está. Es George Michael, ¿sabe?, el cantante».

Una ambulancia de South Central llegó a la casa a la 1:42 pm y la policía poco después. Fadi declaró: «Se suponía que teníamos que ir a una comida de Navidad. He ido a despertarle y había muerto, tumbado pacíficamente en la cama. No sabemos todavía lo que ha pasado. Últimamente, todo había sido muy complicado, pero George esperaba con ilusión la Navidad, y yo también». En Twitter añadió: «Es una Navidad que nunca olvidaré, encontrar a tu compañero muerto en la cama por la mañana. Nunca dejaré de pensar en ti. XX». Se contaban historias contradictorias de dónde había estado Fawaz antes de Navidad. Unos decían que había pasado el fin de semana en casa de George, pero otra fuente aseguraba que había dicho que durmió en su coche, en Nochebuena.

Como Navidad caía en domingo, y el día 26 era festivo, hasta el martes 27 de diciembre los periódicos no dieron la noticia de la muerte de George Michael. Todos los diarios de Gran Bretaña lo destacaron en portada, y algunos de los más sensacionalistas incluían suplementos homenaje. La mayoría publicaban las fotos de Fadi saliendo de la casa en Nochebuena.

Los fans habían empezado a acercarse a la casa de George en Highgate, y también a la de Oxfordshire, en cuanto aparecieron las noticias, a última hora del día de Navidad. Al final del día 26 había una gran cantidad de flores, tarjetas y fotos en ambas direcciones. Los homenajes en Londres se sucedieron durante semanas e inundaron el exterior de la casa.

La autopsia de George se llevó a cabo el jueves 29 de diciembre. La policía de Thames Valley dijo: «La causa de la muerte no es concluyente y se requiere llevar a cabo más investigaciones. El resultado de estas pruebas no se conocerá probablemente hasta dentro de varias semanas. La policía de Thames Valley preparará un expediente para el forense de Oxfordshire. La muerte de Michael se está investigando como no explicada, pero tampoco sospechosa».

Como se esperaba, llegaron homenajes a George Michael

de todo el mundo, tanto del ámbito de la música como de fuera de este. «Ha sido una parte muy importante de mi vida y le quería mucho, mucho», decía Kenny Goss. «Los hermosos recuerdos y la música que trajo al mundo siempre serán una parte importante de mi vida, y de aquellos que también le amaban y le admiraban».

El publicista de George emitió un comunicado que decía lo siguiente: «La familia y amigos íntimos de George están enormemente conmovidos por las numerosas muestras de afecto recibidas durante las horas y días transcurridos desde su muerte. Para alguien cuya vida estaba centrada sobre todo en su música y el amor que sentía por su familia y amigos, sus fans y el mundo en su conjunto, no habrá tributo mejor que las muchas, muchas palabras amables que se han dicho y las numerosas veces que se han escuchado sus canciones. Contrariamente a lo que algunos han dicho, no ha habido circunstancias sospechosas en torno a su muerte, y desde el fondo de nuestro corazón damos las gracias a aquellos que, con razón, han preferido celebrar su vida y su legado en estos momentos de tristeza».

La semana que siguió a la muerte del cantante su música fue celebrada y resurgieron masivamente las ventas de sus álbumes y *singles*. En las listas de ventas que se publicaban todos los viernes, seis de sus álbumes volvieron a los Top 100. La mayor colección de éxitos, *Ladies and Gentlemen*, subió vertiginosamente al número 8 (la primera vez en los Top 10 desde hacía diecisiete años), y «Last Christmas» pasó al número 7 en la lista de *singles* (la primera vez que aparecía en los Top 10 desde hacía treinta y un años). La escucha en *streaming* de la música de George en Spotify subió más de un 3.000 por ciento, mientras que la lista de iTunes mostraba cuatro álbumes suyos en su Top 10.

Como había ocurrido con otros músicos y artistas que murieron en el 2016, se planteó la cuestión de si tenía música inédita. Fadi Fawaz publicó en Twitter un vínculo con una canción inédita, titulada «This Kind of Love». Se cree que la canción formaba parte de un álbum que Michael grabó, pero no publicó, en 1991. Fawaz quitó el vínculo cuando los abogados de la familia protestaron. Andrew Ridgeley comentó en Twitter que «GM controlaba todas sus producciones. Yo solo, y nadie más, tengo el derecho a transgredir ese principio». Andros Georgiou dijo también que tenía una colección de canciones no publicadas escritas y cantadas por George.

Fadi Fawaz tuvo muchos problemas en Twitter cuando apareció un mensaje suyo que decía que Michael anteriormente había intentado suicidarse. Más tarde, Fadi aseguró que su cuenta había sido *hackeada*. Su hermano mayor, Daniel, decía en el *Mirror*: «Es terrible lo que le ha ocurrido a mi hermano y lo que están diciendo. He oído muchas cosas durante las últimas semanas. Pero todo saldrá a la luz al final. Hasta entonces, no puedo decir nada más».

En la ceremonia de entrega de los premios Grammy en 2017, el 12 de febrero, Adele rindió homenaje a George Michael con una versión orquestal de «Fastlove». Sin embargo, cuando estaba cantando la canción, de repente se detuvo. «La he jodido, no puedo hacerlo como el año pasado», dijo, visiblemente alterada. «Lo siento, no puedo hacerlo mal, es por él». La gente aplaudió y ella empezó de nuevo, una versión impecable al segundo intento.

En el momento de su muerte, había planes de rodar un nuevo documental que habría narrado el propio George, titulado *Freedom*, y también de reeditar su álbum de 1990 *Listen Without Prejudice*. El deseo de que su obra perdurase después de su muerte se confirmaba.

George Michael tenía una serie de principios que le había inculcado su madre, y una sensación de autonomía muy arraigada, procedente de la batalla de voluntades que luchó con su padre, cuando era adolescente. Encontró difícil vivir con esos rasgos, siendo una figura tan mediática. «Es casi como si fuera el mismo en mi relación con los medios que con mi música. Cuando miro hacia atrás en mi carrera, no quiero, ni musicalmente ni en términos éticos, que sea un camino desigual. Quiero ser coherente. Quiero ser capaz de decir que me he defendido por mí mismo como individuo y como gay… y como músico, como hice contra Sony. Quiero que esas cosas se recuerden con coherencia.

»Esa es mi mayor preocupación, ahora mismo. Creo que no se puede ser selectivo con la verdad y la honradez, de modo que siempre voy un poquito más allá que mi generación, y me meto en problemas. Pero esa es una disfunción mía. Si hay una forma difícil de hacer las cosas, esa es la que elijo. Así soy yo».

Epílogo

Homenajes

En cuanto se anunció la noticia de su muerte empezaron a correr historias sobre la naturaleza generosa de George Michael. El presentador de televisión Richard Osman contó que Michael había telefoneado a las oficinas de *Deal or No Deal* para pagar anónimamente un tratamiento de fecundación in vitro que necesitaba una concursante, que se había presentado para conseguir ese dinero. Una vez dio una propina de 5.000 libras a una camarera porque tenía deudas. Otra vez, una mujer que había estado en el programa de televisión *This Morning* para hablar de sus problemas para intentar tener un hijo recibió el dinero necesario para su tratamiento de fertilidad de parte de Michael. También se sabe que apoyaba a organizaciones benéficas contra el sida y a favor de los sin techo. A continuación incluimos algunos de los muchos homenajes que recibió ese hombre extraordinario.

«Tengo el corazón roto por la pérdida de mi queridísimo amigo Yog. Tanto yo como sus seres queridos, sus amigos, el mundo de la música y el mundo en general. Amor para siempre».

ANDREW RIDGELEY

«George Michael fue uno de los británicos más grandes. Muchos tenemos una deuda impagable con él. Adiós, George».

MARK RONSON

«Era muy querido, espero que lo supiera, porque hoy no podemos expresar la tristeza que sentimos. Ha sido espantoso. Qué bonita voz tenía. Su música vivirá para siempre como testimonio de su talento. No puedo creer que se haya ido».

BOY GEORGE

«Estoy en estado de *shock*. He perdido a un querido amigo, el más amable y generoso del mundo, y además, un artista brillante».

SIR ELTON JOHN

«Después de haber trabajado con él en muchas ocasiones, siempre resultó evidente su enorme talento, y su sentido del humor irónico hizo que la experiencia fuese más satisfactoria».

SIR PAUL MCCARTNEY

«He querido a George Michael desde que me alcanza la memoria. Era una inspiración absoluta. Un hombre adelantado a su tiempo».

JAMES CORDEN

«Este año se ha llevado cruelmente a demasiada gente buena, y demasiado joven. ¿Y George? ¿Ese chico tan amable? Y con un talento maravilloso. No puedo hacerme a la idea. Descansa en paz, George. Canta con Freddie. Y con los ángeles».

BRIAN MAY

Bibliografía

30 Years of NME álbum Charts, Boxtree, Londres, 1993.

Blythe, Daniel; *The Encyclopaedia of Classic 80's Pop,* Allison & Busby, Londres, 2002.

Crampton, Luke, y Dafydd Rees; *Rock & Pop, Year by Year,* Dorling Kindersley, Londres, 2003.

Crampton, Luke; *Wham! The Official Biography,* Virgin, Londres, 1986.

Dessau, Bruce; *George Michael: The Making of a Superstar,* Pan, Londres, 1991.

Dodd, Peter, et al.; *Albums of the 80s,* Igloo, Kettering, 2004.

Ellis, Lucy, y Bryony Sutherland; *The Complete Guide to the Music of George Michael & Wham!,* Omnibus Press, Londres, 1998.

Erlewine, Michael, et al.; *All Music Guide,* Miller Freeman Books, San Francisco, 1997.

Gambaccini, Paul, et al.; *British Hit Albums,* Guinness, Londres, 1994.

—*British Hit Albums,* Guinness, Londres, 1995.

Goodall, Nigel; *In his Own Words: George Michael,* Omnibus Press, Londres, 1995.

Kercher, John; *Wham! Special,* Grandreams Ltd., Londres, 1985.

Mercer, Derek; *The 20th Century Day-by-Day,* Dorling Kindersley, Londres, 1999.

Michael, George, y Tony Parsons; *George Michael Desnudo,* Grijalbo, 1991.

Middles, Mick; *George Michael Freedom,* Chamaleon, Londres, 1997.

Napier-Bell, Simon; *I'm Coming to Take you to Lunch,* Ebury Press, Londres, 2006.

Reynolds, Simon; *Rip it Up and Start Again,* Faber, Londres, 2005.

Wapshott, Nicholas, y Tim Wapshott; *Older: The Unauthorized Biography of George Michael,* Sidgwick & Jackson, Londres, 1998.

Yapp, Nick; *Getty Images 1980s,* Konemann, Londres, 2001.

Publicaciones periódicas y artículos relacionados con George Michael

Artículos

— John Aizlewood, *Q*, diciembre de 1998.
— John Aizlewood, *Q*, junio de 1999.
— Lynder Barber, *Melody Maker*, 1983.
— Mark Brown, *The Guardian*, 21 de octubre de 2006.
— Mark Cunningham, *Sound on Sound*, 1997.
— Andy Davis, *Record Collector*, enero de 1998.
— Adrian Deevoy, *Q*, junio de 1988.
— Adrian Deevoy, *Q*, octubre de 1990.
— Adrian Deevoy, *Q*, febrero de 1992.
— Paul Du Noyer, *Q*, junio de 1996.
— Paul Elliott, *Q*, diciembre de 2006.
— Helen FitzGerald, *Melody Maker*, 28 de junio de 1984.
— Rosanna Greenstreet, *The Guardian*, 11 de marzo de 2006.
— Simon Hattenstone, *The Guardian*, 9 de diciembre de 2005.
— Paul Kelbie, *The Independent*, 18 de abril de 2006.
— Eleanor Levy, *Record Mirror*, 20 de junio de 1987.
— Piers Morgan, *Mirror*, julio de 2002.

— Tony Parsons, *The Face*, agosto de 1985.
— Tony Parsons, *The Face*, noviembre de 1987.
— Matthew Rolston, *Rolling Stone*, 28 de enero de 1988.
— Jason Solomans, *Daily Express*, 31 de marzo de 1997.
— Steve Sutherland, *Melody Maker*, 5 de julio de 1986.
— Adrian Thrills, *New Musical Express*, 19 de junio de 1982.
— Adrian Thrills, *New Musical Express*, 18 de septiembre de 1982.
— Judy Wieder, *The Advocate*, 30 de abril de 2000.
— Jon Wilde, *GQ*, diciembre de 1998.

Páginas web

www.yogworld.com
www.georgemichael.com

Publicaciones sobre música en general consultadas

Associated Press, Billboard, City Lights, Los Angeles Times, Mojo, The New York Times, Select, Sounds, Vox, Uncut.

Posiciones en las listas

Aus.: Australia. **Can.**: Canadá. **Ale.**: Alemania. **G.B.**: Gran Bretaña. **EE.UU.**: Estados Unidos.

Wham!

	Aus.	Can.	Ale.	G.B.	EE.UU.
Wham Rap!	9	–	17	8	–
Young Guns (Go For It!)	4	3	20	3	–
Bad Boys	9	19	12	2	60
Club Tropicana	60	–	13	4	13
Club Fantastic Megamix	–	–	56	15	–
Wake Me Up Before You Go Go	1	1	2	1	1
Freedom	3	5	3	1	1
Last Christmas	3	–	7	2	–
Everything She Wants	7	2	8	2	1
I'm Your Man	3	4	7	1	3
Where Did Your Heart Go?	–	52	–	–	50

George Michael en solitario

	Aus.	Can.	Ale.	G.B.	EE.UU.
Careless Whisper	1	–	3	1	1
A Different Corner	4	3	7	1	7
I Knew You Were Waiting	1	9	5	1	1
I Want Your Sex	2	2	3	3	2
Faith	1	1	5	2	7
Father Figure	5	3	18	2	1
One More Try	34	2	22	8	1
Monkey	11	6	24	13	1
Kissing A Fool	66	7	44	18	5
Praying For Time	15	1	19	6	1

	AUS.	CAN.	ALE.	G.B.	EE.UU.
Waiting For That Day	44	15	–	23	27
Freedom 90	17	2	41	28	8
Heal The Pain	–	–	–	31	–
Cowboys And Angels	–	–	–	45	–
Soul Free	91	–	–	–	–
Don't Let The Sun Go Down on Me	3	1	4	1	1
Too Funky	4	3	12	4	10
Five Live	–	–	8	1	–
Jesus To A Child	1	7	12	1	7
Fastlove	1	5	25	1	8
Spinning The Wheel	15	–	67	2	–
Older	–	–	–	3	–
Star People	–	–	64	2	–
You Have Been Loved	–	–	–	2	–
Outside	–	–	30	2	–
As	–	–	38	4	–
If I Told You That	–	–	62	9	–
Freeek!	–	–	7	7	–
Shoot The Dog	–	–	44	12	–
Amazing	–	–	19	4	–
Flawless (Go To The City)	–	–	54	8	–
Round Here	–	–	–	32	–
An Easier Affair	–	–	44	13	–
This Is Not Real Love	–	–	–	15	–
December Song	–	–	37	14	–
True Faith	–	–	–	27	–
White Light	88	21	–	15	–
Let Her Down Easy	–	–	–	53	–

Discografía

WHAM!

ÁLBUMES

Fantastic

Innervision	IVL25328	Reino Unido	LP	julio de 1983
Innervision	40-25328	Reino Unido	casete	julio de 1983
Innervision	CDEPC 25328	Reino Unido	CD	julio de 1983
Epic	450090-0	Reino Unido	CD	1998

Temas: Bad Boys/A Ray Of Sunshine/Love Machine/Wham Rap! (Enjoy What You Do?)/Club Tropicana/Nothing Looks The Same In The Light/Come On!/Young Guns (Go For It!).

Make It Big

Epic	EPC 86311	Reino Unido	LP	octubre de 1984
Epic	40-86311	Reino Unido	casete	octubre de 1984
Epic	CDEPC 86311	Reino Unido	CD	octubre de 1984
Epic	465576-2	Reino Unido	CD	1998

Temas: Wake Me Up Before You Go Go/Everything She Wants/Heartbeat/Like A Baby/Freedom/If You Were There/Credit Card Baby/Careless Whisper.

The Final

Epic	EPC 88681	Reino Unido	LP	julio de 1986
Epic	EPC 88681	Reino Unido	2 LP	julio* de 1986

Epic	40-88681	Reino Unido	casete	julio de 1986
Epic	CD 88681	Reino Unido	CD	julio de 1986
Epic	WHAM2	Reino Unido	2 LP**	1987
Epic	088681-2	Reino Unido	CD	1999

Wham Rap! (Enjoy What You Do?)/Young Guns (Go For It!)/Bad Boys; Club Tropicana/Wake Me Up Before You Go Go/Careless Whisper/Freedom/ Last Christmas (Pudding Mix)/Everything She Wants (Remix)/I'm Your Man/A Different Corner/Battlestations/Where Did Your Heart Go?/The Edge Of Heaven.

Music From The Edge Of Heaven

Columbia	40585-1	EE. UU.	LP	julio de 1986
Columbia	C 40585	EE. UU.	casete	julio de 1986
Columbia	CK 40285	EE. UU.	CD	julio de 1986

The Edge Of Heaven/Battlestations/I'm Your Man (Extended Stimulation)/Wham Rap '86/A Different Corner/Blue (Live In China)/Where Did Your Heart Go?/Last Christmas (Pudding Mix).

If You Were There: The Best Of Wham!

Epic	489020-2	Reino Unido	CD	diciembre de 1997

If You Were There/I'm Your Man/Everything She Wants/Club Tropicana/Wake Me Up Before You Go Go/Like A Baby/Freedom/Edge Of Heaven/Wham Rap! (Enjoy What You Do?)/Young Guns/Last Christmas/ Where Did Your Heart Go/Everything She Wants (1997 Mix)/I'm Your Man (1996 Mix).

George Michael

Álbumes en solitario

Faith

Epic	631 511 1	Reino Unido	LP	noviembre de 1987
Epic	631 522 4	Reino Unido	casete	noviembre de 1987
Epic	460000 2	Reino Unido	CD*	noviembre de 1987
Epic	460000 9	Reino Unido	CD**	diciembre de 1987

Faith/Father Figure/I Want To See Your Sex (Parts I & II)/One More

Try/Hard Day/Hand To Mouth/Look At Your Hands/Monkey/Kissing A Fool/Hard Day (Shep Pettibone Remix)/A Last Request (I Want To See Your Sex Part III).

* Con tres pistas adicionales.
** *Picture disc* (disco ilustrado), con tres pistas adicionales.

Listen Without Prejudice Vol. 1

Epic	467 295 1	Reino Unido	LP	septiembre de 1990
Epic	467 295 4	Reino Unido	casete	septiembre de 1990
Epic	467 295 2	Reino Unido	CD	septiembre de 1990
Epic	467 295 9	Reino Unido	CD*	septiembre de 1990

Praying For Time/Freedom 90/They Won't Go When I Go/Something To Save/Cowboys And Angels/Waiting For That Day/Mother's Pride/Heal The Pain/Soul Free/Waiting (Reprise).

* *Picture disc*

Older

Virgin	V 2802	Reino Unido	LP	mayo de 1996
Virgin	TCV 2902	Reino Unido	casete	mayo de 1996
Virgin	CDV 2802	Reino Unido	CD*	mayo de 1996
Virgin	CDVX 2802	Reino Unido	CD**	noviembre de 1997

Jesus To A Child/Fastlove/Older/Spinning The Wheel/It Doesn't Really Matter/The Strangest Thing/To Be Forgiven/Move On/Star People/You Have Been Loved/Free.

* *Picture disc.*
** Con disco de extras: Fastlove (Part II)/Spinning The Wheel (Forthright Mix)/Star People '97 (Radio Version)/The Strangest Thing '97 (Radio Version)/Your Know That I Want To/Safe.

Ladies & Gentlemen: The Best Of George Michael

Epic	749 170 2	Reino Unido	2 CD	noviembre de 1998

CD1: Jesus To A Child/Father Figure/Careless Whisper/Don't Let The Sun Go Down On Me/You Have Been Loved/Kissing A Fool/ Can't Make You Love Me/Heal The Pain/Moment With You/Desafinado/ Cowboys And Angels/Praying For Time/One More Try/A Different Corner.

CD2: Outside/As/Fastlove/Too Funky/Freedom 90/Star People '97/Killer/Papa Was A Rollin' Stone/I Want Your Sex/Strangest Thing '97/Fantasy/Spinning The Wheel/Waiting For The Day/I Knew You Were Waiting (For Me)/Faith/Somebody To Love.

Songs From The Last Century

Virgin	8 48741-2	Reino Unido	CD	diciembre de 1999

Brother Can You Spare A Dime?/Roxanne/You've Changed/My Baby Just Cares For Me/The First Time Ever I Saw Your Face/Miss Sarajevo/I Remember You/Secret Love/Wild Is The Wind/Where Or When/It's All Right With Me.

Patience

Aegean	515402-2	Reino Unido	CD	marzo de 2004

Patience/Amazing/John And Elvis Are Dead/Cars And Trains/Round Here/Shoot The Dog/My Mother Had A Brother/Flawless (Go To The City)/American Angel/Precious Box/Please Send Me Someone (Anselmo's Song)/Freeek! '04/Through/Patience Pt.2.

Twenty Five

Sony	700900-2	Reino Unido	2 CD	noviembre de 2006
Sony	700901-2	Reino Unido	3 CD*	noviembre de 2006

CD1: Everything She Wants/Wake Me Up Before You Go Go/Freedom/Faith/Too Funky/Fastlove/Freedom 90/Spinning The Wheel/Outside/As/Freeek!/Shoot The Dog/Amazing/Flawless (Radio Edit)/An Easier Affair.
CD2: Careless Whisper/Last Christmas/A Different Corner/Father Figure/One More Try/Praying For Time/Heal The Pain (con Paul McCartney)/Don't Let The Sun Go Down On Me (con Elton John)/Jesus To A Child/Older/Round Here/You Have Been Loved/John And Elvis Are Dead/This Is Not Real Love (con Mutya)
* CD3: Understand/Precious Box/Roxanne/Fantasy/Cars And Trains/Patience/You Know That I Want To/My Mother Had A Brother/If You Were There/Safe/American Angel/My Baby Just Cares For Me/Brother Can You Spare A Dime? (con Pavarotti / Friends)/Please Send Me Someone (Anselmo's Song)/Through.

Twenty Five

Sony	88697009002	Reino Unido	2 CD	noviembre de 2011

CD1: Everything She Wants / Wake Me Up Before You Go-Go / Freedom / Faith / Too Funky / Fastlove / Freedom! '90 / Spinning the Wheel / Outside / As / Freeek! / Shoot the Dog / Amazing / Flawless (Go to the City) / An Easier Affair / Kissing a Fool (bonus track japonés)

CD2: Careless Whisper / Last Christmas / A Different Corner / Father Figure / One More Try / Praying for Time / Heal the Pain / Don't Let the Sun Go Down on Me / Jesus to a Child / Older / Round Here / You Have Been Loved / John and Elvis Are Dead / This Is Not Real Love / Club Tropicana (bonus track japonés)

Symphonica
Virgin 3769932 Reino Unido CD marzo de 2014
Temas: Through / My Baby Just Cares for Me / A Different Corner / Praying for Time / Let Her Down Easy / The First Time Ever I Saw Your Face / Feeling Good / John and Elvis Are Dead / One More Try / Cowboys and Angels / Idol / Brother Can You Spare a Dime? /Wild Is the Wind / You've Changed

WHAM!

SENCILLOS

Wham Rap! (Enjoy What You Do?)
Wham Rap! (Club Remix)
Innervision IVLA 2442 Reino Unido single junio de 1982

Wham Rap! (Social Mix)/Wham Rap! (Unsocial Mix)
Innervision IVLA 13 2442 Reino Unido EP[1] junio de 1982

Wham Rap! (Special U. S. Remix Part 1)/Wham Rap! (Special U. S. Remix Part 2)
Innervision IVLA 2442 Reino Unido single enero de 1983

Wham Rap! (Special U. S. Remix)/Wham Rap! (Special Club Remix)
Innervision IVLA 13 2442 Reino Unido EP enero 1983

Young Guns (Go For It!)
Going For It
Innervision IVLA 2776 Reino Unido single septiembre de 1982

Young Guns (Go For It) (versión EP)/
Going For It

Innervision	IVLA 13 2776	Reino Unido	EP	septiembre de 1982

Bad Boys

Bad Boys (instrumental)

Innervision	A 3143	Reino Unido	single	mayo de 1983
Innervision	WA 3143	Reino Unido	single*	mayo de 1983

**Picture disc.*

Bad Boys (mix EP)/Bad Boys (instrumental)

Innervision	TA3143	Reino Unido	EP	mayo de 1983

Club Tropicana

Blue (Armed With Love)

Innervision	A 3613	Reino Unido	single	julio de 1983

Blue (Armed With Love)/Club Tropicana (instrumental)

Innervision	TA 3613	Reino Unido	EP	julio de 1983

Club Fantastic Megamix

A Ray Of Sunshine (mix instrumental)

Innervision	A 3586	Reino Unido	single	noviembre de 1983

A Ray of Sunshine (mix instrumental)

Innervision	TA 3586	Reino Unido	EP	noviembre de 1983

Wake Me Up Before You Go Go

Wake Me Up Before You Go Go (instrumental)

Epic	A 4440	Reino Unido	single	mayo de 1984

A Ray of Sunshine (grabado para «The Tube»)
/Wake Me Up Before You Go Go (instrumental)

Epic	TA 4440	Reino Unido	EP	mayo de 1984

Freedom

Freedom (instrumental)

Epic	A 4743	Reino Unido	single	octubre de 1984

Freedom (mix largo)/Freedom (instrumental)

Epic	TA 4743	Reino Unido	EP	octubre de 1984

Last Christmas
Everything She Wants

Epic	A 4949	Reino Unido	single	diciembre de 1984

Last Christmas (pudding mix) Everything She Wants

Epic	TA 4949	Reino Unido	EP	diciembre de 1984

Blue (Armed With Love) (Live In China)

Epic	WHAM 1	Reino Unido	single	diciembre de 1985

Last Christmas (pudding mix) Blue (Armed With Love) (Live In China)/Everything She Wants (Remix)

Epic	WHAM 1	Reino Unido	EP	diciembre de 1985

Everything She Wants
Everything She Wants (remix) Last Christmas

Epic	AQ 4949	Reino Unido	single	diciembre de 1984

Everything She Wants (remix) Last Christmas (pudding mix)

Epic	QTA 4949	Reino Unido	EP	diciembre de 1984

I'm Your Man
Do It Right

Epic	A 6716	Reino Unido	single	noviembre de 1985
Epic	TA40 6717	Reino Unido	casete	noviembre de 1985

I'm Your Man (Extended Stimulation)/Do It Right/I'm Your Man (A cappella)

Epic	TA 6717	Reino Unido	EP	noviembre de 1985
Epic	WTA 6716	Reino Unido	EP*	noviembre de 1985

**Picture disc.*

Edge Of Heaven
Wham Rap '86

Epic	A FIN 1	Reino Unido	single	junio de 1986

Wham Rap '86/Battlestations/Where Did Your Heart Go?

Epic	FIN 1	Reino Unido	single*	junio de 1986

Battlestations/Where Did Your Heart Go?/Wham Rap '86

Epic	FIN T1	Reino Unido	EP	junio de 1986

* Disco doble, edición limitada.

GEORGE MICHAEL

SENCILLOS EN SOLITARIO

Careless Whisper

Careless Whisper (instrumental)

Epic	A 4603	Reino Unido	single	agosto de 1984

Careless Whisper (instrumental)/Careless Whisper (versión larga)

Epic	TA 4603	Reino Unido	EP	agosto de 1984
Epic	WA 4603	Reino Unido	EP*	agosto de 1984

* *Picture disc.*

Careless Whisper (instrumental)/Careless Whisper (versión de Wexler)

Epic	QTA 4603	Reino Unido	EP	agosto de 1984

A Different Corner

A Different Corner (instrumental)

Epic	A 7033	Reino Unido	single	marzo de 1986
Epic	GTA 7033	Reino Unido	EP*	marzo de 1986

* Desplegable.

I Want Your Sex

Rhythm 1 Lust Mix/Rhythm 2 Brass In Love Mix

Epic	LUST1	Reino Unido	single	junio de 1987

Monogamy Mix: Rhythm 1 Lust, Rhythm 2 Brass In Love, Rhythm 3 A Last Request/Hard Day

Epic	LUST C1	Reino Unido	casete	junio de 1987
Epic	LUST T1	Reino Unido	EP	junio de 1987
Epic	LUST QT1	Reino Unido	EP*	junio de 1987

* *Picture disc.*

Monogamy Mix: Rhythm 1 Lust, Rhythm 2 Brass In Love, Rhythm 3 A Last Request

Epic	CDLUST1	Reino Unido	CD*	junio de 1987

* Desplegable.

Faith
Hand To Mouth
Epic EMU 3

Faith (instrumental)/Hand To Mouth

Epic	EMU C3	Reino Unido	casete	octubre de 1987
Epic	EMU T3	Reino Unido	EP	octubre de 1987
Epic	EMU P3	Reino Unido	EP*	noviembre de 1987

* *Picture disc.*

Hand To Mouth/Hard Day (Remix)

Epic	CDEMU 3	Reino Unido	CD	octubre de 1988

Father Figure
Love's In Need Of Love Today

Epic	EMU 4	Reino Unido	single*	diciembre de 1987
Epic	EMU P4	Reino Unido	single**	diciembre de 1987

* Copias originales con calendario.
** *Picture disc* cuadrado.

Love's In Need Of Love Today/Father Figure (instrumental)

Epic	EMU T4	Reino Unido	EP	diciembre de 1987
Epic	CD EMU 4	Reino Unido	CD	enero de 1988

One More Try
Look At Your Hands

Epic	EMU 5	Reino Unido	single	abril de 1988
Epic	EMU B5	Reino Unido	single*	abril de 1988
Epic	EMU T5	Reino Unido	EP	abril de 1988
Epic	651 5322	Reino Unido	CD 3″	abril de 1988
Epic	CD EMU 5	Reino Unido	CD 5″	abril de 1988

* Con pin gratis.

Monkey
Monkey (a cappella)

Epic	EMU 6	Reino Unido	single	junio de 1988
Epic	EMU G6	Reino Unido	single*	junio de 1988

* desplegable.

Monkey (a cappella)/(versión larga)/(Extra Beats)

Epic	EMU T6	Reino Unido	EP	junio de 1988
Epic	CD EMU6	Reino Unido	CD	junio de 1988

Kissing A Fool

Mix instrumental

Epic	EMU 7	Reino Unido	single	noviembre de 1988

Mix instrumental/A Last Request

Epic	EMU T7	Reino Unido	EP	noviembre de 1988
Epic	CD EMU 7	Reino Unido	CD	noviembre de 1988

Praying For Time

If You Were My Woman

Epic	GEO 1	Reino Unido	single	agosto de 1990
Epic	GEO M 1	Reino Unido	casete	agosto de 1990
Epic	GEO T1	Reino Unido	EP	agosto de 1990
Epic	CDGEO 1	Reino Unido	CD	agosto de 1990

If You Were My Woman/Waiting (repetición)

Epic	GEOC 1	Reino Unido	CD*	agosto de 1990

* Numerado

Waiting For That Day

Fantasy

Epic	GEO 2	Reino Unido	single	octubre de 1990
Epic	GEO M2	Reino Unido	casete	octubre de 1990
Epic	GEO T2	Reino Unido	EP	octubre de 1990

Fantasy/Father Figure/Kissing A Fool

Epic	CDGEO 2	Reino Unido	CD	octubre de 1990
Epic	GEO C2	Reino Unido	CD*	octubre de 1990

* *Picture disc.*

Freedom '90

Freedom (Mix Back To Reality)

Epic	GEO 3	Reino Unido	single	diciembre de 1990
Epic	GEO M3	Reino Unido	casete	diciembre de 1990

Freedom (Mix Back To Reality)/Mother's Pride

Epic	GEO T3	Reino Unido	EP	diciembre de 1990
Epic	GEO C3	Reino Unido	CD	diciembre de 1990

Heal The Pain

Soul Free

Epic	656 647 7	Reino Unido	single	febrero de 1991
Epic	656 647 4	Reino Unido	casete	febrero de 1991
Epic	656 647 6	Reino Unido	EP	febrero de 1991
Epic	656 647 2	Reino Unido	CD	febrero de 1991

Soul Free/Hand To Mouth

Epic	656 647 5	Reino Unido	CD*	febrero de 1991

* Con desplegable.

Cowboys And Angels

Something To Save

Epic	656 774 7	Reino Unido	single	marzo de 1991
Epic	656 774 4	Reino Unido	casete	marzo de 1991
Epic	656 774 6	Reino Unido	EP	marzo de 1991
Epic	656 774 2	Reino Unido	CD	marzo de 1991

Too Funky

Crazyman Dance

Epic	658 058 7	Reino Unido	single	junio de 1992
Epic	658 058 4	Reino Unido	casete	junio de 1992

Crazyman Dance/Too Funky (versión larga)

Epic	658 058 2	Reino Unido	CD*	junio de 1992

* *Picture disc.*

Too Funky (versión larga)/Crazyman Dance

Epic	658 058 6	Reino Unido	EP	junio de 1992

Jesus To A Child

One More Try (versión de gospel en directo)/Older (versión instrumental)

Virgin	VSC 1571	Reino Unido	casete	enero de 1996
Virgin	VSCDG 1571	Reino Unido	CD	enero de 1996

Fredom '93 (versión en directo)/One More Try
(versión de gospel en directo)/Older (versión instrumental)

Virgin	VSCDX 1571	Reino Unido	CD	enero de 1996

Fastlove

Fastlove (Part 1)/I'm Your Man

Virgin	VSC 1579	Reino Unido	casete	abril de 1996

Fastlove (Part 1)/I'm Your Man/Fastlove (Part II Mix versión larga completa)

Virgin	VSCDG 1579	Reino Unido	CD	abril de 1996

Fastlove (Part II Mix versión larga completa)/I'm Your Man/Fastlove (Part I)

Virgin	VST 1579	Reino Unido	EP	abril de 1996

Spinning The Wheel

Spinning The Wheel (montaje de la radio)
You Know That I Want To/
Spinning The Wheel (montaje directo)

Virgin	VSC 1595	Reino Unido	casete	agosto de 1996
Virgin	VSCDG 1595	Reino Unido	CD	agosto de 1996

Spinning The Wheel (mix de club directo)
Fastlove (montaje directo)/Spinning The Wheel (remix de Jon Douglas)

Virgin	VST 1595	Reino Unido	EP	agosto de 1996
Virgin	VSCDX 1595	Reino Unido	CD	agosto de 1996

Older

Older (montaje de la radio)/I Can't Make You Love Me/Desafinado
(con Astrud Gilberto)/The Strangest Thing (directo)

Virgin	VSC 1626	Reino Unido	casete	enero de 1997
Virgin	VSCDG 1626	Reino Unido	CD	enero de 1997

Star People '97

Star People '97 (montaje de la radio) Everything She
Wants (acústico)/Star People (acústico)/Star People (montaje directo)

Virgin	VSC 1641	Reino Unido	casete	abril de 1997

Everything She Wants (acústico)/Star People (acústico)

Virgin	VSCDG 1641	Reino Unido	CD	abril de 1997

The Dance Mixes: Galaxy Mix/Forthright Club Mix/Galaxy Dub Mix/montaje directo
Virgin VSCDX 1641 Reino Unido CD abril de 1997

You Have Been Loved
The Strangest Thing '97 (Radio Mix)/Father Figure (acústico)/Praying For Time (acústico)
Virgin VSCDG 1661 Reino Unido CD septiembre de 1997

The Strangest Thing '97 (Loop Ratz Mix)/The Strangest Thing '97 (Radio Mix)/You Have Been Loved
Virgin VSCDX 1663 Reino Unido CD septiembre de 1997

Outside
Fantasy 98/Outside (remix de Jon Douglas)
Epic 666562-2 Reino Unido CD diciembre de 1998

Los Mix: Garage Mix/House Mix/K-Gee's Cut
Epic 666562-2 Reino Unido CD diciembre de 1998

As
A Different Corner (directo en Parkinson)/As (Full Crew Mix)
Epic 666870-2 Reino Unido CD marzo de 1999

Los Mix: Original/Full Crew Mix/Remix de CJ Mackintosh
Epic 667012-5 Reino Unido CD marzo de 1999

As (versión original) As (Full Crew Mix)
Epic 666870-6 Reino Unido EP marzo de 1999

Freeek!
The Long And Winding Road
Polydor 5706974 Reino Unido casete marzo de 2002

Freeek! (Mix Scumfrogs)/Freeek! (Mix Moogymen)
Polydor 5706812 Reino Unido CD marzo de 2002

Freeek! (Mix Max Reich)/The Long And Winding Road
Polydor 5706822 Reino Unido CD marzo de 2002

Shoot The Dog
Versión especial para el álbum/Mix Moogymen/Remix Alex Kid Shoot The Club/CD-Rom Video

Polydor	5709242	Reino Unido	CD	agosto de 2002

Freeek!

Polydor	5709838	Reino Unido	DVD	agosto de 2002

Amazing
Freeek! '04

Sony	6747262	Reino Unido	CD	marzo de 2004

Amazing (Mix Jack 'n' Rory Vocal)/
Amazing (Full Intention Club Mix)

Sony	6747265	Reino Unido	CD	marzo de 2004

Flawless (Go To The City)
Please Send Me Someone (Anselmo's Son)

Sony	6750681	Reino Unido	CD	junio de 2004

Los Mix: Versión del álbum/Mix Jak'n'Rory Vocal/Shapeshifters Remix/Boxer Mix/The Sharp Boys Hot Fridge Vocal Mix

Sony	6750682	Reino Unido	CD	junio de 2004

Los Mix: Shapeshifters Remix/The Sharp Boys Hot Fridge Vocal Mix/Jack'n'rory Vocal Mix/Boxer Mix

Sony	6750686	Reino Unido	EP	junio de 2004

Round Here
Patience/Round Here (CD-Rom vídeo)

Sony	6754702	Reino Unido	CD	noviembre de 2004

John And Elvis Are Dead

Sony		Reino Unido	*	2005

* Solo para descargar en internet

An Easier Affair
Brother Can You Spare A Dime? (directo)

Aegean	82876869462	Reino Unido	CD	julio de 2006

This Is Not Real Love

This Is Not Real Love (mix principal)/Edith & The Kingpin
(en directo, en Abbey Road)
Sony 88697019792 Reino Unido CD octubre 2006

This Is Not Real Love (mix principal)/Everything
She Wants (Remix)/I'm Your Man (Mix Extended Stimulation)
Sony 88697020702 Reino Unido CD octubre de 2006
Sony 88697019791 Reino Unido EP octubre de 2006

December Song (I Dreamed of Christmas)

December Song (I Dreamed of Christmas) / Jingle (A Musical Interlude) / Edith & the Kingpin / Praying for Time / December Song (I Dreamed of Christmas) (Vídeo)
Island Reino Unido CD diciembre de 2009

True Faith

True Faith / True Faith (instrumental)
Aegean Reino Unido CD marzo de 2011

White Light

White Light / Song to the Siren / White Light (Voodoo Sonics Remix) / White Light (Kinky Roland Remix)
Aegean Reino Unido CD agosto de 2012

Videografía

WHAM!

Wham! The Video

CBS Fox	3048-50	Reino Unido	vídeo	1984

Wham Rap!/Club Tropicana/Wake Me Up Before You Go Go/Careless Whisper/Last Christmas

Wham! 85

CBS Fox	3075	Reino Unido	vídeo	1985

Everything She Wants (versión larga)/Freedom (versión larga)/I'm Your Man (versión larga)

Wham! The Final

CBS Fox	3846-50	Reino Unido	vídeo	1986

Wham! In China: Foreign Skies

CBS Fox	7142-40	Reino Unido	vídeo	1986

Temas: Bad Boys/Club Tropicana/Wake Me Up Before You Go Go/Ray Of Sunshine/Young Guns (Go For It)/Careless Whisper/Everything She Wants/Like A Baby/If You Were There/Runaway/Love Machine

Wham! The Best Of

Sony	200777-2	Reino Unido	vídeo	diciembre de 1997
Sony	200777-9	Reino Unido	DVD	2000

Temas: Wham Rap!/Club Tropicana/Wake Me Up Before You Go Go/Last Christmas/The Edge Of Heaven/Where Did Your Heart Go/I'm Your Man/Everything She Wants/Freedom

GEORGE MICHAEL

I Want Your Sex

CBS Fox	5199-50	Reino Unido	videosingle	junio de 1987

Faith

CMV	49000-2	Reino Unido	vídeo	noviembre de 1988

I Want Your Sex (versión sin censura)/Faith/Father Figure/One More Try/Monkey/Kissing A Fool/tomas de entrevistas

The South Bank Show

CMV	49063-2	Reino Unido	vídeo	noviembre de 1990

Ladies & Gentlemen: The Best of George Michael

Sony	200850 2	Reino Unido	vídeo	noviembre de 1998
Sony	200850 9	Reino Unido	DVD	noviembre de 1998

Temas: Outside/Fastlove/Spinning The Wheel/Freedom '90/Killer/Papa Was a Rollin' Stone/Too Funky/Faith/I Want Your Sex/Jesus To A Child/Waltz Away Dreaming (con Tony Bourke)/Father Figure/Don't Let The Sun Go Down On Me (con Elton John)/Kissing A Fool/I Knew You Were Waiting For Me (con Aretha Franklin)/Somebody To Love (con Queen)/Money/One More Try/Star People '97/I Can't Make You Love Me/A Different Corner/You Have Been Loved/Careless Whisper

Twenty Five

Sony	701978-9	Reino Unido	2 DVD	noviembre de 2006

DVD1: Club Tropicana/Wake Me Up Before You Go Go/Last Christmas /Everything She Wants/I'm Your Man/The Edge Of Heaven/Careless Whisper/A Different Corner/I Knew You Were Waiting (For Me) (con Aretha Franklin)/I Want Your Sex/Faith/Father Figure/One More Try/Monkey/Kissing A Fool/Freedom '90/Don't Let The Sun Go Down On Me (con Elton John)/Too Funky
DVD2: Fastlove/Jesus To A Child/Spinning The Wheel/Older/Outside/As (con Mary J. Blige)/Freeek!/Amazing/John And Elvis Are Dead/Flawless (Go To The City)/Shoot The Dog/Roxanne/An Easier Affair/If I Told You That (con Whitney Houston)/Waltz Away Dreaming/Somebody To Love/I Can't Make You Love Me/Star People '97/You Have Been Loved/Killer /Papa Was A Rollin' Stone/Round Here

Live in London

Sony	–	Reino Unido	Blu Ray	diciembre de 2009

Temas: Waiting (Reprise) / Fastlove / I'm Your Man / Flawless (Go to the City) / Father Figure / You Have Been Loved / An Easier Affair / Everything She Wants / One More Try / A Different Corner / Too Funky / Shoot the Dog / John and Elvis Are Dead / Faith / Spinning the Wheel / Feeling Good / Roxanne / My Mother Had a Brother / Amazing / Fantasy / Outside / Careless Whisper / Freedom! '90

Colaboraciones

Elton John

Wrap Her Up
Restless (en directo)

Rocket	EJS 10	Reino Unido	single	noviembre de 1985
Rocket	EJSP 10	Reino Unido	single*	noviembre de 1985

* *Picture disc.*

Restless (en directo)/Nikita (con George Michael)/The Man Who Never Died

Rocket	EJS 10/9	Reino Unido	single*	noviembre de 1985

* Doble en bolsa de PVC.

Too Low For Zero (en directo)

Rocket	EJSC 10	Reino Unido	single*	noviembre de 1985

* Cubierta plegable.

Wrap Her Up (remix en versión larga)/Restless (en directo)

Rocket	EJS 1012	Reino Unido	EP	noviembre de 1985

Wrap Her Up (remix en versión larga)/Restless (en directo)/Nikita (con George Michael)/Cold As Christmas

Rocket	EJS 1012	Reino Unido	EP*	noviembre de 1985

* Doble en bolsa de PVC.

Don't Let The Sun Go Down On Me
I Believe (When I Fall In Love It Will Be Forever) (en directo)

Epic	657 646-7	Reino Unido	single	noviembre de 1991
Epic	657 646-4	Reino Unido	casete	noviembre de 1991

Don't Let The Sun Go Down On Me /I Believe (When I Fall In Love It Will Be Forever) (en directo)/Last Christmas (Wham!)

Epic	657 646-5	Reino Unido	EP	noviembre de 1991

* Cubierta con póster desplegable.

I Believe (When I Fall In Love It Will Be Forever) (en directo)/If You Were My Woman/Fantasy

Epic	657 646-2	Reino Unido	CD	noviembre de 1991

Two Rooms

Mercury	845 749-2	Reino Unido	CD	octubre de 1991

Incluye «Tonight» (en directo).

Aretha Franklin

I Knew You Were Waiting (For Me)
I Knew You Were Waiting (For Me) (instrumental)

Epic	DUET 2	Reino Unido	single	enero de 1987

(Remix versión larga) I Knew You Were Waiting (For Me) (A cappella)/I Knew You Were Waiting (For Me) (remix editado)

Epic	DUET T2	Reino Unido	EP	enero de 1987

Boogie Box High

Jive Talkin'
Rhythm Talkin' (Part I)

Hardback	BOSS 4	Reino Unido	single	julio de 1987

Jive Talkin' (Mix Fever Pitch)/Rhythm Talkin' (Part I)

Hardback	BOSS 4	Reino Unido	EP	julio de 1987

Queen

Five Live EP

Parlophone	R 6340	Reino Unido	single	abril de 1993
Parlophone	TCR 6340	Reino Unido	casete	abril de 1993
Parlophone	CDRS6340	Reino Unido	CD	abril de 1993

Somebody To Love/Killer/Papa Was A Rollin' Stone/These Are The Days Of Our Lives/Calling You

Parlophon	12R 6340	Reino Unido	EP	abril de 1993

Killer/Papa Was A Rollin' Stone (Remix PM Dawn)/Papa Was A Rollin' Stone (Remix PM Dawn instrumental)

Parlophone	CDR 6340	Reino Unido	CD*	abril de 1993

Killer/Papa Was A Rollin' Stone (Remix PM Dawn)/Somebody To Love/These Are The Days Of Our Lives

* *Picture disc.*

Deon Estus

Heaven Help Me

It's A Party

Mika	MIKA 2	Reino Unido	single	abril de 1989
Mika	MIKAG 2	Reino Unido	single*	abril de 1989

* Con póster desplegable.

It's A Party/Love Can't Wait

Mika	MIKAZ 2	Reino Unido	EP	abril de 1989

It's A Party/Love Can't Wait/Me Or The Rumours (instrumental)

Mika	871 539-2	Reino Unido	CD	abril de 1989

Toby Bourke

Waltz Away Dreaming

Things I Said Tonight (versión de maqueta en directo)

Aegean	AEC 01	Reino Unido	casete	mayo de 1997
Aegean	AECD 91	Reino Unido	CD	mayo de 1997

Whitney Houston

If I Told You That
If I Told You That (Mix de Johnny Douglas)/Fine (versión del álbum)

Arista	176628 2	Reino Unido	CD	2000

¿Dónde están ahora?

Abdul, Paula

Coreógrafa

Tras preparar la coreografía de la gira de *Faith*, la carrera de Abdul despegó en 1988. Su primer álbum, *Forever Your Girl*, alcanzó el número uno en Estados Unidos e incluyó cuatro sencillos que ocuparon el mismo puesto. Publicó más discos durante los años noventa y ahora trabaja como miembro del jurado en el programa de televisión de gran éxito «American Idol».

Anderson, Lindsay

Realizador

Anderson ya tenía más de sesenta años cuando trabajó con Wham! en 1985, y su producción después del viaje a China se limitó a tres películas más antes de fallecer de un ataque al corazón en Francia a la edad de 71 años, en 1994.

Bragg, Melvyn

Presentador de televisión

Junto con Michael Parkison, Bragg se convirtió en el entrevistador televisivo favorito de George Michael. Sigue siendo el principal presentador de «South Bank Show» y un escritor en activo, además de miembro vitalicio de la Casa de los Lores.

Burns, Hugh
Guitarrista
Desde que tocara con George Michael en *Make It Big* hasta *Older*, la carrera de Burns cambió mucho de rumbo y dirección. Ha tocado con Paul McCartney, Plácido Domingo y Albert Hammond.

Cameron, Chris
Pianista, ayudante
Cameron, quien tocó el piano por última vez en *Patience*, ha estado ocupado trabajando con Lesley Garratt, Tina Turner, Take That y los Stereophonics.

Craymer, Chris
Fotógrafo
Craymer se lanzó a una carrera de enorme éxito después de trabajar en las primeras sesiones fotográficas de Wham! pasando al mundo de la fotografía de la moda y de la belleza.

Dean, Mark
El jefe de la discográfica Innervision, Mark Dean, acabó desapareciendo y nunca más se ha vuelto a oír hablar de él.

DeMacque, Helen «Pepsi»
Bailarina/vocalista acompañante
Formaba el grupo Pepsi and Shirlie con Shirlie Holliman y, después, produjo dos álbumes, *Heartache* (1987) y *Change* (1991). Pepsi participó después en el nuevo lanzamiento de *Hair* en 1993. Recientemente se la ha visto trabajando en una tienda de regalos de Nueva Zelanda.

Estus, Deon
Bajista
Deon Estus trabajó con George Michael desde los primeros días de Wham! hasta *Older*, en 1996. En 1989, publicó un disco en solitario, *Spell*, del que salió un sencillo que llegó a los 10 Principales en Estados Unidos, «Heaven Help Me». También tocó para el disco de Andrew Ridgeley, *Son of Albert*, en 1990. Actualmente reside en California.

Eyre, Tommy
Teclista
Nacido en Sheffield, Eyre fue otro de los colaboradores más antiguos de Michael antes de dejarlo durante la gira de *Faith* en 1988. A lo largo de una extensa carrera en la que también trabajó con Joe Cocker y Gerry Rafferty, realizó una impresionante lista de sesiones. Falleció debido a un cáncer en mayo de 2001.

Franklin, Aretha
Colaboradora
Franklin ha lanzado siete álbumes desde que trabajara con George Michael hace veinte años. Sigue produciendo trabajos merecedores de grandes premios y, recientemente, obtuvo premios Grammy en 2004 y 2006 y la Medalla Presidencial de la Libertad en 2005. Fue novena en la Lista de los 100 Mayores Artistas de Todos los Tiempos publicada por la revista *Rolling Stone* en 2004.

Georgiou, Andros

El primo Andros pareció alejarse de George Michael tras el fracaso de su discográfica Aegean. No se le ha visto desde que apareciera en el «documental» de Channel 5 *Careless Whiskers.*

Gomersall, Paul
Ingeniero
Además de trabajar con George Michael desde la época de Wham! hasta sus álbumes más recientes, Gomersall extendió sus alas hasta llegar a colaborar con algunos de los mayores nombres de la música. Algunas de sus obras incluyen *Parklife,* de Blur, *Jordan: The Comeback,* de Prefab Sprout, y *The Sensual World,* de Kate Bush. Después de abandonar los estudios Sarm se ha dedicado a trabajar como productor/ingeniero independiente. Vive en Australia desde 1998.

Gregory, Steve
Saxofonista
Responsable del fragmento de saxofón que todo el mundo reconoce de inmediato en «Careless Whisper», Gregory ha gra-

bado desde entonces con Chris Rea, Maxi Priest y Queen. Ha publicado un álbum en solitario titulado *Bushfire* que incluía a invitados especiales como Georgie Fame y John Deacon, de Queen.

Holliman, Shirlie
Bailarina/vocalista acompañante
Holliman se casó con Martin Kemp, de Spandau Ballet en 1988. En los años noventa, ella y su hija Hayley aparecieron en el vídeo de la canción «Mama» de las Spice Girls. La pareja también tiene un hijo, Roman. Junto con Pepsi, Shirlie fue la vocalista acompañante del sencillo en solitario de Geri Halliwell «Bag It Up», en 2000.

Kahane, Rob
Representante
Después de separarse de George Michael en vísperas del caso de Sony ante los tribunales, Kahane firmó con la banda de rock Bush y se encargó de la promoción de su carrera en Estados Unidos, convirtiéndoles en estrellas en los años noventa.

Lewis, Martin
Productor cinematográfico
Lewis lo ha hecho todo en el mundo de la cultura del pop en los últimos veinte años. Ha escrito espectáculos cómicos para solo un actor, ha dirigido programas de radio y televisión, gestionado la Portsmundo Sinfonía y descubierto a Alexei Sayle.

Morahan, Andrew
Realizador de vídeo
El londinense Morahan se pasó la mayor parte del período entre 1984 y 1996 trabajando en videoclips y anuncios de televisión. Su tan galardonado anuncio «Cheat» de vaqueros Guess?, con Juliette Lewis y Harry Dean Stanton, le catapultó a la fama. También ha producido anuncios para Carling («Football»), Lynx («Wild Women») y Rimmer. En 2002, fundó Bikini Films junto a Kate Elson.

Mortimer, David (también conocido como Austin, David)
Amigo
El breve intento que hizo Mortimer por lanzar una carrera en solitario en Japón no llegó a ningún sitio, aunque siguió siendo un buen amigo de Michael y escribió con él en varias ocasiones en los últimos años, además de participar en el documental *A Different Story.*

Napier-Bell, Simon
Representante
Hoy en sus setenta, Napier-Bell sigue trabajando en la industria de la música y ha escrito varios libros muy aclamados sobre distintos aspectos de su extensa carrera en este negocio.

Panos, Jack
Padre
Sigue siendo el dueño del restaurante Mr. Jacks y disfruta criando caballos en la granja que su hijo le compró. De vez en cuando concede entrevistas a la televisión sobre los últimos años de su vástago, en las que ha admitido que estaba cegado ante el obvio talento de Georgios.

Pope, Tim
Realizador cinematográfico
Pope tuvo una de las carreras de dirección más ilustres en la historia de los vídeos musicales antes de lanzarse a los largometrajes. Su debut fue con *The Crow: City of Angels.* En 2005 volvió al mundo de las promociones musicales y de los vídeos producidos para KT Tunstall y los Kaiser Chiefs.

Ridgeley, Andrew
Socio
Tras intentar lanzar su carrera en solitario con el álbum *Son of Albert,* Ridgeley volvió al Reino Unido desde Los Ángeles. Retirado de la música, ahora dirige un negocio de equipamiento de surf en Cornwall, donde vive con la antigua cantante de Bananarama, Keren Woodward. Es un gran aficionado al surf y, frecuentemente, hace campañas a favor de

diversos temas medioambientales relacionados con la calidad de las aguas que rodean las costas británicas.

Ross, Jonathan
Entrevistador
Ross se ha convertido en una especie de ídolo de culto en la radio y la televisión. En la actualidad tiene un programa de entrevistas muy valorado e irreverente los viernes por la noche en la BBC.

Sealey, Diane (D. C. Lee)
Bailarina/vocalista acompañante
Tras abandonar Wham! para unirse a Style Council, Lee tuvo dos hijos, Leah y Nathaniel, con su marido Paul Weller, antes de divorciarse. A mediados de los años ochenta, su álbum *Shrine* produjo tres sencillos, el mejor de los cuales, «See The Day», alcanzó el tercer puesto en el Reino Unido y más tarde fue versionado por Girls Aloud.

Summers, Jazz
Representante
Summers siguió representando a artistas del mundo de la música después de la desaparición de Nomis. Desde entonces ha trabajado con Verve, Badly Drawn Boy y Snow Patrol.

Wexler, Jerry
Productor
Wexler fue incluido en el Rock and Roll Hall of Fame (Salón de la Fama del Rock and Roll) en 1987. Su trabajo posterior incluyó la película dirigida por Francis Ford Coppola *The Cotton Club* y los álbumes de Bob Dylan *Slow Train Coming* y *Saved.* Continuó trabajando al llegar a los setenta, produciendo *The Right Time,* de Etta James.

Agradecimientos

Después de conseguir por fin meter en la cama a los niños, justo antes de las 11 de la noche del día de Navidad, me senté y puse la tele para ver las noticias de última hora. Como todo el mundo, era muy consciente de que en 2016 habían ocurrido lo que parecía un número sin precedentes de muertes de famosos, pero aun así no estaba preparado para la conmoción de los titulares de aquella noche. Había muerto George Michael a los 53 años. Al cabo de una hora tenía un mensaje de correo de una emisora de televisión en Moscú pidiéndome una entrevista por Skype. Decliné amablemente.

A lo largo de los días siguientes, y cuando la lógica conmoción por el fallecimiento hubo cedido un poco, pensé mucho en la vida y la carrera de George Michael. Habría sido difícil no hacerlo, dada la gran cobertura de televisión y periódicos y la saturación en internet. No me sorprendió averiguar que la gente quería conocer su historia, ni tampoco que la primera versión de este libro, que en su mayor parte se escribió en 2006, necesitaba una actualización.

Me gustaría dar las gracias a Carolyn, Milan y Cece por su apoyo, y a Alice de Piatkus por el encargo original. En el caso de este volumen actualizado, tengo que dar las gracias a Jillian Young, Kate Hibbert, Andy Hine y a todos en Piatkus / Little Brown, que me ayudaron a que acabase en sus manos. Finalmente, este libro nunca habría sido posible de no haber usado la oficina Allcock.

Rob Jovanovic,
febrero de 2017

Otros títulos que te gustarán

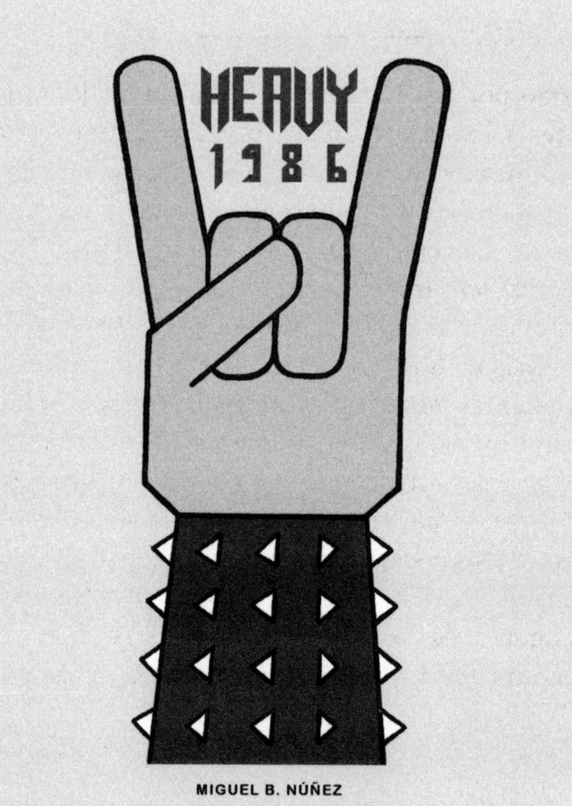
HEAVY
1986
MIGUEL B. NÚÑEZ

HEAVY 1986
de Miguel B. Núñez

Un recorrido por las barriadas del Madrid de 1986 donde los adolescentes salen a la calle con una única motivación: escuchar música heavy bien alta mientras intentan escapar de sus casas, de sus familias y de una España rancia que sabe de dónde viene pero no a dónde va. Sigue a Adela, Javi y Marta en su viaje iniciático por la periferia de Madrid en busca de cerveza y escapismo a ritmo de doble bombo y riffs afilados del género musical más en boga del momento: el heavy metal. No son malos estudiantes pero se sienten perdidos, sus familias no les entienden, el mundo está en su contra. Descubren el amor, el sexo y las juergas infinitas, pero sobre todo descubren nuevos grupos cada día, y flipan con ellos. Desde Alice Cooper a Barón Rojo, Obús y Ozzy Osbourne escuchados por primera vez en la sala Canciller (el Canci) y disfrutados a diario entre colegas, birras y ligoteo de barriada. Una novela gráfica urbana y madrileña, un *coming of age* heavy metal.

NO IBA A SALIR Y ME LIE
UNA NOVELA DE
CHIMO BAYO
Y EMMA ZAFÓN
UN GRAN VIAJE POR
LA RUTA DEL BAKALAO
rocaeditorial

NO IBA A SALIR Y ME LIE
de Chimo Bayo y Emma Zafón

Un *revival* literario y musical firmado por el mayor exponente de la época. Una narración descarada, descarnada y emocionante en la que los personajes, viejos asiduos de la movida valenciana, buscan resucitar la Ruta del Bakalao una década después de su desaparición. Un fogonazo a modo de recuerdo despierta a Toni. Sudoroso y aún sobresaltado, mira el reloj del móvil. Mierda. No es 1991 como en su sueño. La Ruta del Bakalao ha muerto y él es un fracasado cuarentón que sobrevive con una exigua prestación de desempleo durante los años de las vacas gordas y la falsa clase alta. En plena vorágine económica, acaba recibiendo el aviso de que uno de sus mejores amigos de juventud ha muerto de una sobredosis. Y es en su funeral cuando coincide con Paco, un viejo amigo que se ha convertido en el deslenguado dueño de un puticlub. Ambos se dan cuenta de que echan de menos la Ruta del Bakalao. El caso es que la nostalgia que sienten acabará dando paso al germen de la idea más kamikaze que han tenido en la vida: resucitar, con la ayuda de un disc jockey la vieja movida en la sala El Templo, la mítica discoteca que centró el desenfreno de esta Ruta Destroy con su música maquinera.

bestseller
ESPAÑA DE MIERDA
ALBERT
PLA
rocabolsillo | ficción

ESPAÑA DE MIERDA
de Albert Pla

Una novela *on the road* hilarante, onírica y canalla por las tierras de España. Raúl Gadea, un joven cantante uruguayo, y Tito, su representante y máximo exponente del Madrid de Lavapiés, se embarcan en una gira de conciertos por varias ciudades españolas. En su periplo quijotesco, un viaje iniciático y rocanrolero no exento de crítica salvaje, vivirán episodios tan surrealistas como epifánicos, dotados de lírica y realismo cruel. Las aventuras y desventuras de Raúl y Tito reflejan el espíritu de nuestro tiempo, el desconcierto del individuo ante un paisaje cambiante sin rumbo fijo, y dan fe del sabio, fresco y original estilo narrativo del autor: directo, lúcido, cómico-visceral, sensible, preciosista, tierno, cabrón.

Este libro utiliza el tipo Aldus, que toma su nombre
del vanguardista impresor del Renacimiento
italiano Aldus Manutius. Hermann Zapf
diseñó el tipo Aldus para la imprenta
Stempel en 1954, como una réplica
más ligera y elegante del
popular tipo
Palatino

***

**

*

George Michael. La biografía
se acabó de imprimir
un día de primavera de 2017,
en los talleres gráficos de Liberdúplex, s.l.u.
Crta. BV-2249, km 7,4, Pol. Ind. Torrentfondo
Sant Llorenç d'Hortons (Barcelona)

***

**

*